本著作受"国防科技大学首届高层次科技创新人才工程"专项资助

Thailand's Transformation:
Observations in a Changing Era

变革时代的泰国观察

虞 群 / 著

南京大学出版社

图书在版编目(CIP)数据

变革时代的泰国观察 / 虞群著. -- 南京：南京大学出版社, 2025. 4. -- ISBN 978-7-305-28748-0

Ⅰ. D733.6

中国国家版本馆 CIP 数据核字第 202455XB40 号

出版发行　南京大学出版社
社　　址　南京市汉口路 22 号　　邮　　编　210093
书　　名　**变革时代的泰国观察**
　　　　　BIANGE SHIDAI DE TAIGUO GUANCHA
著　　者　虞　群
责任编辑　官欣欣

照　　排　南京布克文化发展有限公司
印　　刷　江苏凤凰通达印刷有限公司
开　　本　787mm×1092mm　1/16　印张 24.5　字数 330 千
版　　次　2025 年 4 月第 1 版　2025 年 4 月第 1 次印刷
ISBN 978-7-305-28748-0
定　　价　88.00 元

网　　址　http://www.njupco.com
官方微博　http://weibo.com/njupco
官方微信　njuyuexue
销售咨询热线　025-83594756

* 版权所有,侵权必究
* 凡购买南大版图书,如有印装质量问题,请与所购图书销售部门联系调换

在变革时代解读泰国

（序一）

近年来，全球局势风云变幻，区域政治和国际关系格局深刻调整。作为东南亚的重要国家，泰国的政治、外交和社会转型，成为观察这一时代变革的重要窗口。泰国不仅拥有深厚的文化底蕴，也在现代化进程中不断寻求创新与变革。过去几十年，泰国经历了社会政治变革和政权更迭，但始终致力于经济振兴、民生改善，并在地缘政治和区域合作中发挥积极作用。泰国的复杂性与独特性，持续吸引学者的关注。

因此，我深感荣幸能够为《变革时代的泰国观察》撰写序言。不仅因为作者虞群是我非常欣赏的学者，更因这本书扎实的研究和深刻的分析，为读者呈现了一幅生动多彩的泰国图景。自2017年以来，虞群老师持续关注泰国的政治与外交发展，撰写了大量评论分析文章，发表在《光明日报》《环球时报》、"澎湃新闻"等权威平台上。这些文章既对泰国国内政治变化做出了敏锐的解读，也对中泰关系与区域合作提出了战略性思考。虞群老师以严谨的学术视角和务实的研究精神，为中泰关系的学术研究和政策制定提供了独到的见解。

研究泰国是一个充满挑战的课题。泰国的政治生态独具特色，从历史悠久的君主制到频繁的军事政变,从复杂的政党博弈到多元化的社会运动,构成了鲜明的泰国风貌。本书通过对泰国政治、外交与社会重大事件的深入分析,揭示了传统与现代、内部与外部、稳定与变动等多重力量交织影响下泰国的政治嬗变。特别令人印象深刻的是,本书深入探讨了新媒体技术的普及及年轻一代崛起对泰国社会的深远影响。民众参政意识的觉醒、新兴力量对传统政党的冲击,以及代际分歧的加剧,均是塑造泰国政治新格局的重要因素。与此同时,泰国王室、军方等传统政治势力在权力博弈中的新定位,更是理解泰国政治稳定与转型的关键。本书将宏观与微观结合,不仅分析了泰国内部的政治动态,也将其置于东南亚与国际变局的背景下,提供了深刻的洞察,使我们对泰国的未来发展有了更加清晰的认识。

中泰友好与合作对中国具有重要战略意义。作为东盟的重要成员,泰国在区域经济一体化和全球治理体系转型中扮演着重要角色。中泰关系以"中泰一家亲"而著称,既是山水相依、地缘毗邻的好邻居,又是血脉相融、情谊深厚的好亲戚,更是在时代浪潮中携手共进、命运与共的好伙伴。随着国际格局的变化,中泰关系面临新的机遇与挑战,深化双边合作、应对复杂国际政治和区域环境中的挑战,成为双方共同关注的课题。本书通过对泰国外交政策与区域战略的深入剖析,揭示了两国在当前国际环境下如何共同推进合作和发展。

我与虞群老师的交往始于 2022 年"中泰战略智库双边研讨会"。在会议上,虞群老师对泰国问题的独到观察和深刻见解给我留下了深刻印象。此后,我也曾受邀到国防科技大学外国语学院进行交流。在这些互动中,我深刻感受到虞老师不仅是一位学术功底深厚的青年学者,更是一位注重实践与政策结合的行动者。他的理论与实践并重的研究风格,使得他的作品兼具学术深度与现实意义。这本《变革时代的泰国观察》正是他多年研究积淀的成果,值得庆贺。

变革时代需要深刻的洞察与理性的声音。我相信,无论是学术界的研究者,还是从事外交外事一线工作的专业人士,抑或普通读者,这本书都将提供有价值的启发。

在此,我衷心祝贺这部著作的出版,期待它在学术界与政策界引发更多的讨论与思考。

中华人民共和国前驻泰王国特命全权大使宁赋魁
2025 年 1 月 13 日

在时代的褶皱里书写泰国

（序二）

拙作《变革时代的泰国观察》即将付梓之际，整理七年来散落在各大报刊的近百篇评论，恍若重新翻开一部以笔墨为镜的泰国当代史。这些文字诞生于不同时空的案头——从曼谷朱拉九巷国际公寓不眠的夜灯，到南京板桥梅雨季节空气潮湿的书房。它们记录的不仅是泰国的政治嬗变，也是一名观察者跨越山海的凝视思考。

2016年深秋，我以国家留学基金委公派访问学者身份踏入泰国朱拉隆功大学，开启了对泰国的系统性观察。彼时恰逢拉玛九世普密蓬国王驾崩后不久，街巷间国王的巨幅画像与民众们肃穆黑衣交织，构成了我对泰国政治文化的真切感受。2017年前总理英拉"出逃"当晚，我在朱拉九巷的公寓彻夜未眠，透过24层阳台眺望曼谷这座"不夜之城"，键盘敲击声与远处夜市鼎沸人声，共振成历史转折的注脚。这种"在场"与"遥望"的交织，贯穿了接下来七年的写作——2019年大选尘埃落定，我在南京板桥陋室里乐此不疲地梳理选票数据；2023年选举风云再起时，我在赴京参会的高铁上以及在长沙培训间隙，预测泰国政局的走向。这几年，我对自己的身份定位是多元的：智库研究员的战略推演、媒体评论员的即时反应、高校学者的理论沉淀，终在书页间熔铸成多维透视的棱镜。

本书命名为"变革时代",既是基于历史坐标的客观定位,亦是对泰国社会深层震荡的学术判断。自2016年拉玛九世驾鹤西去,这个以"稳定"著称的君主立宪制国家便开启了前所未有的范式转换:新王继位引发的宪制调适、青年世代掀起的政治觉醒、保革阵营的反复博弈、红黄之争的悄然落幕,共同构成了泰国政治转型的"多重变奏"。2019年巴育上将凭借政党的名义再度执政,2023年为泰党与远进党在民主阵线中分道扬镳,这些权力重构的瞬间,恰似湄南河倒映的霓虹,在传统威权主义与现代公民意识的激荡中折射成粼粼光斑。作为一名长期跟踪观察泰国政治与外交的军人学者,我深知观察者需在战略格局与微观叙事间保持平衡——这种自觉,始终是贯穿本书的写作伦理。

全书共有五大部分,主要聚焦泰国政局发展、政党兴衰及对外政策。对两次大选的细描,暗含着对泰国政治周期律研究的学术自觉。军方背景政党从强势主导到被迫结盟的权力衰减曲线,新未来党、远进党在两度解散下的理念传承,宪法法院判词中若隐若现的深层权力逻辑——这些即时性的记录或许欠缺理论模型的精致,却为学术研究保存了珍贵的"政治现场"切片。那些在新闻事件24小时周期内完成的文字,虽诞生于千里之外,却因长期观察形成的肌肉记忆,仍能触及曼谷街头的政治体温。这种时空错位的书写,恰似通过卫星云图观测台风眼:虽不在风暴中心,却因专业训练获得解析气旋的视角。

在整理书稿的过程中,我时常想起曼谷访学岁月,在乍都乍周末市场聆听摊贩对时政的戏谑点评,在智库闭门会议的茶歇间隙观察与会专家们的微妙情绪,在政坛耆宿府中夜谈泰国政治史上的奇闻秘辛。而离开泰国后,又通过跨国学术网络持续接收着不同阵营的信息脉冲。这种立体化的信息织网,使本书既存宪法条文的学理剖析,亦纳街头涂鸦的情绪解码;既有选举数据的量化呈现,亦含社交媒体舆情的质性洞察。

值此成书之际，衷心感谢原驻泰大使宁赋魁先生拨冗作序，澎湃新闻"外交学人"栏目朱郑勇老师对时评写作的长期指导，以及南京大学出版社官欣欣老师为本书出版付出的心血。感谢我的父母、岳父母和妻儿对我的支持。特别是我的儿子，他对国际问题研究展现出的热情和天赋，让我感到由衷欣慰，激励着我不敢懈怠、勇毅前行。

书中若有观点偏颇或史料疏漏，概由本人负责，恳请学界同仁不吝指正。谨以此书献给所有在泰式民主化道路上艰难求索的泰国友人，你们的坚持与困境，始终是激励观察者保持思考的永恒火种——正如那个英拉"出逃"的曼谷深夜，案头孤灯虽照不透政治迷局，却至少为历史留下一帧诚实的切片。

虞群
2025 年 2 月 27 日于南京板桥

目录

第一部分　民意向背 …………………………………… 001
　一、2019年全国大选 ………………………………… 003
　二、2022年曼谷市长选举 …………………………… 033
　三、2023年全国大选 ………………………………… 051

第二部分　政党兴衰 …………………………………… 081
　一、新未来党 ………………………………………… 083
　二、民主党 …………………………………………… 109
　三、为泰党 …………………………………………… 119
　四、公民力量党 ……………………………………… 143

第三部分　王制存废 …………………………………… 169
　一、王者传奇 ………………………………………… 171
　二、王权交锋 ………………………………………… 192

第四部分　执政臧否 …………………………………… 243
　一、疫情中的政治危机 ……………………………… 245
　二、巴育8年执政案 ………………………………… 265
　三、社会积弊 ………………………………………… 291

第五部分　外交纵横 …………………………………… 315
　一、中泰关系 …………………………………… 317
　二、美泰关系 …………………………………… 342
　三、东盟问题 …………………………………… 358

第一部分
民意向背

一、2019 年全国大选

1. 泰国政坛地震：乌汶叻公主参选背后的军方、他信和国王[①]

2019 年 2 月 8 日，注定会在泰国政治发展史上留下浓墨重彩的一笔。这一天，是泰国选举委员会规定的各党派提交总理人选和政党名单制议员名单的最后期限。尽管坊间已早有传闻，但当他信派系的泰国卫国党正式向选举委员会提名已故国王普密蓬长女、现国王哇集拉隆功之姐乌汶叻公主为该党唯一总理候选人时，依然是举国震惊。经过舆论渲染，这一事件迅速发酵，一时间，众说纷纭，谣言纷飞。孰料当晚剧情出现逆转，即将举行加冕典礼的拉玛十世哇集拉隆功国王颁布谕旨，认为其姐乌汶叻公主作为王室成员，不应介入政治，并斥责卫国党有违宪法精神。乌汶叻公主参选事件迅速引发泰国政坛强烈地震。2 月 14 日，泰国选举委员会向国家宪法法院提交诉状，请求法院判决卫国党违宪并解散该党。"一石激起千层浪"，2 月 8 日事件引发的地震仍是余震不断，无疑会对即将举行的大选产生不可估量的影响。

[①] 本文于 2019 年 2 月 16 日发表于澎湃新闻·外交学人。

乌汶叻公主：女神策马，点燃希望？

2月8日，一则据称是泰国乌泰塔尼府高僧的政治预言偈语在社交网络被广为转发。预言译文如下："翩翩女子，策马奔驰，挥舞手杖，向星而行，点燃希望。女人治国，尤需慎行。水流湍急，惊心动魄。文明之花，遍开暹罗。大众变革，开创纪元。奸佞受惩，国土无恙。忠诚救国，天宇澄净。"这位高僧在多年前圆寂，该偈语究竟是否为其所作，已无从考证。然而，偈语中所描述的情形似乎正在变为现实。

军政府自2014年发动政变推翻英拉政府以来，多次表示将"还政于民"，并且制定了"民主路线图"，但以各种原因延期。对于究竟能否重返民主道路，泰国民众一直以来都存疑于心。直至2018年，军政府正式宣布将于2019年2月24日举行大选。2018年12月11日，军政府正式开放党禁，并且规定150天之内（2019年5月9日以前）必须举行大选并宣布结果。就在各方认为此次将会按照既定计划举行大选之际，孰料再生变数，大选第五次遭到延期。根据泰国副总理威萨努所述，此次大选延期主要原因为避免与十世王加冕大典相冲突。泰国国王哇集拉隆功加冕大典将于5月4—6日举行，前后一个月内将举办多项重要仪式。因此，如果按照之前确定的2月24日举行大选，则大选后日程安排有可能与王室大典冲突。

大选延期引发各方强烈抗议。绝大部分民众对大选延期表示反对，认为：延期将会制造新的矛盾，国家稳定将再次遭受挑战，呼吁国家选举委员会尽快明确大选日期。众多社会知名人士通过社交媒体发起"签名反大选延期"活动，抵制军政府决定。社会团体"希望大选之人"则连续在拉查巴颂车站举行声势浩大的抗议活动。最终，大选日期确定为3月24日。

事实上，经过5年时间的经营，军人集团利用执政的天然优势，已经完成包括法律、政党、人事在内的全面布局,为通过民选上台继续执政做好了充分准备。所以,此次选战与以往不同之处在于,主要斗争焦点已由他信派系与反他信派系间斗争变成了军政府派系与反军政府派系间斗争。如何阻止军人势力通过大选合法执政,成为反军政府阵营思考的主要议题。

他信、英拉兄妹的相继去国,虽令他信派系一度受到重创,但他信仍然保持着对国内政治局势强大的影响力。为泰党、为国党、卫国党等均系他信派系党派,尤其是卫国党,其简称首字母与他信·钦那瓦首字母完全一致(均为ทษษ),被认为是他信于此次选战中埋伏的黑马。

在选举方面,他信善于"出奇制胜"。若干年前,在大选前50天左右,他信突然推出毫无从政经历的妹妹英拉。凭借其兄影响力和招牌式的微笑,英拉一举获得大选胜利,成为泰国首位女总理。此次临近大选,他信重施此计。但谁也没能想到,他竟祭出乌汶叻公主这张"王牌"。

其实也并非完全没有预兆。2018年俄罗斯世界杯期间,有人就拍到乌汶叻公主与他信、英拉在观众席上谈笑风生的照片。而且,长期以来乌汶叻公主与他信的女儿们在社交媒体上互动频繁,关系非同寻常。2017年8月30日,他信发表推文,引用了孟德斯鸠的名言:"最为黑暗残酷的极权,莫过于法律与正义名下的长治久安。"当他信的小女儿将推文截图转发到Instagram上时,乌汶叻公主发表评论:"我同意!!!加油。"他信此番能搬出乌汶叻公主,是想给军政府势力致命一击。巴育原本胜券在握,但面对乌汶叻公主,已难言战,更难言胜。

必须承认,他信选择与乌汶叻公主结盟,显示了高超的谋略水平。乌汶叻公主生于帝王之家,但不恋王室头衔。先后毕业于麻省理工学院等世界知名大学。1972年因与美国人结婚,而被褫夺王室封号。婚变后回国,活跃于慈善界和文艺界,是社交媒体上的"超级大V",为泰国民众所熟知。她个性直率,爱憎分明,拥有深厚的"群众基础"。所以,当她确定代表他信派系卫国党角逐总理职位后,一部分泰国民众便将她视为高僧偈语中"策马奔驰"的"翩翩女子",高呼泰国民主时代已经到来,泰国政坛终将澄宇清澈。当然,也有一部分人,或公开或隐晦地对此提出异议,认为公主参政实为不当之举。无论如何,他信这一妙招确实给泰国政坛投下了一颗重磅炸弹。

哇集拉隆功国王:君之圣谕,神仙下凡

乌汶叻公主参选,令本来颇为明朗的局势变得极为微妙吊诡。一日之内,泰国政坛便被搅得天昏地暗。事件发生当日,大部分观察家都认为,乌汶叻公主正式参选前,必已得到其弟哇集拉隆功国王的御准。也就是说,国王与他信派系通过乌汶叻公主实现结盟。得到国王至高无上的王权加持,他信派系卷土重来似乎已是板上钉钉。然而,事件却很快发生了戏剧性逆转。

2月8日深夜,正当各方都在评估公主参选对大选形势影响之时,哇集拉隆功国王突然颁下圣旨,指出乌汶叻公主虽已无王室爵衔,但仍系王室贵胄,应超然于政治之上,不应参与政治,并以严厉的措辞斥责卫国党将王室高层引入政治活动,有违王室之古例、民族之价值观与文化,且有违宪法精神。

哇集拉隆功国王深夜下旨,究竟有着怎样的考虑?基于泰国特殊的政治文化,其主流媒体与学者均选择保持缄默,不予讨论。而流亡海外支持他信、反对王权的部分泰国异见分子则认为其中必有蹊跷,提出了所谓的"阴谋论":哇集拉隆功国王对乌汶叻公主代表卫国党参选一事早已知晓,不予反对甚至给予支持,使他信派系对王室的政治态度出现误判。待卫国党正式提名公主后,哇集拉隆功便颁下圣旨,令局势发生逆转,并且给卫国党戴上"违宪"的罪名,通过法律途径给他信阵营致命一击。

笔者认为，国王应不至于如此处心积虑，将他信派系置于死地而后快。之所以出现这种情形，有可能出于三方面的意图。

其一，维护王室威严。泰国民间一直传闻哇集拉隆功国王与乌汶叻公主姐弟情深，甚至有意要为公主恢复被褫夺的爵衔。而且乌汶叻公主与他信、英拉私交甚笃，想必国王也是心知肚明。所以，此次乌汶叻公主代表他信派系参选，如果说哇集拉隆功国王毫不知情，于逻辑上很难说通。但是，正因为感情深厚，哇集拉隆功国王不愿过多介入其姐私事，浇灭她"为国效力"的一腔热情。同时，国王对于公主参选的社会影响可能也未能给予充分评估。尽管早于1972年便失去王室爵衔，成为一名普通人，但是长期以来，公主依然在泰国国民心目中享有王室成员的尊荣。她虽认为其言行仅代表自己，但其实在很大程度上民众依然将她与王室视为一体。2月8日她宣布参选后，引发了泰国政坛的热烈讨论。有政党表示，既然公主已恢复普通人身份，在竞选过程中应该做好遭到攻击的心理准备。而且，未来一旦当选总理，如果政绩不彰，则会遭受民众的指责。极有可能是，哇集拉隆功国王听到这些声音后认识到，如不出手制止，任由乌汶叻参政，势必会因公主受到普通民众谩骂、攻讦而影响王室威严。故此，国王及时颁下圣旨，阻止事态发展。

其二，维护"王室—军人集团"联盟的团结。泰国自1932年实行君主立宪制以来，一直实行"以国王为元首的民主体制"。拉玛九世普密蓬国王在位近70年，凭借自身魅力，赢得国民尊重，屡次在政治危机时刻出面调解，被誉为泰国政治的"定海神针"。他在位期间，王室与军人集团关系密切。1980—1988年担任总理的炳·廷素拉暖总理与普密蓬国王的私交更是令王室与军队的关系成为铁板一块。之后，每当泰国政坛遭遇危机，军队总是与王室保持立场高度一致。进入21世纪以来，随着他信派系的崛起，不仅城市中产阶级利益受到损害，而且王室地位也遭遇挑战。2006、

2014年，军队两度出手发动政变，推翻他信和英拉政府。

然而，自2016年12月登基以来，哇集拉隆功国王与军政府关系似乎有所变化。有几个细节可以略见端倪。哇集拉隆功要求修改2017年宪法草案，收回摄政王任命权，废止财政部部长兼任王室财产委员会主任，将王室财产直接置于宫务处管辖之下，显示其对军人势力的强硬态度。但是，不管如何，"王室—军人集团"是泰国政治稳定的"基本盘"，就算存在些许歧见，也不会出现分裂的局面。

这次乌汶叻公主参选，事实上对"王室—军人集团"的团结形成了挑战。有观察人士注意到，8日当天，当公主参选一事闹得沸沸扬扬之时，巴育和巴威两位军政府核心人物均未现身表态，直至当晚圣谕颁布。完全有理由相信，军人集团可能没有预料到剧情会这样发展，因此当天下午迅速展开危机公关，试图将这一重大事件影响消减至最低。而哇集拉隆功国王在危机关头，权衡利弊，选择与军人集团保持盟友关系，继续维护"王室—军人集团"的团结。

其三，提升个人形象。自继位以来，哇集拉隆功通过整肃宫务、警务、宗教事务以达到改变形象、树立威信的目的，显示出较其父普密蓬国王更为强硬的执政理念。一些深谙泰国政坛事务的专家认为，哇集拉隆功国王对于泰国政治的影响力将超过乃父。1月份的大选延期便是明证，它表明：无论何派力量执政，王室才是泰国政治舞台的核心，是国家之灵魂，任何事务都需为王室大典让步。而此次乌汶叻公主参选事件，哇集拉隆功国王处置及时，维护了王室尊严，加强了与军人集团的团结，同时还通过临机决断展示担当，提升了自己在泰国民众心目中的圣明形象。

泰国著名学者、民众合力党创始人、泰国前国家政治改革委员会主席阿奈·劳塔玛塔教授当夜在脸书账号上发表题为《圣旨一道，立解百姓之苦》的文章，各大媒体争相转发。阿奈教授写道：

"昨日,中国日历注明2月8日神仙下凡。今天终于明白'神仙下凡'之深意。正当举国民众担忧国家将走向混乱,担心国家之'中流砥柱'松动之时,当夜内心之阴郁便一散而尽。当伏聆国王圣谕后,顿悟日历上所说的'神仙下凡'所指为何,王国百姓之痛苦得以消除。……"

他信:月黑风高,仍可笑傲江湖?

他信本以为运筹帷幄之中,决胜千里之外,通过乌汶叻公主这张王牌可以给军人势力致命一击。但事与愿违,哇集拉隆功国王的临阵一击却反过来给他信派系极大打击。

2月9日,乌汶叻公主通过社交账号感谢所有的支持者。当日,卫国党发表声明,感谢公主,恭领圣意,并表示将遵守各项法规,继续努力,时刻做好准备,尊重"人民依据以国王为元首的民主制度方式做出的决定",带领国家走向繁荣。有媒体认为,声明的最后一句话感觉内藏玄机,以模棱两可的语言表示对圣裁之不满,显示出对其不当之行并无反省之意。当晚,他信用英语发表推文:"鼓起勇气,继续前进!我们从历史中学习经验,但活在当下和未来。打起精神!生活必须继续!"几乎在同一时间,卫国党通过脸书账号发文:"泰卫国党谨向最近两天来给予我们支持的每位朋友表示感谢!我们向人民保证,泰卫国党将不忘初心,在选举舞台上继续前进,以绵薄之力为国家与人民排忧解难。"

泰国众多人士认为,国王已经颁下圣谕,斥责卫国党将王室高层成员引入政治,有违宪法精神。但是,在他信与卫国党的推文中,丝毫未能感觉到悔意。不少人甚至认为,依据泰国2017年宪法不得将王室成员引入政治选战的规定,应将泰卫国党予以解散。2月11日,泰国"捍卫宪法机构协会"秘书长西素万·詹亚向泰国国家选举委员会办公室正式建议解散卫国党。当天,泰国国家选举委员会公布各党派提名总理候选人名单。共有45党提名的69名候选人,其中未见卫国党候选人。2月12—13日,选举委员会召开闭门会议,就卫国党是否应该被解散一事进行讨论。2月14日,选举委员会正式向国家宪法法院提交诉状,要求解散卫国党。国家宪法法院已正式受理此案。

有观察家认为,他信阵营因此事件正在遭遇前所未有的危机。其一,这一事件令卫国党内部矛盾逐渐浮现。曾经是差瓦立·永猜裕左膀右臂、被视为泰国政治新星的隆乐盎·毕达亚西里教授在2003年后沉寂多年,2018年重现政坛,担任卫国党高层。2月11日,隆乐盎·毕达亚西里向选举委员会呈递自己在党内的辞职文书,并表示自己不曾参与2月4日讨论提名乌汶叻公主为总理候选人的党内高层会议,对此毫不知情。而该党战略委员会主席、他信阵营元老乍都隆·才胜则在脸书发文,表示自己没有参加2月8日的事件,也从未发表对该事件的看法,这可谓意味深长。

其二,他信派系大选获胜,组阁希望大为降低。原本他信的如意算盘是利用为泰党争取选区制议员,利用卫国党争取政党名单制议员。倘若卫国党果真被解散,卫国党的支持群体也不一定会将选票投给为泰党,政治立场接近、党魁魅力出众的新未来党反而有可能全面接盘,成为卫国党解散的最大受益者。他信派系一旦失去卫国党,为泰党必然独力难支,即便还有为国党作为预备队,但毕竟前期准备不足,也难成大器。

其三,他信派系的"新生代力量"有可能全军覆没。卫国党管理层14名成员中,绝大多数都是他信阵营元老子女,比如:党魁比亚蓬·蓬帕尼之父是他信阵营大将森萨·蓬帕尼,前内务部长、教育部长;秘书长密迪·底亚派拉之父是前国会主席永裕·底亚派拉;副党魁叻颇·钦那瓦是他信的亲侄子;注册官查伊咖·翁纳帕占之母是他信的妹妹亚瓦莱·钦那瓦;副秘书长东·纳·拉侬之父是吉迪拉·纳·拉侬,为泰党副党魁,英拉时期副总理。一旦宪法法院裁决卫国党解散,依据2017年宪法规定,该党管理层所有人员将会被裁定终身(一说是 10 年,泰国法律条款在这个问题上本身存在矛盾)失去被选举权,不得从事政党活动。果真如此,他信派系的接班人全体出局,无异于被"斩草除根",失去了未来角逐政坛的基本力量。

他信的铁杆小弟、英拉执政时期的内阁成员、卫国党选举动员委员会主席纳塔武·赛格是金庸武侠作品粉丝,他 2 月 10 日在脸书上发表了一段有关"令狐冲"的文字:"月黑风高之夜,伸手不见五指。唯独令狐冲却能窥见周遭。光芒来自何方?心灵,那光芒必然来自心灵!人心如同夜灯,随时迸发光芒。其微弱也罢,炽烈也罢,在乎于内心的力量。剑光寒气逼人,目光依然如炬。令狐冲从上衣中掏出火信,在黑暗中点燃,鼓舞同门诸友。请从我内心中获取力量,正如我一直以来从各位内心中获取力量一般。我们并不期望与任何帮派结仇,但在危难时刻不可能放弃众多武林中人的希望。这便是本派的宗旨。"

不难看出,他信派系高层人士判断,目前的政治形势已是他信派系面临的漫长黑夜。至于谁是文中的令狐冲,他信也罢,不是他信也罢,并不重要。最重要的是面临重大危机的背景下,他信派系能否走出黑暗,笑傲江湖。一位熟谙泰国政坛的前辈告诉笔者,泰国大选最重要的是最后一周的总动员,就算是三天,也有可能全面翻盘。目前距离大选还有一个多月,任何事情都有可能。我们拭目以待。

2. 大选的焦点及各政党选情分析[①]

还有8天,泰国便会迎来8年以来的首次大选。各党派摩拳擦掌,准备在选战马拉松的"最后一圈"使尽浑身解数,冲刺终点。

但据笔者观察,直至今日,还有至少一半以上的选民尚未下定决心最后将选票投给谁。主要原因有二。一是选项太多,眼花缭乱。参选政党达80多个,创下历史纪录。二是选民手中只有一张选票。泰国选举分为选区制议员和政党名单制议员,自1997年引入政党名单制议员选举模式以来,选民选举可以兼顾心仪的选区制议员候选人和政党(所选议员候选人和政党可以无隶属关系)。但如今,选举模式改革为一票制,只需投票给选区制议员候选人,便等同于投票给该候选人所隶属政党,一票代表全部立场,选民决策难度大为增加。对于有选择困难的选民而言,更是无法下定决心。

此次大选,参选政党和选区制议员候选人数量较之以往呈大幅增加态势。就选区制议员候选人而言,2011年仅2000多名候选人,而本次大选竟有一万多名。究其原因,部分在于人民参政意识增强,希望投身政治,服务国家。但更主要原因是,选举模式的转变和计票方式的变革,导致各政党被迫"广撒网"。

如果某党在某区没有选区制议员候选人,那么等于在该地区将一无所获。而倘若选派候选人参选,尽管不一定会赢得该选区议员席位,但该党在该选区所获的票数最终将会被合并统计为该党全国总票数,进而折合计算在全国总票数中所占比例,选举委员会再据此确定该党的政党名单制议员数量。举个例子,假设某党在全国所

[①] 本文撰写于2019年3月16日,未公开发表。

有350个选区中一区未赢,但获得了400万张总选票。全国共有4000万选民参选,人手一票,便是4000万票,那么,该党获得了全国总票数的10%,对应到众议院中,可被分配10%的席位,即500席位中的50席。该党排名前50的政党名单制候选人都可被任命为国会议员。

所以,以往历届大选中,各党都摩拳擦掌,要在选区中战胜其他党派候选人。但是,本次大选绝大部分党派都没有抱着在选区中获胜的信心或者希望,而是指望本党所派候选人可以获得若干票数,为本党最终参政议政获得更多政党名单制议员席位。一些实力雄厚的大党,于350个选区都派出候选人参选。而财力有限、资源不足的中小党派,只能根据自身实力与优势有针对性地派遣候选人。

鉴于此次大选是2014年政变后的首次选举,各大媒体频繁组织政党进行政策辩论,为各政党宣传施政纲领提供发声平台。但是,泰国当前的政治气候决定了选民们仅会将各党政策作为投票的参考依据,绝非决定因素,甚至谈不上重要因素。最终的决定因素只有一个:究竟还要不要巴育继续担任总理。这也正是本次选战焦点所在。希望巴育继续执政者,将选择公民力量党,或者明确支持巴育的政党。如果不希望巴育继续执政,那就选择为泰党、新未来党或者其他明确反对巴育的政党。

2月8日以前,政坛局势相对清晰。他信派系来势凶猛,希冀力拔头筹。不承想,他信遥控指挥、布局已久的王牌——乌汶叻公主,被拉玛十世国王和军政府阵营轻松击破,后者就势反击,将卫国党解散,他信派系实力大损。剩下的为泰党尽管民意基础仍在,但毕竟独木难支,很难在选战中获得压倒性胜利,即使加上他信派系其余小党,估计也不超过180个席位。

军人集团政党公民力量党借助执政优势,在法律、政策、人事等方面早已全面布局,在他信派系实力大减的背景下,信心满满,势要争得第二大党地位。凭借素贴的民众合力党以及人民改革党等盟友的支持,公民力量党有信心顺利组阁,巴育以民选总理身份实现连任,洗白政变上台的不佳形象。

老牌政党民主党党魁阿披实今番率队卷土重来,奋力一搏。按照阿披实自己的说法,这次大选是自己人生中最后一次问鼎总理宝座的机会,无论如何也要誓死力拼。阿披实说,自己政治生命已接近尾声,所以党内竞争党魁一职时,他丝毫没有让步,并且放下豪言,若民主党众议院所获席位低于100席,他将引咎辞职。此前坊间传言,民主党与公民力量党已经达成默契,未来将联手组阁。如果它俩合作,联合部分中小党派,应该能过众议院500席位的半数而成功组阁。甚至有人传言,两党达成合作的前提条件是阿披实支持巴育担任总理,而巴育力挺阿披实出任国会主席,未知真假。

卫国党被解散后,这种组阁的可能性似乎越来越大。然而,3月12日形势突发剧变。阿披实公开表示,绝不支持巴育担任总理。这意味着,民主党和公民力量党联合组阁的可能性骤减。政治观察人士解读阿披实的深层意思是,即使民主党愿意与公民力量党合作,前提条件是公民力量党支持自己出任总理,而巴育只能退居二线。

阿披实如此表态,笔者揣摩他内心世界的大致考量如下:一是向民主党的支持者们表明,民主党有信心得票能够超过公民力量党,赢得最终组阁的优势筹码;二是向民主党和公民力量党支持者的边界地带(两党的选民基础基本趋同)喊话,让那些至今没有确定选票投向的民众尽快向民主党一方靠拢;三是拉拢反对军政府(但可能也是反他信派系)的民众,与新未来党、自由合泰党等党派竞争选民。

与阿披实曾风雨同舟的素贴,3月14日在攀牙府的一次演讲中公开批评阿披实,认为阿披实此番表态表明他要滑向他信阵营。素贴表示,2009年若非自己襄助,阿披实绝无可能出任总理。尽管话语有些粗糙,但去参加素贴演讲活动的当地民众非常受用,毕竟他们是绝对的"反他信势力",当听说阿披实要倒向他信阵营,便同仇敌忾,群情激昂。

新未来党党魁塔纳通必须感谢阿披实,因为此前一段时间他如同诸葛亮草船借箭的草垛子,要应对各方来箭,或明或暗。现在阿披实表态不支持巴育,立刻吸引了箭矢,他也得以长舒一口气。塔纳通最近通过媒体表明自己最终立场。他在接受西方媒体采访时公然表示,他信受到了不公正的司法待遇,如果新未来党将来参与组阁成为执政党,一定会还他信一个公道,让他享受司法正义。笔者判断,卫国党被解散后,原本的支持者们都在纠结究竟应该将票投向何方,而塔纳通此番表态正是谋划全面接盘卫国党的选民。

所以,目前泰国政坛各党派的具体情形如下。

尽管成为第一大党的希望极大,但没有卫国党的护持,为泰党恐怕无力组阁。即使加上新未来党,应该也无法超过半数。剩下的党派中,除去个别为泰党的僚党,明确支持他信派系的不多。当然,也并非完全不可能。若出现以下几种情况,则为泰党可以实现执政。其一,阿披实领导的民主党愿意与为泰党合作。但这种情况难度很大。因为阿披实希望自己当总理,如果和为泰党合作,那么票数上不占优势,谈判的筹码不足。而且,如果民主党和为泰党合作,那么他们各自的支持者都会感觉自己遭受了蒙骗,从而产生怨怼情绪,民意反弹对他们执政不利。其二,阿努挺领导的自豪泰党愿意与为泰党合作。但阿努挺自身也希望当总理,所以,为泰党如果要去游说自豪泰党,必须做好将总理一职让给阿努挺的心理准备。其三,为泰党与军人集团的公民力量党合作,但是这种可能性微乎其微。所以,为泰党当反对党的可能性居大。

而公民力量党领衔组阁难度也很大。根据民意调查显示,该党大约可获得110个席位。距离250个席位还差140席。目前,阿披实明确表示不会支持巴育出任总理。与民主党合作前景堪忧,更不用说为泰党。其他党派呢?新未来党、自由合泰党绝对不会买巴育的账。那还是要看自豪泰党。如果自豪泰党支持巴育,则公民力量党尚有希望。但是,倘若自豪泰党不同意呢?

民主党有可能组阁吗?难度极大。就算民主党得到110—120个席位,也必须获得至少130票外援才够250票。谁又会支持他呢?即便新未来党、自由合泰党可能愿意,总票数应该也无法凑足。

如此,泰国政局似乎正在走进一条死胡同。几大党派积怨甚深,谁也不服输,极有可能形成政治僵局。一旦僵局无法解开,巴育会否使用手中的王牌——"44条",尚待观察。当然,笔者认为,泰国各大政党的领导人们都深具政治智慧,最终应该可以找到妥协方案。

3. 公民力量党的获胜与巴育的困境[①]

自2014年政变以来,军方几番延迟"还政于民"的期限。2019年3月24日,"千呼万唤始出来"的全国大选在推迟了五次后,终于"如期"举行。

军人集团的努力没有白费,公民力量党在大选这场考试中的亮眼表现足以令所有政党黯然失色。即便是获得更多选区议员数量的第一大党为泰党,也不得不叹服军人集团政党在全国的强大号召力。公民力量党不仅在曼谷与为泰党平分秋色,即便在他信的老家泰北清迈,也攻克了数个堡垒。面对这一境况,估计他信在当岳父的喜悦之余,不免也会暗自神伤。

而老牌政党民主党则更相形见绌,自惭形秽。选战前,民主党党魁阿披实公开表示,绝不支持巴育连任总理。说出这番话时,阿披实坚毅的眼神和坚定的语气,让大家不禁猜想,民主党一定是胜券在握,才敢放出如此狠话。所有民调也都一致认为,民主党至少排名前三,很有可能超过公民力量党。可是,当大选结果宣布的那一刻,猜想阿披实一定深感无颜见江东父老!甚至在民主党元老、曾经两次担任泰国总理的川·立派的家乡泰南董里府,被视为民主党最坚强堡垒的地区,公民力量党也攻下了其中的两个选区,让川·立派和民主党军团情何以堪?

有人问,军人们的支持率从何而来?选民们难道是患上了"斯德哥尔摩综合征",爱上了那个夺去自己自由的"强盗"?这个问题并不难回答。泰国民众不愿再经历2010年左右的街头政治乱局。

[①] 本文撰写于2019年3月25日,未公开发表。

当时的"红衫军""黄衫军"将整个国家搅得翻天覆地,那种狂热令人不寒而栗。所以,权衡再三,许多人认为,选择一个可能再度引发政治动荡的政党,还不如让军人们继续干下去,至少可以过上安稳日子。而且,军人集团执政这五年,泰国经济总体表现并不弱,较之于英拉执政时期,甚至有所好转。加之巴育作为强势执政者,几乎没有腐败传闻,这在历届政变者中实属罕见,因而在民众中树立了政治清明形象。有鉴于此,军人集团政党能在选战中脱颖而出,有其坚实的民意基础。骄人的战绩,加上早已锁定的250位参议员,无论最终执政联盟如何构成,巴育连任总理应该没有太大疑义。

可是,巴育将军的好日子其实到今天就结束了。接下来,巴育将会面临极为痛苦的政治斗争,一种完全不同于他作为一名军人在战场上与敌人殊死搏斗的斗争,更不同于他担任总理五年间金口玉言式的杀伐决断。巴育首先要面对的难题就是:公民力量党究竟能否顺利组阁?

民主精神中很重要的一条,就是要尊重大选中获胜政党的优先组阁权。可是,泰国宪法并没有规定,究竟是所获票数最多,还是所获席位最多,才能算作获胜政党。现在的情况是,为泰党认为他们所获议席最多,顺理成章,应由他们组阁。而且,为泰党的优势极为明显,有第三大党——塔纳通率领的新未来党的鼎力支持,再联合若干小党,超过众议院500席位的半数绝对没有问题。但公民力量党认为其获得的全国总票数名列第一,理应获得优先组阁权。

然而,公民力量党本身仅130席位左右,而其铁杆盟党如素贴的民众合力党表现不及预期,倘若希望领衔组阁,必须有民主党(第四大党)、自豪泰党(第五大党)的襄助。民主党获得50多席,且阿披实已经引咎辞职,此前他坚决不支持巴育的誓言也随风而逝。据传民主党诸公还是希望执政,不希望在野。所以,民主党加盟可能性较大。现在最大问题在于第五大政党自豪泰党的立场。

如果阿努挺支持巴育,那巴育一方的力量增强,再联合若干小党,则可望超过250席位,公民力量党可以勉强领衔组阁。但是,阿努挺今日表示,他只会支持超过众议院半数席位、可以组阁的政党。那就意味着,他只想"锦上添花",不愿"雪中送炭"。军人们若想拉阿努挺入盟,恐怕还要花费相当大的功夫。接下来,巴育面对的将是无休止的政党博弈和利益纷争。

巴育行伍出身,做事果敢干练,在任五年要风得风,要雨得雨。然而,本次大选结果预示着巴育将开启一段极其艰难的旅程。即便顺利连任总理,他要面对的反对党一方力量实在过于强大,将来无论推行什么政策,都将困难重重。

4. 政党对垒与叙事之争[①]

大选已经过去10天,但泰国政局几乎陷入死局。一方面是以他信阵营的为泰党为首的"民主党派联盟"宣称获得众议院多数席位,理应组阁。另一方面是支持巴育连任的公民力量党凭借超过为泰党五十万张选票的优异成绩,当仁不让。究竟哪一方具备组阁的资格?除了制定规则的泰国选举委员会,恐怕谁也没有发言权。

然而,选举委员会最近一周却是焦头烂额,被各种意外之事弄得"声名狼藉"。例如,泰国驻新西兰大使馆早在3月10日就举行了提前投票,结果一直到3月24日下午5时,选票都没能到达选举委员会,最终被宣布作废。又如,曼谷拉是选区的选民数量竟然没有选举委员会公布的各党派在该选区的总得票数多。而全国选民的参选率由3月24日公布的65%一跃升至3月28日公布的74%,凭空多出500万选民。这一系列匪夷所思的事件令选举委员会受到前所未有的抨击与谴责。

最为关键的问题是,即便这次大选票数完全真实,但各党派最终所获议会席位究竟如何计算,选举委员会至今也未进行详细阐释。于是,各党派便按照各自理解,以最有利于本党的方式计算所获席位。比如新未来党就宣布自己获得88个席位。但是,不少媒体通过另外的算法,认为新未来党不会超过85席。这一问题如不解决,组阁之事便无从谈起。毕竟这次大选的两大阵营实力不相伯仲,"民主党派联盟"就算往高了算,也不过255席左右。因此,算法稍有偏差,即便几个席位之差,天平便会朝另一方倾斜。

[①] 本文撰写于2019年4月4日,未公开发表。

既然没有一方阵营可以获得压倒性优势,选举委员会又动作迟缓、错漏频出,各政党无法基于官方认证的白纸黑字的战绩进行组阁博弈。随着5月9日期限的渐行渐近,为泰党和公民力量党为首的两大阵营围绕组阁权的争夺,爆发了激烈的叙事战争。

以为泰党、新未来党为核心的"民主政党联盟",自选战开始便试图占据舆论话语的主导权,建立针对军政府的最为广大的统一战线。他们将军政府影子政党及其友党都归为"独裁派",而将本阵营命名为"民主派",异口同声、义正词严地指责军方为独裁者。原本和为泰党势如水火的民主党也因为"民主 vs 独裁"的叙事,主动加入"反独裁"阵营,事实上与为泰党站到了一个战壕中。

面对为泰党、新未来党、民主党的叙事战压力,巴育3月29日在社交媒体脸书致函全体民众,呼吁切勿偏听偏信,导致国家重新陷入困境:

过去一段时间,政府和维和委、各军种、国家警察总署以及政府各部门,为了创造国家之团结,增强人民对国家、宗教和王室的爱戴尊崇,在工作中都付出了巨大努力,而这一切都是为了每一位泰国民众所热爱的国家和人民。

当前为大部分民众所担忧的各党派联合组阁的资讯,不希望大家仅仅视作政治斗争,而是各党派联合起来为国家和民众带来福祉,且摒除不好之人或是令国家蒙受损失之人。请求各媒体在报道新闻时要讲究分寸,共同为我们国家营造良好气氛,为民众兄弟们创造幸福,包括为国内外投资者们树立信心。

内部矛盾、队伍涣散、拉帮结派,都是维护幸福宁静秩序、发展和建强国家的重要障碍。因此,当下要请求所有民众一定要提高警惕,辩证地看待印刷物、电视、广播和社交媒体上的资讯,请结合当前和过去的事实,对资讯进行理性地分析,请勿迷信种种有失偏颇之言、扭曲真相之言,它们将使国家重回我们曾经共同与之斗争过的原先那种危险境地。

民主并非只是强调多数或者少数,谁做反对党,谁做执政党,而必须强调民众们所能得到的东西,那就是:能否选出具有德行的政府和众议院议员?各派民众无论把票投给何党,能否得到(执政党)一视同仁地关照?国家建设有没有得到加强而变得更加强大?这正是我们这一届政府长期以来一直秉持之原则。

....

很明显,巴育在这封信中非常明确地反驳了为泰党、新未来党"民主 vs 独裁"的叙事策略,他指出,民主归根到底是要能选出"具有德行"的政府和议员。这恰恰就是巴育及其支持者们的叙事策略:忠君爱国者=具有德行者,而反王者=无德行者。

在支持巴育的一方看来,难道选择为泰党和新未来党就是所谓的"民主"?公民力量党也是按照民主游戏规则成立、参选的合法政党,愿意与其他政党在全国舞台上一较高下,本身就体现了民主精神。而且有 800 多万选民将选票投给公民力量党,这充分说明了该党符合民主精神。所以,所谓的"独裁"和"民主",只不过是为泰党、新未来党为了赢得选战而制造出的话语体系。

为了开展有效的叙事话语反击,巴育一方主要延续了泰国政治史上常用的话语策略,即"保王 vs 反王"。他们指责为泰党、新未来党绝对不是因为反对"军政府独裁",更重要的是,这些政党有一个隐藏于心底不时跳出来的目标——延续了 800 年的泰国君主制!特别是新未来党,该党党魁塔纳通是坚定的"反王派"。他曾是"反王刊物"《同一片天》的大赞助商。他的搭档毕亚卜,曾经是法政大学政治学系教师,组织过"反王"组织,并且在公开场合表示过对泰国君主制的不满。

至于他信的"反王"行为,尽管没有明确的证据,但大选前引发泰国政坛地震的"乌汶叻公主参选事件",使很多亲政府政治观察人士认为,公主是他信处心积虑经营已久的一张"王牌"。为什么他信要推乌汶叻做总理候选人呢?真的如同他接受采访时所说的"要将天举得更高"吗?根本不是。答案只有一个:让王室"走下神坛"。

泰国王室历来是超然于政治之上的。原则上,王室不能有政治倾向,王室所有重要成员都应当如此。他信偏偏要打破这个传统,要去触犯禁忌。当乌汶叻公主脱离王室,成为普通人的那天,他信可能就已经意识到了她的利用价值。而她的终极使命就是让她的王室家族"平民化"。试想,乌汶叻如果当选总理,作为一名普通的政治人物,受人臧否功过,民众自然会联想至她的父亲、母亲、弟弟、妹妹,自然会意识到,那些曾经高高在上、遥不可及的"神灵化身"们也不过是一些凡夫俗子而已。果真如此,泰国君主制也就岌岌可危了。

巴育是军中"东方虎"派系的一员大将,深受王恩庇佑,一路仕途通畅,可以说是王室在军队中的铁杆支持者,"忠君"是巴育最重要的标识。除巴育外,陆军司令阿披叻上将也是坚决的忠君保王派。大选前各政党举行政策辩论,为泰党、新未来党表示要削减军费、改革军队,阿披叻通过媒体转告他信阵营,让他们去听一听《大地之负》这首老歌。曼谷的精英阶层们创造这首歌,将泰国反政府主义者都贬作"国家的负担",认为他们应该"滚出泰国"。其后不久,阿披叻又率一百多位陆军将领在军营里宣誓,誓死效忠国王,保卫国家、宗教和王室。

4月2日,阿披叻在参加王家御卫部队典礼时发表演讲,表示泰国军队捍卫的是泰国至高无上的君主制度,劝那些拿着国家奖学金出国留学,学了一肚子"民主"思想回来的人,千万不要试图对君主制有非分之想。军方的矛头非常明确,竭尽全力也要阻止为泰党和新未来党执政,进而对王室形成威胁。

大选前一天,拉玛十世国王翻出其父普密蓬的手迹,公诸天下,告诫选民们要选"好人"执政,不要选"坏人"上台。"好人"和"坏人"的叙事策略其实就是"保王"与"反王"的变体。紧随其后的事件便是,泰国武装部队最高司令率海陆空各军种司令及警察总署总警监集体露面,宣布褫夺他信军事预备学校"杰出校友"荣誉称号,并斥责他信"不知天高地厚"。而且拉玛十世亲自颁下圣旨,撤销他信所有王家勋章。

为泰党、新未来党试图以"民主 vs 独裁"的叙事策略巩固其对公民力量党的政治优势地位,但拉玛十世、巴育派系以"保王 vs 反王"以及"好人 vs 坏人"实施反击,究竟哪一方能够笑到最后,尚需等待时日。

5. 当前泰国政局基本形势与巴育的首要任务[①]

近期,泰国政治前景似乎依然晦暗不明。除了5月9日宣布各政党最终获得众议员席位数外,其他方面进展甚微。不过,总体形势朝着对军政府有利的方向发展,巴育正一步步地按照路线图走向第二任总理的任期。这个变化背后最大的功臣是泰国选举委员会。

这次的议员选举方式恐怕极少有人可以解释清楚,就算去问泰国宪法主要起草者米猜先生,估计他也是一脸茫然。所以,之前泰国为泰党、新未来党等所谓的"七党民主联盟"抢先发招,号称超过250席位可以组阁时,笔者即认为这只是他们的一厢情愿,他们主要是想提前造势,获得组阁先机。因为,150名政党名单制议员的产生,有多种计算方法。新未来党是按照对自己最为有利的公式进行计算的,而选举委员会则有不同的理解。两种计算方式的最大差别是,新未来党认为,凡是未能获得71000票以上的党派,均不能获得席位,所以最终获得议席的党派应为16个。而选举委员会则不理会这一说法,坚持通盘考虑,"让所有选票都产生价值"。在选举委员会最终宣布的政党议员数量中,塔纳通领导的新未来党由原先号称的88席降为80席。而有12个获票数为3万—5万票的小党派则各获得了1个席位。

尽管议席仅发生个位数的变化,但其意义与影响不可估量。正因如此,5月9日最终得票数量公布后,"七党民主联盟"的票数从

[①] 本文撰写于2019年5月13日,未正式发表。

原先的超过250票减少至245票,分别为:为泰党136票、新未来党80票、自由合泰党10票、民族党7票、新经济党6票、为国党5票以及泰国民众力量党1票。尽管其余政党并未完全明确表示支持巴育连任,但至少他信阵营组阁可能性已经为零。他信苦心孤诣布下的棋局宣告失败。这就是本文的第一个结论:泰国政局迷雾渐消!

第二个结论是:巴育连任几成定局。他信阵营无力回天,巴育阵营能否组阁现在也无法下定论,毕竟明确支持巴育的政党只有民众合力党、人民改革党,最多再加上"曼谷教父"查恰万·空武东的泰国地方力量党。而相较于组阁,巴育连任总理则是易如反掌。按照现行泰国宪法的规定,他只要得到上下两院超过半数支持,便可连任。就在昨天,军政府已经将所遴选的250位参议员名单呈送拉玛十世国王御准。从公开披露的信息不难看出,绝大多数候选人都是军政府亲信,比如巴育的亲弟弟毕查·占奥差,以及军政府十多位副总理和部长、立法议会的60名议员,等等,无怪乎有泰国媒体直接将参议院比作军政府的"影子政府"。有了这250票的支持,再加上公民力量党本身的115票,巴育已经有365票在手,只要再获得11票支持,便可超过上下两院共750名议员的半数,即376票。所以说,巴育连任总理已经成为定局。

至于最近甚嚣尘上的所谓泰国政坛"第三极"崛起,即传言民主党前党魁阿披实或者自豪泰党党魁阿努挺出任总理,这种可能性微乎其微。之所以出现"第三极"这个新名词,是相对于他信阵营和巴育阵营这"两极体制"而言的。据说,最近新未来党党魁塔纳通看到他信阵营"七党民主联盟"无法组阁,提出一个组阁的新构想,即所有不支持"军政府"延续权力的政党联合起来,对抗军人集团。其主要目的是要将民主党(52票)、自豪泰党(51票)和泰国发展党(10票)这三个政党争取过来,以支持民主党阿披实或自豪泰党阿努挺出任总理为筹码,对抗巴育阵营,令公民力量党无法组阁。

然而,塔纳通过于理想化了,这种情况逻辑上看似可能,实质上绝无可能。首先,民主党绝无可能与为泰党联手。一直以来,民主党的首要任务便是抗击他信派系,军方与民主党一度是亲密战友。而今,民主党若是为了抗击军方,而与他信阵营结盟,又将如何面对支持自己的选民们?5月15日,民主党将举行党员大会,选举新党魁。就目前情况判断,大多数民主党议员都希望参加公民力量党领衔组建的执政联盟,而四位党魁候选人也都表露出加入巴育阵营的意愿。

至于自豪泰党,则更不可能选择这个方案。从头至尾,自豪泰党都表现得超然世外,很少去谈什么政治理想,更多的则是推销自己的"自由大麻政策"。对于他们而言,只要大麻能合法种植,支持哪一方都一样。所谓的"第三极"崛起,对于民主党和自豪泰党而言,无非就是抬高身价,增加与军政府以及公民力量党谈判博弈的筹码。

这里就涉及第三个问题,也是至为关键的问题,就是利益分配。如何分配内阁席位,将是巴育担任总理后最为头疼的事情。之所以自豪泰党等党派迟迟不表明支持巴育的立场,极有可能是没有得到中意的部长席位。据说,自豪泰党非常希望得到内务部部长和交通部部长这两个重要位置。阿努挺的父亲曾经出任内务部部长。内务部部长执掌人事大权,所有的府尹、县长都由其遴选任命。而基于泰国高速公路、双轨铁路、高铁等基础设施方面每年上千亿泰铢的投资规模,交通部部长亦可谓位高权重。

不过,自豪泰党的如意算盘可能不能完全得到满足。军人集团的核心人物巴威·翁素万和阿努蓬·保金达无疑将继续担任要职,发挥重要作用。而主管经济的副总理颂奇的团队,据说已把财政部等重要部门牢牢攥紧。剩下的一些部门,既要照顾到为巴育连任立下汗马功劳的公民力量党各位骨干,还要分配部分给友党,以争取他们支持。

  所以,接下来的问题,不是巴育能不能当总理,也不是公民力量党能不能领衔组阁。最关键的问题是,巴育如何平衡军人集团与友党派系之间的利益分配,既要保证本派系骨干都得偿所愿,也要让友党能够心满意足。唯有如此,巴育第二任期才能顺利开张。

6. 组阁谈判两线作战,"冰火两重天"①

一般来说,大选投票结束后24小时,政府雏形便应大致呈现。十几亿人口大国印度、东南亚第一大国印度尼西亚,大选组织复杂程度超过泰国数倍,尽管也出了不少问题,甚至多位工作人员殉职,但是政治局势一直都较为清晰。

可是,泰国大选自3月24日至今已满两月,议会即将举行首次会议,但政府究竟由何党何人组成,仍是未知数。事实上,众所周知,巴育定将连任总理,公民力量党也必然可以领衔组阁,只不过此次党派间博弈过程的复杂度远超常人想象。

鉴于巴育政府核心成员均为职业军人,对于政党间政治磋商和利益分配缺乏经验,便授权作为军人集团代言人的公民力量党,与民主党、自豪泰党以及十余个"一至三票小党"等中间派系进行谈判。该党秘书长颂提拉·颂提吉拉翁负责与民主党和自豪泰党的具体谈判事务,副秘书长塔玛纳·蓬炮则负责与小党开展谈判。两条战线几乎同时启动,然而,进度却极其悬殊,具体地说,颂提拉与民主党和自豪泰党谈判的难度远超塔玛纳与小党的谈判难度。

小党谈判:势如破竹

5月9日,泰国选举委员会宣布了各政党最终获得的众议员席位。他信派系的为泰党毫无疑义地成为众议院第一大党。可正是为泰党在选区议员选举中大获全胜,反而让为泰党总理候选人、政党名单制议员第一候选人素达拉贵夫人无缘议席。5月14日,素达

---

① 本文撰写于2019年5月24日,未公开发表。

拉贵夫人登录自己的社交媒体推特账号上传了一张照片。照片上的她正坐在桌旁神采飞扬地与朋友聊天，桌上放着一个塑料袋子，贴着一张便签纸条，字迹潦草地写着两道菜名——"辣炒眼镜蛇""葱爆眼镜蛇"。素达拉还专门标注了一行字——"口味太重，吃不下去"。

"眼镜蛇"这个词，在泰国政治话语中具有特殊含义，指的是：在政党斗争中，不服从本党领导层的决策，转而投向敌方阵营的"叛徒"政客。它的词源是伊索寓言《农夫与蛇》，农夫将奄奄一息的蛇放入怀中，给它温暖，令它起死回生，可是蛇却恩将仇报，反咬农夫一口，令农夫中毒身亡。

1997年，泰国"冬阴功"金融危机后，差瓦立上将辞去总理一职，原执政联盟推选差猜·春哈旺参选总理，与民主党候选人川·立派竞争宝座。时任泰国人口党党魁的沙玛·顺通卫支持差猜一方。当时，沙玛党内有一名议员，此前曾被美国怀疑与贩毒组织有关而列入过黑名单，没有泰国党派愿意接受他，只有沙玛网开一面接受了他，可谓恩重如山。结果，就在议会最后投票选举总理时，这名议员竟然背叛沙玛，站到了政敌一方，投票支持川·立派上位。最终，川·立派成功当选。沙玛恨之不已，公开责骂这名叛徒为"眼镜蛇"。从此，"眼镜蛇"便成为泰国政坛叛徒议员的代称。

观察人士普遍认为，素达拉在泰国政局形势最为吊诡之际，上传这张"眼镜蛇食谱"照片，正是对前一天政治事件的无声讽刺。5月13日，11个小党召开联合记者招待会，宣布将与公民力量党勠力同心，共组政府，力挺现任总理巴育·占奥查上将连任。代表11个小党发言的是泰文明党党魁蒙空吉。他一脸正义地表示，11个小党为了国家和民族的利益，为了推动新政府顺利成立，毫不犹豫地支持巴育上将担任总理。而且，他还对自豪泰党和民主党隔空喊话，劝他们不要再扭捏作势、讨价还价，早日"弃暗投明"，与公民力量党联合执政。公民力量党党魁乌达玛则向11个小党表示诚挚感谢。然而,人们很快便找出3月13日蒙空吉在一档电视访谈节目上的影像资料。主持人问蒙空吉是否支持巴育连任,蒙空吉一脸不屑地回答:"我绝对不会支持巴育!希望巴育回家照顾老婆孩子。"相隔仅两月,前后竟判若两人。

这正是塔玛纳与小党们谈判的结果。事实上,许多小党原本雄心勃勃,比如蒙空吉的文明党,以为本党可以获得20个席位,结果却事与愿违,仅获1席。倘若执意不加入政府,则基本上在未来四年内毫无话语权,大选中的投资将会完全成为"沉没成本"。但倘若转变立场加入政府,则尚有可能在议会各级委员会中出任委员或者其他职务。塔玛纳深谙小党们的心理,在谈判中势如破竹,为新政府组建先下一城。

大党谈判:举步维艰

与小党谈判相比,颂提拉与自豪泰党、民主党的谈判极为艰难。一是由于博弈复杂激烈,涉及利益方较多,耗时耗力;二是巴育政府核心领导层对颂提拉授权有限,事无巨细均需汇报等候指示,因而令谈判变得冗长低效。

据泰媒透露,巴育等核心成员对于席位的分配考虑如下:巴育继续担任总理,巴威继续执掌安全防务(副总理兼国防部长),颂奇继续负责经济事务(副总理),威萨努继续负责法务(副总理),阿努蓬·保金达继续担任内务部长。鉴于颂奇团队在大选中的出色表现,公民力量党将被分配交通部、财政部、商业部和高等教育与科技创新部这四个部的部长席位。交通部部长由党魁乌达玛担任,商业部长由秘书长颂提拉担任,财政部部长由政党发言人高萨担任,高等教育与科技创新部部长由副党魁苏威担任。

至于民主党和自豪泰党,巴育等人认为:民主党尽管是老牌政党,影响力巨大,但毕竟只有52个众议员席位,国会主席这一核心岗位再加上教育部长等三个正部长位置，以及内务部等若干部的助理部长位置，相信民主党应该知足。而自豪泰党的重心是推动"自由大麻"政策，分配该党公共卫生部部长位置，再加一个其他部的正部长席位，料想自豪泰党应该知足。

可是，民主党和自豪泰党根本不接招。军政府开出的条件，与他们内心期待的相去甚远。加上为泰党和新未来党一致表态，只要两党与"七党民主联盟"合作，阻止巴育连任，所有内阁职位均可商量。于是乎，民主党和自豪泰党立场更加强硬地与军政府讨价还价。毕竟公民力量党一共 115 票，民主党和自豪泰党合计 103 票，双方差距并不太大。两党向军政府提出了新方案，民主党要求内务部、商业部和能源部三个部长席位，自豪泰党则要求交通部、公共卫生部和旅游与体育部三个部长席位。

如果军政府坚决不接受所提条件，即便巴育在参议员们的帮助下获得足够票数当选总理，公民力量党仅凭几个小党支持，也根本无法组阁。一旦民主党和自豪泰党倒向为泰党和新未来党，那巴育总理一职则是空中楼阁，独木难支。

现在，巴育和巴威应该非常头疼，如果答应了民主党和自豪泰党的条件，那公民力量党的内阁席位如何安排？但如果不答应，公民力量党连执政党都当不成。究竟最终会达成何种结果，我们拭目以待。

二、2022年曼谷市长选举

1. 全国大选前奏：曼谷市长选战硝烟四起[①]

2022年5月22日，睽违九年之久的泰国曼谷市长选举暨曼谷市议会议员选举即将同日举行，31位市长候选人将对泰国首都市长宝座展开激烈角逐，384位市议员候选人则将围绕50个选区市议会议员席位同台竞技。鉴于巴育政府已经进入本届任期的第四个年头，全国大选即将于年底或者明年年初揭幕，此次曼谷市长选举在某种程度上是全国大选的前奏，对于全国选民的政治心理将会产生重要影响，也因此被赋予了更多的内涵和期待。

参加曼谷市长选举的31位候选人，大多本领不凡，背景出众。尤其是处于第一梯队的选手们，更是高手云集，自带光环，令人期待。本文就位于第一梯队的6名候选人作一简要介绍。

"地表最强人"——查恰

最引人瞩目也是最早宣布将参选曼谷市长的种子选手是有着"地表最强人"之称的查恰·素提潘。今年55岁的查恰出身高官家

---

① 本文于2022年5月21日发表于澎湃新闻·外交学人。

庭,其父萨内警察上将曾出任曼谷市警察局长。他本人是一位学霸,毕业于美国麻省理工学院,回国后在朱拉隆功大学任教。前总理英拉执政时期,他受邀加入为泰党,历任交通部助理部长、部长。2019年大选前,他被为泰党提名为总理候选人之一。但为泰党组阁失利,他无缘总理宝座。当年11月,他退出为泰党,宣布将以独立身份参选曼谷市长。

两年多来,查恰深入曼谷市各个角落,以阳光积极的形象为民众所熟知。他将曼谷城比作人的躯体,将人行道、小巷子、下水道比作身体里的"毛细血管"。他认为,曼谷并不缺少地铁、高速公路等大型基建项目,但是很多涉及民生的微小之处亟待治理。查恰的个人形象好,思维敏捷,得到了各阶层、各年龄层曼谷民众的支持。在历次民意调查中,查恰均以四成多的支持率一骑绝尘,将竞争者们远远甩在身后。

民主党新秀——素察察威

另一位毕业于麻省理工学院的学霸——来自民主党的50岁候选人素察察威(昵称:艾博士)也备受瞩目。素察察威少年成名,读大学时便关注曼谷市政发展,向时任市长建议建设地铁系统。后参与曼谷首条地铁建设,43岁时出任泰国知名高校——先皇理工大学校长。2021年,他受民主党力邀辞去教职,投身政治,参选曼谷市长。素察察威的个人形象光彩夺目,正处于颓势的民主党人对其寄予厚望。包括该党元老、国会主席川·立派和党魁朱林副总理在内的众多高层都出席了他的竞选演讲首秀。他在演讲中无比自豪地将自己称为"爱因斯坦在泰国唯一传人",但很快便被主流媒体"戳破谎言"。初入政坛、志得意满的他首秀"翻车",这令他意识到从政之艰辛。其后,他又遭遇多起经济案件,所幸均平安无事,此后愈发小心谨慎,如履薄冰。不幸的是,近期民主党副党魁巴林(原泰国副总理、原世贸组织总干事素帕猜之子)的性丑闻被媒体曝出且反复炒作,民主党声望受损,雪上加霜,也让素察察威的竞选之路更加充满险阻。

在竞选过程中,素察察威毫不掩饰对自己学识能力的自信,誓言要用自己在美国所学知识改变曼谷城市面貌,尤其是通过水利基建项目防洪排涝。此外,他还希望在曼谷实现全民免费互联网,修建众多医院。目前,就民调而言,素察察威的支持率大约为9%—15%,与查恰相去甚远。2019年大选,民主党在曼谷遭遇"滑铁卢",仅获得47万张选票,选区议员颗粒无收。此次市长选举,"政治素人"素察察威如果能保住这47万票,则算是帮助民主党挽回了些许颜面。坊间有传,素察察威未来恐将出任民主党党魁,如果此役能体面结束,则这种可能性会增大。

远进党猛将——威洛

44岁的威洛与查恰、素察察威有两个共同点——都拥有博士学位和工程学专业背景。他2019年以新未来党(2020年被解散)政党名单制议员身份进入政界,后出任远进党副秘书长兼发言人。在历次议会辩论中,威洛均冲锋陷阵,言辞尖锐,厉声讨伐巴育政府,很快便由一名"无名之辈"跻身"议会明星"之列。鉴于威洛在民众中的高曝光率和高知名度,远进党决定推选他作为本党代表参加竞选。2022年2月3日,威洛辞去众议员职务,全身心投入曼谷市长竞选。他自带杀气,敢打敢冲,喜欢挑战权威与传统,甚至直接对王室开炮。用他自己的话说,他是"旧规则的挑战者和改变者"。

近几个月来,他有几件事情令人印象深刻。一是公开呼吁要将王家田广场"归还人民",众所周知,那是王室举行典礼的区域。二是在一次辩论中,主持人询问如何解决某些大人物(包括王室和政府高官)车队出行时导致交通堵塞的问题,他直截了当表示,作为曼谷市长应该要和王宫事务管理处沟通,提前获知王室成员出行计划,以便对交通做出安排。不仅如此,他还批评他的辩论对手查恰不敢提及王室。此言一出,朝野皆惊,毕竟历史上没有哪一位曼谷市长敢挑战王室权威。三是他表示泰国永远都不应该再发生政变,如果他担任曼谷市长,一定会以血肉之躯,率领公务员们对抗军人政变。而他的辩论对手萨功提则表示,并非所有政变都要反对,要看政变源于何种原因,是否得到人民支持。

威洛的施政纲领主要是"劫富济贫","大刀向大资本家头上砍去"。他誓言要对垄断行业的资本集团课以重税,以提升下层民众的福利以及改善在校中小学生的营养餐。此外,他还向"集权式公务体制"开刀,要将权力下放到社区,真正造福民众。由于他能言善辩,且表现真诚,近期每次电视辩论后他的支持率都会上升,不少渴望变革的民众都拥护他,最高时支持率曾接近16%。但是由于他的性格过于刚烈且过于理想化,也有政治观察人士认为,他妥协精神不够,缺乏沟通艺术,难以在泰国复杂的政商环境中担当市长大任。

"黄衫军四虎将"之一——萨功提

45岁的萨功提出身名门,其父为泰国国防部原常务次长、原国家安全委员会秘书长威奈上将。2013年他曾与纳塔蓬、春蓬、普提蓬,追随素贴走上街头,吹着哨子驱赶时任总理英拉,与红衫军对垒,四人被合称为"黄衫军四虎将"。2018年,他被任命为曼谷市副市长,成为市长阿萨云警上将的副手。但二人相处不甚愉快,阿萨云大权在握,萨功提几乎没有任何作为。

2021年,在阿萨云参选可能性极大的情况下,萨功提决定辞去副市长一职,参选市长。较之其他候选人,他的优势在于,曾经在曼谷市当选过区议员,并且已经在副市长的位置上工作了4年,积累了一定的经验,也较为了解曼谷市的实际情形。但他的劣势非常明显,那就是身上永远贴着黄衫军的标签,被打上了黄衫军的烙印。尽管黄衫军在曼谷依然有一定市场,但是时过境迁,当年疯狂的人们不断反思当时的行为,许多人感慨后悔。因此,即便黄衫军领袖素贴、保王派领袖朱拉真亲王、教育部原部长纳塔蓬以及多位黄衫军出身的明星都公开支持萨功提,但他的支持率一直不温不火,保持在5%左右。笔者认为,萨功提此次参选,明知胜算不大,但依然积极备战,其志并不在此,而在于通过此次亮相展示自身形象,为今后的政治道路做更好的铺垫。

反贪斗士——罗萨娜

今年68岁的罗萨娜曾因揭发泰国公共卫生部采购医疗器械和药物舞弊案而闻名,2008年以全国得票最高(743397票)佳绩当选曼谷市参议员。她是一位著名的政治活动家,曾经发起多项运动。2019年年底,她宣布自己将参与曼谷市长竞逐。

她的参选得到了多位重量级人士的鼎力支持。首先便是曾两度担任曼谷市长的占隆。1985年曼谷市长大选,占隆少将以黑马姿态杀入,当选市长,其后又成功连任。1992年素金达·甲巴允上将发动政变,占隆带领民众发起绝食静坐运动,普密蓬国王亲自召见二人,并令素金达流亡海外。占隆也被泰国媒体尊称为"玛哈占隆"(玛哈意为"伟大的")。他此次亲自写信给曼谷市民,建议他们像当年选自己当市长一样,将选票投给罗萨娜。罗萨娜感恩戴德,公开表示占隆是曼谷市长的典范,她的竞选纲领就是"占规罗随"。不仅要学习占隆的清正廉洁,在曼谷掀起"反贪风暴",而且要将他的防洪、捷运等理念和做法继续下去,她还要恢复曼谷"东方威尼斯"的美誉,开发运河旅游项目。此外,有着"暹罗名士"之称的西瓦拉老先生以及著名媒体人林明达(颂提·林通衮)也公开表达对罗萨娜的支持。尽管罗萨娜当选机会较小,但能得到如此多重要人士的支持,也是对她本人的高度肯定。

卫冕市长——阿萨云警上将

阿萨云自2016年年底被军方任命为曼谷市长以来,已经在位接近6年。此次他参选曼谷市长,是打响了卫冕之战。71岁的他曾长期服务于警界,是公认的"办案高手",担任过曼谷市警察局长、泰国国家警察总署副总警监等职务。此前,他一直没有表明态度是否参选,而前警察总监乍提则是大张旗鼓备战,让人误以为阿萨云可能不会参选。然而,2021年10月,乍提突然退出选战,形势变得扑朔迷离。据说,阿萨云得到了巴育总理的强力支持,才最终确定参选。2022年3月31日是泰国选举委员会接受参选者报名登记竞选曼谷市长的第一天,巴育与内务部长阿努蓬一同视察曼谷瓮盎运河古城区,这个地区被联合国授予人居奖,巴育此举被视为释放支持阿萨云的重要信号。

阿萨云的优势非常明显,毕竟担任了5年多曼谷市长,大权在握的他早已对各重要点位进行了深耕。然而,出于对形势的综合考量,他并未以公民力量党的名义参选,而是以"保护泰国"团体的名义独立参选。这样可展示其独立性,不至于被反政府选民们"恨屋及乌"。阿萨云经常公开表示,自己是独立参选,但是可以作为选民与政府之间的"协调人"。目前,阿萨云的支持率保持在15%左右,很多亲政府的意见领袖积极呼吁选民们采取"战略性投票"方式,将所有票集中在阿萨云身上,确保他能胜利,阻止查恰接任。笔者认为,这样做存在相当大的难度,可能性极小。最终,阿萨云可能还是会败给查恰,在卫冕道路上折戟。

与历史上曼谷市长选举聚焦于两党之间的情形不同,本次参选候选人阵容强大,各具优势。很快这些候选人便将接受民众投票检验,新任曼谷市长也将产生。尽管民调显示,查恰一直以大比分领先,但泰国政坛上有一种说法,在选举最后三天甚至最后一天,都有可能发生变局。因此,究竟6位候选人谁会笑到最后,我们拭目以待!

2. 两大政党的"代理人战争"[①]

与此前历次选举相比,将于 2022 年 5 月 22 日揭幕的泰国曼谷市长选举呈现出鲜明的特征。

一是,选举超越了历史上的两党竞争模式,演变为亲政府与反政府两大阵营的对垒。

此前历次曼谷市长选举尽管也掺杂着一些独立候选人,但处于头部的最具竞争力的候选人基本上都是主流党派派出的选手,最终角逐产生于两党候选人之间。比如,2009 年选战是为泰党候选人育拉暖与民主党候选人素坤潘亲王竞争;2013 年则是为泰党候选人蓬萨帕警上将与民主党卫冕市长素坤潘亲王角逐。

此次参与市长选举的 31 位候选人,居于第一梯队的大约有 6 位。按照他们的政治立场和从政背景,可以分为两大阵营,即亲政府派系和反政府派系。亲政府派系的代表包括:由巴育军政府任命的原曼谷市长阿萨云警上将;黄衫军骨干之一、原曼谷副市长萨功提(他也曾任公民力量党执委);民主党候选人素察察威;独立候选人罗萨娜。反政府派系代表有两位:原英拉政府交通部部长、2019 年为泰党总理候选人之一查恰,以及远进党副秘书长、原众议员威洛。

二是,众议院两大政党均未选派候选人,但居于领跑位置的两位候选人都可被视为其代理人,这场选战首次呈现"代理人战争"的特点。

2019 年大选,为泰党尽管得票数第一,但未能如愿组阁。此

[①] 本文于 2022 年 5 月 21 日发表于澎湃新闻·外交学人。

后,查恰离开为泰党,宣布以独立候选人身份参选曼谷市长。时隔两年多后,终于迎来曼谷市长选战,但为泰党明确表示不派候选人参战,仅派出50位代表参加曼谷市议员的角逐。尽管查恰一直试图撇清自己与为泰党的关系,撕掉身上他信阵营的标签,希望以独立身份参选。但是为泰党不派候选人参选的做法,令许多人对查恰的独立身份产生了质疑。而且,为泰党多位市议员候选人在宣传拉票时,从不避讳自己与查恰之间的同盟关系。

情况相似的还有执政联盟第一大党公民力量党。尽管不时传出公民力量党将会选派候选人参加曼谷市长选举,但最终公民力量党还是放弃了这一重要选战。与为泰党一样,公民力量党也选派了50位候选人参加曼谷市议员选举。他们在公民力量党党魁、副总理巴威的好友、商业巨子阿披猜带领下以"曼谷力量团体"的名义开展竞选。不过,鉴于卫冕市长阿萨云系由军政府2016年任命,且与巴育、巴威等政府核心领导层交往甚密,即便他以独立身份参选,依然免不了被视为公民力量党代理人。

三是两大阵营均非铁板一块,而是内部矛盾重重,竞争激烈。

反政府阵营的两大主将,以独立身份参选的查恰与远进党候选人威洛,拥有较多重叠的选民基础。尽管查恰在民意调查中一直一马当先,威洛与他似乎不在同一层次。但是,近期多家主流媒体举办候选人辩论会时,威洛表现非常抢眼,在一定程度上对查恰形成了威胁。他的观点虽激进但清晰,尤其是在涉及王室等敏感话题上,从不避讳,就事论事,有理有据。在涉及王室问题的辩论中,查恰尽量避免提及王室,威洛当场批评其避实就虚。每次辩论后,威洛的民调支持率都呈攀升之势。许多选民原本准备将票投给查恰,但听了辩论后,便改变主张。

亲政府阵营的四位候选人之间,则更是相爱相杀。尤其是卫冕市长阿萨云与他的副手、原曼谷市副市长萨功提之间,一直以来矛盾重重。"黄衫军四虎"之一的萨功提在阿萨云麾下任副手,但并无任何权力,二人多次爆发矛盾。此次他参选市长,胜算并不大,更多的是希望在这个舞台上展现自己,同时可能也是希望削弱阿萨云的竞争力。5月15日左右,网络上流传着一些对阿萨云不利的消息,阿萨云团队立刻将矛头指向萨功提,指责他在背后无中生有,可见二人矛盾之深。

四是传统的选举心理战术在社交媒体发达的今天基本失效。

在泰国政界和舆论界,有一个关于选举的术语,叫作"危险3日"。在选举前最后3天,竞争双方往往会利用选民心理,进行最后的认知战、心理战和舆论战,力图产生颠覆性的影响。比如,1995年曼谷市长选举时,公正力量党的占隆原本呼声极高,但在选举前数日,他的竞争对手披集公开指责他1992年在王家田广场率众绝食以反对素金达发动的军事政变是"带领人民赴死",最终占隆败选。再比如,2013年曼谷市长选举,对阵双方分别为民主党候选人、原曼谷市长素坤潘亲王和为泰党候选人蓬萨帕警上将。素坤潘政绩不彰、政声不佳,曼谷市民苦其久矣,蓬萨帕警上将尽管并非绝佳人选,但很多曼谷市民准备投票给他,以更换旧人。然而,在最后的选举拉票环节,素坤潘所在的民主党阵营一位高层在某次大型活动现场喊出了经典的一句话:"不选我们,他们一定会回来"。言下之意,如果不选民主党人做市长,他信一定会回来。这句话在当时的政治局势下收到了意想不到的效果。原本准备投票给为泰党阵营的曼谷选民在这句话的威慑下,被迫将选票投给素坤潘,最终素坤潘连任市长。

本次选举最后一周,网络上出现了许多针对查恰的舆论攻击。比如,5月15日,黄衫军骨干成员拉威医生在个人脸书上写道:"查恰在曼谷市长选举中的压倒性胜利只是他信使用蚕食战术最终实现压倒性胜利的前奏……其后便是他(他信)的女儿翁英(佩通坦昵称)当选总理,为泰党组阁执政,最终国会通过特赦法案,他信风光回国。"他的话语非常明显地将以独立身份参选的查恰与他信捆绑在一起，目的便是让反他信阵营选民坚定地站在查恰的对立面。拉威医生不仅给查恰"使绊子"，而且毫无保留地提出建议："为了不让查恰上台，所有人应该集中力量将票投给最有可能与查恰角逐宝座的候选人——6号选手阿萨云警上将。"

还有人故意炒作查恰所谓的"败笔"。比如有一个帖子标题叫作"你知道为何挽瑟中央火车站3楼被废弃吗？"答案就是："查恰当年在担任交通部部长时，出于自己的喜恶，将红色线路列车站台从3楼迁至2楼，而将远途火车站台从2楼迁至3楼，站台之间的距离由230米扩展至600米，差不多是6个足球场相连。这些不实用的调整，满足了查恰个人喜好，却花去了国家100亿泰铢的预算，结果到现在为止都无法启用。"此外，查恰和前总理英拉的合影以及查恰在政变后发表的个人脸书中对英拉由衷的赞美也被炒作。凡此种种，毋庸置疑，一定是反他信阵营所为，但具体是何党派，或何利益团体，则不得而知。

不过，查恰团队对此都做出及时回应，尤其是针对中央火车站3楼弃用等问题，有理有据地进行了辟谣，基本上击退了来自竞争对手的攻击。

总体来看，查恰赢得曼谷市长选举的可能性较大，这在很大程度上反映了当前曼谷市民的政治倾向。尽管查恰不能完全代表为泰党，但是在疫情危机、经济低迷、政府内斗频仍的形势下，曼谷市民渴望选择一位非政府阵营的市长，以带领人民渡过危机。至于这次选战对于即将到来的全国大选在多大程度上会有影响，还有待于选战最终结果出来再做进一步分析。

3. 反政府阵营获胜的逻辑与未来[①]

2022年5月22日,是泰国军方发动政变推翻英拉政府8周年的纪念日。8年后,当日和英拉一同被军方临时软禁的交通部部长查恰·西提潘,以史上最高得票数当选曼谷市长,同时反对党联盟的为泰党和远进党获得了曼谷50个市议员席位中的34席,令这个纪念日充满了讽刺意味。查恰的当选,虽然并不意味着巴育政府来日无多,却为当前的泰国政坛投下了一枚重磅炸弹,风云为之激荡,酝酿着一场更大的政治变局。

查恰市长:一骑绝尘、遥遥领先

2019年大选,查恰被为泰党提名为3位总理候选人之一。尽管是议会第一大党,但为泰党无缘组阁,成为反对党联盟领衔政党。当年年底,查恰离开为泰党,宣布将参选曼谷市长。彼时的查恰,以为很快将举行曼谷市长选举。孰料等了两年半才最终迎来曼谷市长选举。这两年半中,精力充沛的他每天坚持凌晨五点多晨跑,白天深入社区进行调研,了解民众对市政改革的期待。因为他酷爱运动,体格壮硕,故被媒体称为"地表最强人"。

此次选举,从始至终,他都牢固占据各家民调榜单第一名。在最终的投票环节,他刷新了此前民调的最高支持率,共得1386215票,超过总票数一半,相当于其身后5名候选人票数总和,创下了曼谷市长选举历史纪录。笔者认为,查恰获胜主要源于三大原因。

[①] 本文于2022年5月30日发表于澎湃新闻·外交学人,发表时题为"反政府阵营大胜曼谷选举,但全国大选可能就危了?"。

一是个人形象背景好。曼谷选民在选择他们心目中理想的市长时,会有多重考虑因素,政治倾向自然是重要因素,但是个人形象背景也极为重要。查恰出身名门,年少聪颖,获九世王奖学金赴美留学,在麻省理工学院攻读工程学博士,回国后执教于泰国第一名校朱拉隆功大学。而且,查恰与生俱来的亲和力让他备受市民爱戴。两年多如一日的体察民情,让所有曼谷人都已经在心目中默认了他这位"无冕市长"。因此,无懈可击的个人形象背景和超强的能力才干是查恰获胜的最重要因素。

二是参选政治定位准。从2019年起,查恰一直强调自己的"独立参选人"身份,他深知,泰国是一个"以色分人"的国度,在经历了数十年的"颜色对抗"后,任何一个有着显著颜色标签的候选人都不是曼谷市民的最佳选择。因此,他选择以独立身份参选,最大可能地争取各阶层、各阵营选民支持。支持他信阵营者将他视为为泰党的"代理人",而反对他信的选民则视其为弥合矛盾的"终结者"。

三是竞选纲领得民心。出身工科的查恰善于以工科思维思考问题,他将整个曼谷城视作一个人的躯体,轻轨、地铁、快速公路等是这个躯体中的主动脉,而人行道、下水道、小巷子则是躯体中的毛细血管。查恰认为,曼谷市亟须解决的问题并非主动脉,而是毛细血管。在他个人竞选的网站上,列举了214条涉及曼谷市政与民生的政策,绝大多数都是查恰团队经过实地调研而制定的。他务实的作风与政策得到了民众衷心的拥护。

亲政府派系:内斗内行,外斗外行

查恰一骑绝尘,跟随其后的第二方阵则竞争胶着:民主党候选人素察察威(254647票);远进党候选人威洛(253851票);原曼谷市副市长、独立候选人萨功提(230455票);原曼谷市长、独立候选人阿萨云(214692张票)。由于这场选战是"双线作战",另外一个衡量各派系影响力的指标是各选区市议员的竞选。为泰党、公民力量党、民主党、远进党、泰建泰党等主要政党以及独立候选人阿萨云均全员参选（即50个选区均有候选人），最终得票情况如下：为泰党20席、远进党14席、民主党9席、阿萨云麾下的"爱护曼谷团"3席、泰建泰党2席、公民力量党2席。下面我们逐一分析。

就亲政府派系的党派与独立候选人而言，民主党此次选战较2019年大选呈明显回升之势。鉴于2019年全国大选中民主党在曼谷地区遭遇滑铁卢，此次获得9个市议员席位，可谓打了一次漂亮的翻身仗。而且，市长候选人素察察威得票数位居第二，为民主党争得了一定的颜面。事实上，素察察威个人形象背景不输查恰，且年轻有为，43岁出任泰国一流高校校长。主政期间，大刀阔斧进行改革，锐意担当，政声极好。他精通工程专业，对于曼谷市发展抱有雄心壮志。

此前，不少党派属意于他，希望邀他入盟，最终素察察威选择了民主党。他的考虑是，民主党尽管势衰，但毕竟是老牌政党，民意基础深厚，另外，民主党正处于危急之时，他的临危救场可以为其今后在党内的更大发展积累政治资本。他本可获得更高票数，但被三件事情拖了后腿：一是出场演讲自诩"爱因斯坦泰国唯一传人"，被好事者揭穿，沦为笑谈；二是其妻与他所主政大学之间商务往来密切，使其遭受诟病；三是民主党副党魁兼民主党曼谷市议员选举委员会主任巴林的性丑闻，对其选举造成致命影响。素察察威在竞选后期，很少强调民主党本身，大多采取模糊化处理。

当前民主党身处执政联盟，此次选战对于该党在全国大选后参与组阁具有重要意义。民主党需要认真分析的是，本次选战究竟是民主党自身魅力吸引了选民，还是素察察威个人魅力帮助民主党翻身，这一点极为重要。

而原曼谷市长阿萨云，尽管以独立候选人身份参选，但他本身便受命于巴育-巴威-阿努蓬集团，无论如何撕标签，都被深深打上了政府烙印。选举前不少政治观察家判断，亲政府阵营中能与查恰一较高低的唯有阿萨云，毕竟他凭借五年多的执政优势，在各选区早已做足了人事铺垫。但是，最终选举结果表明，阿萨云彻底失去了民心。最让他难堪的不是败给查恰，而是输于他的副手、同一战壕的政敌萨功提。而且，阿萨云麾下50人的"爱护曼谷团"参选市议员，仅获区区3席。

笔者分析，阿萨云惨败有三大原因。

一是政绩不彰。担任曼谷市长五年多里，阿萨云并未有值得夸耀的成就，尤其是曼谷市政核心问题比如内涝，未能妥善解决。此次选举前接连豪雨，曼谷市一片泽国，阿萨云竞选的大幅照片漂于水面的情景在社交网络被大肆宣传，致使很多人最终选择放弃他。

二是倾向明显。尽管阿萨云担任曼谷市副市长并非军政府任命，但巴育政变后以44条临机决断权解除素坤潘市长职务，将阿萨云扶正，此后他一直与巴育、巴威保持密切关系。而且，他在担任曼谷警察局长期间，恰逢红衫军、黄衫军对抗，他立场明显偏向黄衫军。这次不少黄衫军领袖都公开呼吁选民投票给阿萨云，直截了当地表示，阿萨云是黄衫军的盟友，令阿萨云大惊失色，赶忙否认。

三是形象不佳。阿萨云官僚气较重，不像查恰那般亲民。与副手萨功提的矛盾也让选民认为他不适合担任领导职务。此外，他参加电视辩论时反应迟缓，对此公众反映不佳，民意持续走低。最后，阿萨云毕竟已经担任五年多市长，"喜新厌旧"的曼谷市民也需要更换新人。

阿萨云同阵营政敌萨功提以独立身份参选，成为本次选战的一匹黑马。他在历次民调中支持率不高，但最终超过阿萨云，得票直追远进党威洛与民主党素察察威，令人瞩目。尽管他深知自己绝对无缘市长宝座，但仍非常认真地开展竞选活动。萨功提不放弃任何展示自己的机会，参加了几乎所有电视辩论，表现不卑不亢。他参选的最大目的是证明自己不比阿萨云差,"不蒸馒头争口气"。他的政治背景非常明确,其父是 2006 年政变时期担任国安委主任的威奈上将,他本人是"黄衫军四虎"之一。他毫不回避自己的过往,坚定地打着黄衫军旗号,也得到了包括素贴在内的众多黄衫军领袖支持。最终他将阿萨云甩在身后,扬眉吐气。对于萨功提而言,此次选举,虽败犹荣。未来他还将在政坛上驰骋很多年。据说,他将与原公民力量党教育部长、同为"黄衫军四虎"之一的纳塔蓬共同创建一个面向年轻人群体的保守派政党。

最令人大跌眼镜的是作为执政联盟第一大党的公民力量党,在这次选战中一败涂地。公民力量党近年来内讧不断,关于是否推荐候选人参选曼谷市长,巴育和巴威似乎一直未能达成一致。二人的亲信、原警察总监乍提警上将曾经高调表态参选,并且已经开展实质性竞选活动,但去年 11 月离奇退出。不过幸亏乍提退选,否则之后被爆料的高级警官涉嫌人口贩卖逃亡澳大利亚之事,会让乍提在竞选期间丑闻不断,甚至身败名裂。

巴威一度想推出人民心目中的好父母官——巴吞塔尼府纳隆撒府尹。他曾因指挥救援被困山洞的 13 名"野猪"足球队员时镇定自若,全情投入,受到泰国民众交口称赞,得名"野猪府尹"。他的事迹直达天听,获拉玛十世国王亲笔致信赞赏嘉勉。但未曾想到,纳隆撒不符合参选资格,只能作罢。

最为关键的一点是,阿萨云十分恋栈,与巴育、巴威博弈许久。但巴威以及公民力量党意识到,阿萨云并不完全代表他们,因此公民力量党也派出 50 人以"曼谷力量"的名义参加市议员选举,但仅获 2 个议席,惨不忍睹。

反政府派系:全线反弹、未来可期

反政府派系主要包括为泰党、远进党和原为泰党战略委员会主席素达拉新创的政党——泰建泰党。为泰党未选派市长候选人,其主要考虑是不希望与查恰形成竞争,一方面查恰竞争力强,为泰党内恐无人能敌;另一方面,也希望借助查恰原为泰党高层的政治背景,引导选民将查恰与为泰党视为一体,以利于市议员选举。查恰获胜后,他信立刻表达祝贺,并表示这是民主派的胜利。他信之女佩通坦带领团队鏖战市议员选举,大获全胜,获得20个议席,充分证明了为泰党在曼谷地区的影响力仍然巨大。

同属反政府阵营的远进党,通过此次选战奠定了自己在曼谷的地位。一是市长候选人威洛在竞选过程中的表现可圈可点,充分展示了个人魅力。尽管最终结果不及他本人预期,但根据他信推断,不少原本准备投票给他的选民最终出于对"民主派"上台的渴望,采取了战略性投票策略(strategic voting),也就是将票投向同阵营的查恰,确保"民主派"能够获胜。今年44岁的威洛,是利物浦队的粉丝。选举当天,身着利物浦队球衣参加投票的他恰如他的偶像球队无缘冠军宝座。不过,他非常绅士地向查恰表达了祝贺,并且在5月23日便受查恰邀请,一同视察了拉抛运河,为纾解曼谷内涝献计。

二是远进党宣扬了自己的主张,厘清了与为泰党等其他政党的界限,巩固了其在曼谷市的民意基础。就曼谷市议员选举情况来看,远进党获得14个选区议员的席位,比例超过总席位数的四分之一,这与2019年大选时新未来党的选举情况几乎一致。当年新未来党在曼谷地区获胜,许多分析人士认为,源于他信阵营的卫国党被解散,曼谷地区选民将选票投向新未来党这一同质政党。本次选举情况证明,远进党(原新未来党)已经成功地将选民们真正转化成为自己的基本盘。

有着"曼谷教母"之称的素达拉,曾经在2000年与此后出任泰国总理的沙玛角逐曼谷市长一职,最终沙玛以100多万张得票获胜,但素达拉也获得50多万选票,展示了她强大的影响力。2021年,素达拉因与他信胞妹意见不合,离开为泰党,自立门户,创立泰建泰党。此次曼谷市长及议员选举,素达拉明知本党力量较弱,无法取胜。但她将此次选战视为宣传本党的最佳机会,毅然参战。她所推出的市长候选人希拉事实上形象背景也非常之好,但由于参战时间较晚,而且强敌如林,败选乃预料中事。不过对于泰建泰党来说,这次达到了宣传的目的。素达拉的大幅头像在曼谷市内满城皆是,为她的政党下次参加全国大选做了较好的铺垫。

对当前政局及全国大选的影响

笔者认为,客观上说,此次曼谷选战反映了以下几个问题。一是三年来巴育总理和公民力量党政绩不彰,民意持续走低。尤其是疫情之下,巴育政府对曼谷采取的封城策略让很多选民心怀不满。经济低迷,民生凋敝,导致中产阶级选民们寄希望于更懂经济建设的为泰党和远进党。

二是部分选民对以往非此即彼的两大阵营对垒产生了厌倦,不愿将选票投给政治背景确定的市长候选人,这也间接促成了查恰的大比分获胜。

三是巴育-巴威-阿努蓬核心集团以及公民力量党内部矛盾进一步得到暴露。乍提退选、阿萨云参选本身就是巴育与巴威意见相左的结果,而阿萨云与公民力量党同时各派出50名市议员候选人相互竞争,说明巴育-巴威-阿努蓬集团绝非铁板一块。萨功提的参选也从另一个侧面证明了这一点。

不可否认,曼谷市长及市议员选战确实在某种程度上反映了选民们的政治立场,但是与全国大选相比,曼谷市长选举受多元因素影响,政治立场固然重要,但也有参选人的个人形象魅力,以及具体竞选政策等其他因素。所以,曼谷市长的结果又不能完全体现选民的政治倾向。也就是说,查恰大比分领先,不代表他的支持者在全国大选时都会选为泰党、都支持他信阵营。

而且,从历史上看,往往曼谷市长选举与紧随其后的全国大选呈现对立的特征。2000年曼谷市长选举，泰国人口党候选人沙玛战胜当时泰爱泰党候选人素达拉，但2001年全国大选他信领导的泰爱泰党大比分获胜。2004年，民主党人阿披拉赢得曼谷市长选举，但次年大选泰爱泰党依然赢得全国大选。2008、2009年民主党人阿披拉、素坤潘亲王接连当选曼谷市长，但2011年大选为泰党英拉获胜。2013年，民主党候选人素坤潘亲王当选曼谷市长，2014年大选为泰党英拉连任。因此，本次曼谷市长选举对于即将到来的全国大选究竟有多大程度影响，还有待观察。

不过，曼谷选战对于巴育下一步的政治策略将产生重大影响。2019年全国大选，公民力量党获胜很大程度上源自巴育本人的影响力，这也是巴育在此后敢于与政党们较量的重要资本。但是，此次曼谷选战后，巴育的影响力走低已是不争事实。下次大选，如果公民力量党仍然提名巴育作为唯一总理候选人，失败可能性较大。巴育与政客集团之间此前形成的政治平衡已经被打破，他会如何调整策略，以确保自己在全国大选中依然立于不败之地，是我们下一步将重点观察的方面。

三、2023 年全国大选

1. 选举制度改革与泰国大选选情前瞻[①]

2023年5月14日,泰国大选时隔四年后硝烟再起,67个党派参与角逐。2014年政变上台的巴育、巴威分道扬镳,分别率领各自政党,与被其联合推翻的为泰党竞逐"沙场",而2019年大选时的"黑马"新未来党(现为"远进党")在其衣钵传人皮塔的带领下卷土重来,气势如虹。各派力量竞合博弈,选情扑朔迷离,究竟鹿死谁手,一时无法预测。

大选制度改革出新

泰国军事强人巴育-巴威-阿努蓬集团自2014年掌权后,全方位开展政治布局,特别是于2017年出台新宪法,制订多款有利于本集团的条款,试图以法律手段固化其执政优势,为今后长期执政铺路。其中最为核心的一条是有关参议员遴选办法及其权限的设置。宪法规定,250名参议员由"维和委"(即2014年军事政变核心团

[①] 本文于2023年5月13日发表于澎湃新闻·外交学人,发表时题为"新选举制度下的泰国大选:第一大党好猜,总理花落谁家难言"。

体)从全国各界遴选产生,且有权参与选举总理。参议员任期为5年。为了避免为泰党一党独大,2019年大选设置相对复杂。全国分为350个选区,采取单一票制,选民勾选选区议员则代表选择其所属政党。根据政党全国所得总票数确定其"应有议员数量",再对150名政党名单制议员按比例进行分配。

此种制度设计带来三大明显效应:一是将为泰党的势头有效压制,尽管为泰党依然为得票数量最多、议员最多的众议院第一大党,但因其已经满足"应有议员数量",在政党名单制议员板块则颗粒无收,导致为泰党一干重量级人物(如素达拉等)均未当选议员。二是"一票小党"众多。因每8万张选票可获1个众议员席位,议会门槛大幅降低,许多名不见经传的小党凭借全国得票数超过8万票这一条件便获得1个众议员席位。这也导致2019年巴育第二任期执政联盟的参政党数量创下历史之最。三是新未来党成为一匹"黑马",一跃成为众议院第三大党。当然,新未来党的成功也部分得益于他信派系卫国党采取错误竞选策略招致解散,其选民群体将选票改投政治立场相近的新未来党。

经过4年的政治博弈,在最大的两个政党——为泰党和公民力量党的联手推动下,2023年大选较之4年前有了全新的变化。一是将单一票制恢复为历史上的"双票制",即选民在投票时需要勾选两次,分别投出心仪的选区议员和政党。二是将350名选区议员提升至400名,政党名单制议员数量由150名减少为100名。三是取消各政党"应有议员数量"。如此便将2019年大选时每8万张选票对应1个众议员席位的低门槛抬升至大约每35万张选票对应1个众议员席位的高门槛,大党"一党独大"的可能性大幅上升,"一票小党"数量大幅下降。

政党立场颜色各异

目前,参选的众多政党中,最引人瞩目的政党包括:军方背景的公民力量党、合泰建国党,他信派系政党为泰党,以及远进党、自豪泰党和民主党。

军方背景的两大政党公民力量党和合泰建国党分别由巴威副总理和巴育总理领衔,其竞选策略各不相同。鉴于巴威个人较为亲和,善于与各方沟通协调,公民力量党提出的口号是"跨越矛盾",他们试图将政党打造成弥合泰国社会各界鸿沟的枢纽与桥梁。为了实现这一目标,不仅巴威放低身段,身着休闲服装,走入民众之中,展示亲和形象。而且,公民力量党专门为巴威量身打造了10封公开信,发布在巴威个人社交平台上。其核心思想便是,巴威既深刻理解保守主义阵营的思维理念,同时也极度认同民主阵营的观点主张,且认为"唯有民主之路才能带领泰国走向前进",以此方式来争取选民的支持。与此同时,也表明公民力量党愿意张开双臂,与各阵营政党联合执政。公民力量党的竞选策略引发了民众对于一直流传甚广的"为泰党与公民力量党已经私下实现媾和,未来将联合执政"的关联想象。而公民力量党对此三缄其口,却从不否认。

2023年1月巴育刚刚加入的合泰建国党,则是一个主要以"忠君爱国崇教"的传统价值观为政治纲领的保守政党。该党的主干成员大多为民主党中原"黄衫军"骨干成员,"黄衫军"领袖素贴的义子艾咖纳担任秘书长。其余重要成员还包括著名的保皇派领袖——泰国地方力量党原党魁查恰万·空武东等人。合泰建国党试图通过巴育的影响力以及"忠君"的传统价值观,吸引目前泰国民众中依然忠诚于王室的铁杆选民群体。此外,还可赢得拉玛十世国王的政治支持,并且凭借巴育兼任国防部长的独特优势,加强对军人选民的吸引。

同属执政联盟政党的自豪泰党在2019年大选中依靠"自由大麻"政策受到选民追捧,在4年执政过程中,不断吸收其他政党议员加入,壮大自身力量。此次大选,自豪泰党原本信心满满,在数个府复制"武里南模式",其党魁阿努挺多次表达出问鼎总理宝座的意图。然而,近三个月来,泰国社会著名的"浴室大王"——以爆料著称的初威,持续向自豪泰党发起攻击,批判"自由大麻"政策,揭发其党内"黑料",在泰国社会日益发酵,对其民意支持率形成打压。而有着"南方不败"之称的民主党,因"失血过多"而颓势明显。近年来,民主党党内各派系斗争过于激烈,不少中流砥柱纷纷出走,或加入他党,或自立门户。目前民主党着力点仍在泰国南部地区,但很明显遭遇了合泰建国党、公民力量党和自豪泰党的激烈竞争。上次大选后,自豪泰党和民主党捆绑一体,与公民力量党展开组阁博弈,最终大获全胜,但此次大选情况很难判定。

他信派系的为泰党自2014年被推翻以来,一直在野为政,暗自舔舐伤口。此次大选,为泰党憋着一股劲,决心用尽全力,背水一战。他们不仅祭出法宝,提名他信之女佩通坦为总理候选人,试图再度上演"英拉传奇",还邀请泰国地产界商业巨子赛塔·塔威信出任总理候选人,第三位候选人则是曾于2019年出任该党三位总理候选人之一的猜甲盛。为泰党的策略是希望能够重现2001年泰爱泰党一党独大的盛景,不受250名参议员影响,凭借一己之力实现组阁。他们多次调高众议员选举目标数量,最终锚定在310,希望给予支持为泰党的选民们以绝对信心。对于坊间流传的为泰党与公民力量党私下媾和,为泰党则矢口否认,表示绝对不会与军方背景政党合作,无论是公民力量党还是合泰建国党。不仅如此,为泰党还从未表达未来与同属反对党阵营的远进党联合组阁的意愿。毕竟远进党的政治理念过于激进、剑指王室,为泰党担心引火上身,招来横祸。为泰党通过各种场合积极宣扬鼓动反对巴育政府的选民们开展"策略性投票",即将所有票都投向为泰党,让为泰党一党大幅胜出,以代表民主党派阵营重新夺回政权。

在所有政党中,最为值得关注的政党是远进党。2020年,新未来党因党魁塔纳通违规借贷被宪法法院裁定解散,大部分议员转入远进党,皮塔出任党魁。三年来,该党始终保持尖锐的政治立场,要求改革王室、改革军队,尤其是要求取缔刑法第112条"蔑视君主罪"。鉴于其激进的政治立场,很多政党公开表示,不会考虑与远进党联合组阁。不过,远进党似乎也意识到了这一点,正在逐步软化政策主张,将"取缔刑法112条"调整为"修改刑法第112条",为今后入阁参政留有转圜余地。但是,远进党公开宣称,绝不与公民力量党、合泰建国党两个军方背景政党合作,也绝不接受自豪泰党的"自由大麻"政策。在竞选策略方面,远进党将其目标群体定位为700万Z世代18—25岁的青年群体。他们公开宣扬要取消募兵制,受到这一群体的大力支持。此外,鉴于远进党执委及各选区议员候选人均有较好的教育背景,在公开辩论或者演讲时,其政策主张阐释往往更能直击人心。近期,远进党的民意支持率大幅攀升,大有赶超为泰党之势。

民意调查分析及未来组阁可能

每次大选,泰国主流民意调查机构均会发布调查结果。经观察,这些民意调查结果往往在很大程度上接近最终选举结果,具有较高的分析参考价值。

根据《泰叻报》4月公布的第三次民意调查结果显示,原本排名第一的为泰党总理候选人佩通坦的支持率由34%降低至24%,而原先排名第二的远进党总理候选人皮塔则由23%攀升至35%,一跃成为最受欢迎的总理热门人选。排名第三至第五的分别为为泰党赛塔(17%)、合泰建国党巴育(14%)以及公民力量党巴威(1%)。

而在选区议员支持率方面,为泰党以41.77%遥居榜首,远进党则以34.79%紧随其后,巴育的合泰建国党排名第三(12.12%),自豪泰党排名第四(3.01%),民主党排名第五(2.23%),巴威的公民力量党仅1.64%,位列第六。

另一家主流民调机构——泰国国立发展研究院(NIDA POLL)5月初公布的第三次民调结果与《泰叻报》民调结果高度接

近。通过上述民调数据不难发现,无论是总理人选,还是选区议员,两大在野党(为泰党、远进党)候选人的支持率远超两大军方背景政党(合泰建国党、公民力量党)的候选人。

但是,即便大选结果果真如民调所示,在复杂的泰国政治力量博弈过程中,最终的组阁方案依然无法准确预判。不过,笔者有几个基本判断:一是为泰党在此次大选中依然会成为议会第一大党,但议席数量应该远低于其设置的310个议席的目标[①];二是远进党很有可能成为最大的在野党。鉴于远进党的政治立场,愿意与其组阁的政党少之又少,即便为泰党与远进党合作会实现所谓的"民主党派重掌政权",不到别无他法,为泰党绝不会选择与远进党为盟友;三是合泰建国党席位应该会超过25席,巴育有机会进入总理宝座争夺赛,如果合泰建国党席位超过公民力量党,巴威将放弃与巴育竞争总理,在250名参议员的护持下,巴育可能会建立由合泰建国党、公民力量党、自豪泰党、民主党以及其他中小政党组成的少数席位政府(即众议员总人数不足250);四是党派跨界组阁可能性很大,倘若合泰建国党议席不足25席,无法提名巴育竞选总理,则为泰党、公民力量党、自豪泰党等共同组阁可能性很大,远进党和合泰建国党极有可能双双成为反对党,那样的话,反对党将无法形成合力,政府稳定性最强。

此外,还有两件事情或许会改变选举走向,值得密切关注。一是公民力量党一位议员候选人近期将远进党党魁皮塔持有iTV股份一事挖出,认为皮塔违规持有媒体公司股票,并诉之选举委员会。尽管皮塔表示这些股票均是已故父亲之遗产,且iTV早在2007年便关停了电视台,并不存在持股以通过媒体左右选情之可能。但结合此前塔纳通违规持股被取消议员资格一事,皮塔能否继续参选仍有待观察。

---

① 笔者对为泰党选举结果的预测被证明是错误的,远进党取代为泰党成为议会第一大党。

二是他信近期在个人社交媒体上三度发帖,表示"请求回国以陪伴家人,自己愿意接受法律程序的审查"。笔者认为,他信此举是为为泰党做最后的战前动员,希望为泰党的拥护者们能以最大的热情,帮助为泰党实现选举目标,以压倒性胜利迎接他信回国。

当然,王室和军方的态度最为关键。王室态度我们不得而知。但泰国陆军在其社交账号上发布了一首起源于20世纪70年代的名为"大地之负"的歌曲。这首歌在当年曾经是为了号召民众抵制反政府势力的爱国歌曲,影响力非常之大。在当前的形势下,泰国军方重新播放此歌,意蕴几何,值得思量。

大选在即,烽烟四起,泰国政治究竟会走向何方,让我们拭目以待!

2. 2023 大选特点及未来组阁模式分析[①]

5月14日,泰国举行全国大选,67个政党对众议院500个议席展开激烈角逐。次日,以1413万总得票数居于首位的远进党高调宣布,将与排名第二的为泰党等5个政党以310个议席联合组阁。随后又有两个小党宣布加盟,使远进党盟友议席达到313席。

然而,泰国政治制度复杂的运作规则决定了组阁并非如此轻易。相反,在笔者看来,远进党领衔组阁将遭遇重重难关。鉴于当前局势的复杂性,笔者在简要分析本次大选特点的基础上,尝试对未来组阁的可能性做一分析。

大选的基本特点

5月15日凌晨,泰国选举委员会公布了初步的选举结果,主要政党得票情况如下:远进党一马当先,以152席拔得头筹;为泰党以141席不敌远进党,首次在大选中屈居第二;自豪泰党71席,较之2019年大选有了较大的提升,名列第三;军方背景的两大政党——现执政联盟领衔政党公民力量党和巴育总理所属政党合泰建国党以40席和36席分列第四、第五名;民主党继2019年大选后再度遭遇滑铁卢,仅获得25个议席。

综合来看,本次大选结果呈现以下基本特点。一是公民力量党与合泰建国党大比分落后于反对党联盟主要政党。两大军方背景政党合计仅获76席,远低于2019年大选时公民力量党得票数。巴威执掌的公民力量党绝大多数议席均由选区制议员占据,政党名单

[①] 本文于2023年5月22日发表于澎湃新闻·外交学人,发表时题为"泰国组阁前景:远进党要过五关斩六将,为泰党有机会捡漏"。

制议员数量极少,这显示民众对公民力量党执政四年的政绩并不认可。而由巴育领军、高举"忠君爱国崇教"旗号的合泰建国党所获议席大多为政党名单制议员,选区制议员数量较少,表明该党尽管实力不济,但仍有相当数量持有传统价值观的民众支持该党。总体而言,此次大选结果在很大程度上反映了泰国民众"求变""求新"的真实意愿。

二是远进党气势如虹,为泰党颓势明显。远进党再度成为黑马,在包括首都曼谷在内的20多个府以摧枯拉朽之势赢得压倒性胜利,超越同一战壕的大党为泰党,一跃成为泰国第一大党。远进党不仅一举拿下曼谷几乎所有选区(33个),令首都一片"橙色",而且攻陷为泰党大本营清迈府,在清迈府11个选区中胜选7区。出人意料的是,他信家族的发家之地、坚强堡垒——清迈府第3选区,也被远进党拿下。此外,远进党还令根深蒂固的"地方豪强门阀体系"在很大程度上被瓦解。以泰国东部罗勇府为例,该府近20年来一直为比杜德查家族所控,但此次大选,超过一半的选民将选票投给远进党,5个选区被远进党悉数纳入囊中,比杜德查家族竟然颗粒无收。

三是民主党滑坡严重,自豪泰党稳中有升。2019年大选,民主党虽然已经走下坡路,但依然保持了执政联盟第二大党的地位。而此次大选,民主党基本上沦为一个中小政党。由于内斗频仍,失血严重,施政乏力,泰南地区选民纷纷弃选民主党,转而选择合泰建国党或者其他党派。民主党党魁朱林在得知选举结果后,第一时间通过社交群组宣布辞去党魁职务。对比之下,上一届大选中执政联盟第三大党自豪泰党此次发挥较为稳定,尽管没有达到其所期望的100个席位,但71个席位无疑可以让其稳居第三大党,并且在组阁谈判中居于有利地位。

四是中小党派尽力搏杀,但收成有限。由于选举制度改革,中小党派在此次大选中生存难度倍增。不少重量级政客自组政党参选,却折戟沙场,收效甚微。比如民主党阿披实政府时期的财政部部长空·乍滴甲瓦尼所在的政党勇敢国家发展党仅获2个席位。而有着"曼谷教母"之称的为泰党元老素达拉所建政党泰建泰党,使出浑身解数也仅获得6个席位。上届议会中表现出色的反对党——自由合泰党,仅获得1个席位。

远进党领衔组阁难度极大

远进党高调宣布成立"人民的民主政府",党魁皮塔自称"准总理",他毫不掩饰地表示:"远进党领衔组阁是全体民众之共识,各方均应顺应民意,支持远进党组阁。"然而,远进党的联盟只是获得超过半数的众议院席位(313席),但根据2017版宪法规定,倘若远进党总理候选人皮塔无法在参众两院联席投票时获票超过半数(376票),则无法出任总理,所谓的"成功组阁"亦无从谈起。也就是说,远进党必须在参众两院中再争取63位议员的支持,方可顺利组阁施政。

但是,这63票从何而来?理论上有三个途径。第一个途径是直接争取一个超过63席的原执政联盟政党参与组阁。巴育和巴威的政党尽管总席位超过63席,但早已被远进党排除在外,绝无可能携手合作。最为适合的合作政党便是拥有71个议席的自豪泰党。然而,远进党公开表示,绝对不会与推行"自由大麻"政策的自豪泰党开展合作。自豪泰党也毫不客气,立场鲜明地表明态度,绝不与试图取缔或修订刑法第112条(蔑视君主罪)的政党联手组阁。因此,远进党拉自豪泰党入盟的希望几乎为零。

第二个途径是争取250名参议员中至少63位议员投票支持皮塔出任总理。为了达到这一目的,远进党多措并举,对参议员们实施心理攻势。一是召开新闻发布会,或者接受主流媒体采访,公开呼吁参议员们"识大势、顾大体",为皮塔投上宝贵一票,助其登上总理宝座。一些支持远进党的媒体直接向参议员们喊话:"究竟要将泰国带上天堂,还是带下地狱,请参议员们三思后行!"二是充分发挥其在社交网络中的巨大影响力。不少远进党"准议员"们亲自发帖,或者通过支持本党的网友对参议员们施加压力。许多网友在社交平台上@参议员,强烈要求他们公开表态支持皮塔,不少言论充斥着网络暴力。极个别参议员表明支持远进党立场的,立刻在网络上被树立为英雄,一旦有参议员表达反对意见,便遭受"网络群殴"。三是对参议员们进行私下游说,劝说其支持本党。鉴于远进党与参议员群体关系一直不睦,这一方式主要依托与参议员们有良好关系的为泰党展开。据说,从公民力量党转投为泰党的"三友派"领袖颂萨向远进党承诺,将为其争取5名参议员。当然,远进党也在尝试与参议员们直接沟通,试图劝说他们软化立场。

然而,根据观察,截至目前,远进党对于参议员们的凌厉攻势并未奏效。或许有20—30位参议员本身便与巴育、巴威离心离德,愿意投票支持皮塔,但是绝大多数参议员仍然坚守保守主义阵营。参议员们不愿意与远进党妥协,有四大原因。

一是远进党剑指王室,要取缔(后调整为修订)刑法第112条。此条款是对王室核心成员个人尊严之保护,一旦取缔,王室核心成员便会走下神坛,与普通人无异。保守主义阵营认为,倘若走到那种境地,王室权威荡然无存,泰国沿袭数百年的核心价值体系也将随之崩溃。所以,出于对王室尊严的捍卫,参议员们有充足的理由不选远进党。

二是远进党和皮塔所说的"参议员们应该顺应民意",在大多数参议员眼中并不成立。远进党尽管是第一大党,但仅有152个席位,未超半数,并不能说明全体民众都希望远进党上台执政。而且参议员们的任期和权限,也是2017年通过民众公投的宪法所赋予的,参议员们有权按照自己的意愿进行投票。

三是远进党本身对参议员们的态度令其极为不满。在议会反对党中,远进党对参议员批评挖苦最为激烈,毫无掩饰,毫不留情。

很多激进善辩的远进党议员在议会开会时或者其他公众场合经常出言不逊,称他们为"老头子",批评他们是"权贵阶层的马前卒",大声呵斥他们"滚出议会,回家带孙子",导致大多数参议员对远进党毫无好感。

四是250名参议员均由2014年政变上台后执政的"维和委"任命,在保守主义阵营遭受巨大挑战时,如果不能并肩战斗,反而支持敌对阵营,显然不符合泰式传统价值理念。出于知恩图报的心理,绝大多数参议员依然会坚定地站在保守主义阵营一方。如此,远进党试图攻破参议院堡垒的希望渺茫。

当然,据笔者观察,远进党认为时与势在我,因此并不急于求成,而是使出"拖字诀",希望堡垒从内部瓦解。还有一种现象不可忽视,那就是众多参议员出于家庭压力,尤其是来自孙辈的劝说,内心其实也较为犹豫。未来说不定会有不少参议员因为无法抵抗家庭压力而被迫支持远进党。但是人数多寡,还有待进一步观察。

第三个途径便是争取原执政联盟部分众议员和部分参议员,以帮助国家走出政治困局为由,体现大局意识和高尚精神,投票给远进党总理候选人皮塔。也就是说,这部分众议员不参加远进党领衔的执政联盟,却为远进党投票。当远进党公开表达这一呼吁后,合泰建国党、民主党、泰国国家发展党等原执政联盟政党重量级人物均通过不同方式表达了拒绝。民主党耆宿、原议会主席川·立派建议远进党不要去干涉其他党派的投票自由。泰国国家发展党党魁顾问、前总理班汉之女甘乍娜·信拉巴阿查在个人社交平台上表示:"美丽的民主制度应该是,听从大部分人的声音,但是要尊重不同的声音。你们(指远进党)正挟社交网络之势这一你们所熟用的工具来对我们施压。你们这样的民主是真正的独裁!我们有脑子思考,有自己的立场,你们无法操控我们!"但是,巴威麾下的公民力量党目前尚未就此方案做出回应。

不得不说,远进党确实异于泰国政治发展史上所有政党,在大选当天票数统计刚刚过半时便宣布本党获得胜利,次日便宣布成功组阁,紧接着便是声势浩大的庆祝游行,组织执政联盟共进午餐,签订联盟成立的谅解备忘录,并且准备在5月22日这个特殊日子(即2014年泰国军方发动政变夺权之日)正式宣布政府成立。这种快节奏的政治发展让人眼花缭乱,应接不暇,甚至一些不明就里的外媒认为泰国新政府已经成立,皮塔很快就要就任总理了。

但是,综合笔者上面的分析不难看出,远进党目前的高调组阁并不是泰国政治的现实情形。新执政联盟尽管超过众议院半数席位,但是距离当选总理所要求的376票还有63票的差距。这63票从何而来?笔者列出的三种途径均很难突破。当然,眼下不能突破,或许两个月后参议院堡垒便告攻破,也未可知。

为泰党的如意算盘

大选中居于第二的为泰党在远进党发出联合组阁邀约后,立刻爽快接受,并且参加了远进党举行的新执政联盟午宴。从媒体公布的现场视频来看,为泰党党魁春拉南,刚刚跳槽到为泰党的"三友派"另一位领袖、塔纳通叔父素利亚,以及为泰党元老普姆坦等人均神情喜悦,与远进党党魁皮塔、原新未来党创始人塔纳通谈笑风生,氛围极其和谐,丝毫没有让人感到这个从来没有屈居人后的大党心中的落寞。尽管这一场景为泰党人早已预料,做足了心理准备,否则也不会在选战前极力呼吁选民们进行"策略性投票",但是,真正走到连清迈第3选区都被远进党攻陷这一境地时,为泰党人内心必然充满失落。

那么,为泰党真的是发自内心与远进党联合执政吗?一旦为泰党真的加入远进党领衔的执政联盟,而远进党执意要修订刑法第112条,作为执政联盟第二大党的为泰党该如何表态?

更为重要的是,鉴于两党的选民群体基本属于同一阵营,在未来的执政过程中,为泰党无疑将逐步被远进党蚕食。毕竟远进党更多地会强势推动他们竞选时所提出的政策纲领。正如2019年大选时民主党加入公民力量党领衔的执政联盟，最终在泰南地区不断被公民力量党和后来成立的合泰建国党围剿，在此次大选中仅获25席，可谓史上未有之惨败。

所以，理论上说，为泰党并不希望加入远进党领衔的执政联盟。之所以目前表态愿意合作，并且积极为远进党游说参议员，笔者认为，只是一种策略性表态，是一石多鸟的做法。

一是借此向民众表示，为泰党有君子之风，承认远进党作为第一大党有权领衔组阁。他信在Clubhouse的网络节目中也表达了这一点。他称赞为泰党总理候选人、他的女儿佩通坦从小就看曼彻斯特联队比赛，深具"运动员精神"，这种做法符合她的个性，而且他本人也非常支持和欣赏她。

二是远进党组阁的难度非同一般，成功率并不高。为泰党明知远进党组阁艰难，便放手让其去做，而且表态给予全力支持。未来数月，等到远进党发现走进死胡同且无力回天之时，或许会主动放弃组阁，届时为泰党再"勉为其难"扛起组阁大旗。

三是皮塔持有iTV媒体公司股票的案件，很有可能会让皮塔无法进入总理候选人投票环节，而远进党仅仅推荐了皮塔一位候选人，一旦皮塔无法参选总理，为泰党的总理候选人可以替补，说不定能捡漏。

四是此前民众一直传言为泰党与公民力量党之间有密谋，大选后将联手组阁，如果为泰党不接受远进党的邀请，则必然会被坊间解读为为泰党怀有异心，确实与军方背景政党有媾和可能。

未来的组阁可能

基于上述分析，远进党领衔组阁难度极大，必须过五关斩六将才可登堂入室，入主总理府。当然，由于宪法并未明确规定总理选举必须在大选后多长时间内完成，理论上说，远进党争取63票的时间会相当充足,即条件成熟前绝不举行总理选举。甚至还有人提出,远进党可以一直打持久战,待本届参议员五年任期满后,再在新规则下举行总理选举。不过,那样等于是让巴育值守内阁继续再干一年,相信除了保守主义阵营,其他各方都不会愿意采取这一方案。在此,笔者就其他组阁可能性作一简要分析。

最大的可能便是,远进党作为第一大党,让位于为泰党领衔组阁。为泰党仍然率领目前的 8 党联盟积极发动攻势,争取 63 名议员支持,最终由为泰党总理候选人(大概率是佩通坦)出任总理。但是前提条件是,任期内不得提出修改甚至取缔刑法第 112 条。这一点,如果远进党无法接受的话,则方案无法成立。

第二种可能是远进党成为反对党,由为泰党再度组建执政联盟。远进党选前明确表示,不会与公民力量党、合泰建国党以及自豪泰党合作。也就是说,未来如果为泰党要求这三个政党之中的任何一个入盟,远进党都将弃盟而去。事实上,为泰党在竞选后期也明确表示,将不会与巴育、巴威、阿努挺的政党合作,但较之远进党"有我就没两巴、有两巴就没我"这种斩钉截铁的气势,为泰党还是留有余地,这也是民主派选民们更倾向于远进党的重要因素之一。而且鉴于为泰党浸淫政坛 25 年(从泰爱泰党起算),对于竞选前后不一致的情形司空见惯。正如民主党在 2019 年大选前表示绝不会和公民力量党合作,但最终组阁时食言而肥,唯一的代价便是阿披实辞去党魁职务,退出议会。因此为泰党改口与原执政联盟合作的可能性仍然存在。

如果为泰党有权领衔组阁,且远进党确定做反对党,笔者认为,最有可能的一种组阁方式便是为泰党+自豪泰党+公民力量党三党(共 253 名众议员)合作。合泰建国党必须被排除在外,一是 253 个议席超过众议院议席总数的半数,三党执政可以有效进行政府各部的内部分配。二是本身合泰建国党票数较之公民力量党少 4 票,无法取代公民力量党。三是 2014 年巴育发动政变推翻了为泰党,因此为泰党绝对不会与巴育合作,否则无法向选民们交代。而巴威在议会不信任辩论时曾公开表示,自己从来没有参与过政变,为两党合作清除了历史障碍。

而三党合作最大的好处在于,凭借公民力量党党魁巴威之实力,可以说服一半左右的参议员投票支持执政联盟,最终成功组阁。事实上,公民力量党此前便与为泰党开展合作,推动大选制度改革,由单一票制改为双票制。在这个问题上,公民力量党有恩于为泰党,毕竟2019年大选为泰党在政党名单制议员上颗粒无收。

公民力量党究竟在当时为何要极力推动此事,难道当真认为自己也是大党,会从制度改革中获得额外收益?笔者认为,这里需要细细思量。这种方案带来的最大问题是,总理最终出自何党?巴威说服参议员们投票,但如果总理候选人不是自己,而是为泰党候选人佩通坦,参议员们会不会提出疑义?一旦以第二种可能最终组阁,那么远进党与合泰建国党将会成为反对党中的两大政党,那样的话,政府的稳定性将大为加强,因为两大反对党很难展开针对政府的任何合作攻势。

第三种可能则是原执政联盟在参议员们力挺之下,强行组建少数派政府。目前,原执政联盟共有182席,若加上未被远进党邀请的其他小党,最多也就187席,与251席相去甚远。尽管合泰建国党党魁披拉潘已经公开表态,不会参与竞争组阁,但是如果远进党模式和为泰党模式均无法顺利组阁,则最终泰国政治将再现"死局",保守主义阵营会不会借此机会做殊死一搏,亦未可知。倘若出现这一情况,则泰国街头运动恐怕将难以避免。

以上均是基于当前政治现状的理论分析,究竟未来会出现何种情况,会不会出现一些"政治意外事件",目前都无法预测与判断。最终泰国政治会呈现怎样的态势,相信泰国人民凭借泰式智慧终会圆满解决。

3. 议长选举后，泰国政局正在走向"危险区"①

2023年7月4日，泰国新一届众议院举行全体会议，选举远进党领衔组成的8党联盟中排名第3、拥有9个议席的泰国民族党党魁万·穆罕默德·诺马塔（万诺）出任议长。新上任的议长穆罕默德透露，泰国国会将在7月13日召开参众两院联合议会，投票选出新总理。议长人选尘埃落定，令胶着不堪的泰国政局开启进程，而即将到来的总理选举则又在某种程度上令接下来的走势变得更加扑朔迷离。

难产的议长人选

继5月14日举行大选以来，得票最多的泰国远进党立刻聚合为泰党、泰国民族党等8个党派结盟，宣布将组建"自由民主派"政府，并且通过各种方式强化民众对于皮塔必将出任总理的信心。两大主要政党远进党、为泰党在各种场合都大秀"恩爱"，展示其荣辱与共、情比金坚。然而，5月底起，两党在议长人选问题上反复博弈，始终无法达成一致。

远进党坚持认为，按照泰国政治的传统做法，本党作为第一大党，理所当然应该同时出任总理和议长两大最高职务。而为泰党最初态度较为强硬，坚持远进党和为泰党两党依照"14+1"模式进行权力分配，即各占据14个内阁席位之外，远进党人出任总理，为泰党人出任议长。他们的理由有二：其一，远进党尽管是第一大党，但是事实上仅比为泰党多10个议席，两党的话语权不应该相差悬殊；

---

① 本文于2023年7月7日发表于澎湃新闻·外交学人，发表时题为"泰国总理争夺战在即：远进党奋力一搏，为泰党犹疑不定"，《联合早报》当日全文转载。

其二,第一大党同时出任总理和议长的政治传统早已在2019年大选后被打破。当时,公民力量党推荐巴育出任总理,但议长一职由议席远低于公民力量党的民主党推举川·立派担任,这表明这两个职务亦非一定由同一党派掌控。

但是,远进党毫不让步,为泰党一度不得已软化立场,愿意以"14+2"模式与远进党妥协,即远进党人出任议长,但两个副议长席位均由为泰党人出任。这一方案得到了远进党的接受。正当众人以为谈判成功之际,为泰党多位元老级人物公开发声,谴责本党谈判代表出卖政党利益,坚持要求议长由为泰党选派,令局势再度陷入困境。直至新议会正式成立、议员们集体觐见国王的前一天(7月2日),双方依然各执一端,莫衷一是。

7月3日,为泰党放弃提名本党人士出任议长,祭出折中方案,推荐泰国民族党党魁、79岁的政坛耆宿万·穆罕默德·诺马塔作为8党联盟的议长人选,最终远进党也被迫妥协,同意这一方案,并在当日晚间举行记者招待会宣布此一方案,令濒临瓦解的8党联盟重归于好。

疑窦丛生的议长选举

7月4日,众议院举行首次会议,选举议长及两位副议长。议长选举过程极其顺利,用时不到半小时。远进党党魁皮塔提名万诺作为议长候选人,而保守主义阵营没有提名任何候选人。根据宪法规定,万诺作为唯一候选人,无须投票直接当选。同样的,第二副议长的选举也非常顺利。为泰党人披切以唯一候选人身份直接当选。

矛盾的焦点集中在第一副议长的选举上。远进党提名该党原先的议长候选人、彭世洛府议员巴迪帕作为第一副议长候选人之后,看守总理巴育所属政党合泰建国党针锋相对,提名该党议员威塔亚参与角逐。经过496名众议员不记名投票,巴迪帕获得312票,威塔亚获得105票,77名议员弃权。鉴于为泰党议员威洛担任大会临时主席放弃投票,以及远进党1名议员资格尚未得到投票委员会确认,显而易见,巴迪帕不仅获得了8党联盟(共311议席)的悉数支持,且有联盟以外政党议员为其投票。反观威塔亚得票数,则是蹊跷丛生。保守主义阵营至少有180个议席,但威塔亚仅获105票,这说明阵营内部各党各有打算,并未达成一致。尤其值得研究的是,77张弃权票究竟是何党所为?

事实上,议长的选举也有耐人寻味之处。泰国政治史上历次议长选举,尽管反对党阵营席位数量明显落于下风,但一般都会推出候选人,以显示与执政党阵营分庭抗礼。所以,此次保守主义阵营不提名议长候选人,并非仅是对双方议席差距悬殊这一事实的无可奈何,或许蕴含更深层次的含义。

各派的政治考量

议长人选的难产,妥协折中的方案,令人不禁怀疑8党联盟究竟能走多远。反观选举结果不甚理想的保守主义阵营各党(公民力量党、自豪泰党、民主党以及新近成立的合泰建国党),从未公开承认选举失败,而是选择集体沉默,对于组阁一事不置一词,任由远进党四处造势。

笔者认为,保守主义阵营迄今为止未认输,极有可能是"明修栈道暗度陈仓",正在积极筹谋在未来政局走向中实现逆转,这也正好可以解释议长选举时保守主义阵营不提名候选人这一表面上有违常理的做法。因为他们深知,皮塔的8党联盟并非铁板一块,而且内部矛盾众多,皮塔并不一定能够如愿以偿地登上总理宝座,众议院的执政联盟和反对党联盟目前究竟如何划分,仍有很大变数。倘若未来保守主义阵营转而参加执政联盟,则与万诺属于同一阵营,因此无须提名议长人选。

按照这一逻辑,远进党提名第一副议长人选时,合泰建国党派员出战,但为泰党提名第二副议长人选时,保守主义阵营没有提名候选人竞争,可以解释为:保守主义阵营明确将远进党作为政敌,但为泰党未来是友是敌,皆有可能。

如果站在远进党的立场上分析议长选举的全过程,坦率地说,在这一重要回合的较量中,年轻稚嫩的远进党人还是输给了老谋深算的为泰党人。这也意味着在接下来的政治角逐中远进党已经棋输一着,必将面临重重障碍。远进党之所以始终强调议长一职必须由本党出任,是因为他们明白,皮塔出任总理的困难很大,且为泰党极有可能会弃盟而去。只有先把议长席位牢牢攥住,才不会被为泰党钳制,同时皮塔的总理之位或许还有一定的可能。否则,由为泰党人出任议长,远进党将陷入被动境地,极有可能皮塔只有一次在议会参选总理的机会。此外,远进党在竞选时,提出了许多立法方案,尤其是推动军队改革以及修改刑法第112条(即所谓"蔑视君王罪"),这些方案并未完全得到8党联盟其他盟友的支持,只有依靠远进党自身力量去推动实现。因此,远进党千方百计要竞争作为立法机构首脑、掌控议会议程设置大权的议长一职,以实现其政治抱负。

然而,最终结果远进党还是未能如其所愿。尽管为泰党也没有强行推荐他们的议长候选人素察,但是众所周知,万诺的泰国民族党事实上就是为泰党的"泰南分号"。历次大选,为泰党几乎不去碰泰南三府,都是将地盘留给原本就是他信派系的万诺去经营。所以,万诺出任议长,看上去是折中方案,其实还是为泰党占据主动。

尽管坊间传闻不断,认为为泰党下一步就是要弃远进党而去,与巴威的公民力量党合作组阁,迎接他信回国。但是,为泰党拒止远进党人出任议长,并不意味着接下来就会立刻变卦,转而与保守主义阵营合作组阁,那样为泰党的声望会急遽受损,得不偿失。不过,仔细观察为泰党在议长人选问题上与远进党的剑拔弩张,可明显感到为泰党在未来政局走向上的犹疑不定。一方面,为泰党的主要人物比如党魁春拉南等人仍然坚持认为,为泰党要坚守"自由民主派"阵营,不应轻易与保守主义阵营合流。另一方面,为泰党内有一股强大的隐形力量,正在竭力避免出现本党完全与远进党捆绑的局面,反而要求通过议长选举实现为泰党战略主动。两派力量相较之下,后者最终胜出。这也正是为泰党最终拒止远进党人出任议长而提名万诺的深层原因。

政局正在走向"危险区"

万诺出任议长后,万众瞩目的总理选举将于 7 月 13 日举行。8 党联盟按照联盟协议,将会竭尽全力推举皮塔出任总理。众所周知,皮塔出任总理的最大拦路虎是 250 名参议员,如若得不到超过参众两院 750 名议员半数以上支持,皮塔只能折戟沙场。尽管皮塔及远进党多位高层公开表示,他们有信心能够获得至少 70 位参议员的支持,加上 8 党联盟原有的票数,皮塔可成功当选。但是,究竟有多少参议员会为皮塔投票,至今尚未可知。绝大多数政治观察人士认为,由于皮塔及远进党的政治立场,参议员们在投票时将会非常谨慎,皮塔所期待的 70 张参议员支持票可能只是镜花水月。

皮塔若想出任总理,还有两种可能。一是争取保守主义阵营中的大党自豪泰党加入执政联盟。但这种可能性并不大,因为自豪泰党已经明确与远进党划清界限。二是争取部分参议员和部分众议员,帮助自己获得半数以上支持。鉴于第一副议长巴迪帕得票中有来自非 8 党联盟的投票,说明这种可能性存在,但无疑要大费周章。倘若为泰党能够倾尽全力,帮助皮塔寻求支持,或许有一线希望。

然而,皮塔在总理选举时得不到半数以上支持的可能性更大。倘若如此,万诺议长将会帮助皮塔,提供多次议会投票表决机会。不过,就算宪法没有限制总理选举时议会的投票次数,万诺也不可能无限期帮助皮塔。7 月 3 日晚 8 党联盟记者招待会上,万诺曾经表示,至少给皮塔两次机会。言下之意便是,事不过三,如果两次投票表决不过,8 党联盟将改弦更张,推荐其他总理人选。

彼时，为泰党总理候选人很大可能会代表8党联盟参选，至于是赛塔，还是佩通坦，目前还无法预料。为泰党候选人如果在两院联合选举总理时，也未能得到参议员支持，那么政治便会陷入僵局。为泰党或许会水到渠成地告别远进党，与公民力量党、自豪泰党联合组阁，由为泰党总理候选人或者由巴威、阿努挺中的一位出任总理。如果为泰党爱惜羽毛，坚持与远进党同进退，那么保守主义阵营也只能顺水推舟，在参议员的支持下组成少数派政府。

一旦保守主义阵营建立少数派政府，大概率只能维持较短时间，就必须解散议会重新举行大选。而且，少数派政府还将面临来自远进党、为泰党的支持者们组成的"橙红兵团"的街头抗争。不过话又说回来，如果皮塔出任总理，保守主义阵营的支持者们很有可能也会走上街头，表达抗议，泰国政局将会再度陷入动荡境地。

无论如何，希望泰国人民凭借"泰式智慧"，走出政治困局，顺利组建政府，实现政治稳定，开启属于泰国人民的新征程。

4. 泰国今日再选总理：孤注一掷的为泰党和遥控操盘的他信[①]

自5月14日举行大选以来，泰国政局一直晦暗不清，究竟谁能出任第30任总理，始终未有定数。近日，泰国国会宣布将于8月22日再度举行参众两院会议，投票选举总理。

大选排名第二的为泰党确定提名步入政坛仅175天的著名地产大亨赛塔·塔威信为总理候选人，并组建由为泰党领衔，原执政联盟除民主党以外其他主要政党参与的联合政府。与此同时，2006年被军方推翻后一直流亡海外的前总理他信高调宣布将于当日回国。

赛塔能否如愿荣登总理宝座？他信回国与为泰党执政究竟是何关系？泰国政治又将向何方发展？

远进党梦断议会，为泰党后来居上

5月22日，大选得票第一的远进党高调组建包括为泰党在内的8党执政联盟，但其党魁皮塔在参众两院首次投票表决总理时出师未捷、折戟沙场。其后，远进党试图二次提名皮塔冲击总理宝座，却因部分议员援引议会议事原则中有关"同一议期不可重复提案"的规定，认为皮塔无权再度角逐总理一职，令其总理之梦破灭。

随后，远进党将8党联盟盟主之位拱手让与排名第二的为泰党。因此，尽管为泰党大选未能成功卫冕，但依然获得领衔组阁权。浸淫政坛已久的为泰党对于当前形势洞若观火，接过大旗后并未与

[①] 本文于2023年8月22日发表于澎湃新闻·外交学人。

远进党兄弟齐心，寻求打破议会"魔咒"，进而彻底改变自 2014 年以来的政治格局，而是与自豪泰党等原执政联盟政党以及参议员群体密切接触，最终得出结论：试图修订刑法第 112 条（即"蔑视君主罪"）的远进党是政治陷入僵局的最大障碍。于是乎，出于"尽快组建政府为国纾困"的考虑，为泰党决定退出 8 党联盟，与远进党脱钩，并宣布放弃以意识形态为标准寻求执政盟友。

为泰党在此过程中，创造性使用了"瓦解政治极""特别政府"等多个政治新词，以解释"弃盟脱钩、另组阵营"的行为。所谓"瓦解政治极"，其实与公民力量党党魁巴威在竞选时提出的口号"跨越矛盾"并无二致。也就是说，所有政党放弃原先的恩仇龃龉，即便政治立场不同，也可联合组建政府。而"特别政府"的概念，则与曾在泰国舆论界风行一时的"国家政府"概念如出一辙，即绝大多数政党都加入执政联盟，仅有极少数意识形态激进的政党成为反对党。

在"瓦解政治极"理念的指引下，为泰党首先与第三大政党自豪泰党结盟（竞选时为泰党曾明确表示不会与"大麻政党"合作），以二党众议院 212 席作为组阁基本盘。随后，吸纳泰国民族党、泰国国家发展党等党派入盟，使票数达到 238 票，距离超过众议院一半席位的要求仅 13 票之遥。

此时，为泰党面前有三条路可以选择。一是邀请拥有 25 个席位的民主党入盟。但大选遭遇滑铁卢且濒临分裂的民主党内部意见不一，以川·立派、阿披实为代表的政治派系希望在新一届议会中担任反对党，以对政府实施务实有效的监督，重新唤回选民的信任。而且，民主党阿披实执政时期，曾经有 99 名"红衫军"在政府驱散集会时殒命，至今仍是"红衫军"心头之恨，一旦为泰党向民主党发出邀请，势必会引发支持者不满。况且，即便民主党入盟可使执政联盟超过众议院半数，但参议员们依然不会为为泰党总理候选人投票，政府仍然难产。因此，此路无法走通。

二是恳请远进党不计前嫌,在不加入执政联盟的情况下,为为泰党总理候选人投赞成票。诚然,在远进党的帮助下,即便参议员们一票都不投,为泰党候选人理论上依然可以获得超过参众两院总席位数半数以上选票,进而成功当选。但是,为泰党领衔的执政联盟未能达到众议院半数席位,而自豪泰党明确表示,既不愿意与远进党"同殿称臣",也不接受组建少数派政府,显然无法顺利执政。

第三条路是为泰党表面看来一直试图规避的路径,即邀请巴威的公民力量党或巴育曾经隶属的合泰建国党两党之一入盟,既可超过一半众议院席位数,确保政府稳定,又可利用其影响力,带动部分参议员为为泰党候选人投票,从而保证为泰党成功组阁。

然而,一旦为泰党背弃竞选时向选民们做出"绝不与巴育和巴威政党合作"的承诺,必然要付出包括政党名望和选民基础双重损失在内的巨大代价。正当为泰党陷入道义困境之时,巴威的公民力量党主动示好,表示本党 40 名议员将全部支持为泰党总理候选人,且不附加任何条件,可以不安排任何内阁职务。尽管泰国政治观察家们认为此言有悖常理,并不可信,但不管怎样,40 名议员主动支持,使为泰党候选人的支持票达到 278 票,距离参众两院总席位半数以上的要求还缺约 100 票。据信,250 名参议员中,绝大部分听命于巴育,而巴威派系仅占少数。因此,即便公民力量党主动加入,为泰党候选人也不一定能够顺利过关。

最终,为泰党不得不向合泰建国党伸出橄榄枝,邀请该党 36 名议员加盟执政联盟。如此,执政联盟众议院议席可达 314 席,政府稳定性得到确保。而且,在合泰建国党的推动下,参议员群体可支持为泰党候选人,组阁工作便可高枕无忧。

为泰党的步步为营

表面上看,为泰党组建包括巴育、巴威政党在内的"瓦解政治极"的执政联盟似乎是步步被逼、别无他选,但是在远进党以及其他一些政党眼中,为泰党走到如今这一步,完全是处心积虑,步步为营。

曾经在2019年大选中担任为泰党总理候选人之一的素达拉,因与党内政见不一,2022年脱离为泰党,组建泰建泰党。近期,素达拉在接受媒体采访时表示:"5月22日8党联盟组建当日,便有强烈直觉,为泰党绝非真心与远进党合作。"

而远进党多名骨干也在多个场合公开抨击为泰党,认为为泰党从头开始就非真心与远进党合作。当时,为泰党加入8党联盟,更多的是一种姿态。他们表示,如果为泰党真的想和远进党合作,那在接替远进党成为联盟盟主后,至少要推动一次8党联盟联合推举为泰党候选人为总理。但为泰党连这场戏也不想演了,仅仅由佩通坦等政党高层从为泰党党部大楼步行至远进党党部大楼,就退出8党联盟表示歉意,并礼节性地恳请远进党投票支持其候选人。

此外,其他一些迹象也早已表明,为泰党并不愿意与远进党捆绑在一起。比如,远进党一直推动对宪法第272条进行修改,以终止参议员们选举总理的权力。自2019年以来,为泰党也持此立场。但5月22日以来,远进党积极推动,为泰党却公然反对,令人不解。还有,很多人表示,大选已经过去三个月,新政府却一直没有成立,还不如直接等到明年5月参议员们选举总理权力终结后,顺理成章地组建远进党和为泰党领衔的"自由民主派"政府。然而,为泰党却说,"国家必须向前进,人民不能再等了",这句话其实是巴育政党合泰建国党的口号。

诸如此类种种反常,令远进党怀疑为泰党从未真心相对。8月15日,远进党通过决议,宣布将不会为为泰党总理候选人投赞成票。与此同时,为泰党与自豪泰党、公民力量党、合泰建国党等原执政联盟党派则紧锣密鼓地就内阁席位分配进行博弈。为泰党原本希望执政联盟各党派先投票支持其总理候选人当选,然后再分配席位。但是,其他党派则担心为泰党一旦出任总理后议价权增加,态度强硬,使本党利益难以保证;更有甚者,担心为泰党会杀一个回马枪,将远进党拉入内阁,则局势不好收拾。自豪泰党、泰国国家发展党等党派明确表示,必须待席位分配妥当,再投票选举总理。仅有141票的为泰党不得已,只能与各党抓紧时间开展磋商谈判。就目前情况来看,各党内阁席位分配基本上已经到位。

赛塔能否出任总理仍未尘埃落定

目前看,为泰党领衔组阁进程相对顺利。公民力量党、合泰建国党的最终入盟,令总票数达到314票。但参议员究竟有多少人会给为泰党总理候选人赛塔投票,尚未可知。从一些较为活跃的参议员表态判断,赛塔当选总理并非板上钉钉。

参议员领袖人物之一颂猜·萨万甘8月21日通过个人社交账号公开发出"最后通牒",要求为泰党"更换总理候选人、他信回国接受司法程序、放弃推翻现行宪法、组建跨政治派系政府保卫王室"。其中,首要条件便是要求为泰党换掉赛塔,改提名其他候选人,即他信之女佩通坦或为泰党老将猜甲盛。颂猜接受电视节目采访时表示,如果22日仍然提名赛塔,可以说通过的可能性不到一半。

参议员们之所以对赛塔如此排斥,主要原因包括:一是赛塔在竞选期间,甚至在大选结束后,均明确表态支持修改刑法第112条,与参议员们立场截然相左;二是"爆料大王"初威接连爆料赛塔偷税逃税,参议员们认为此等品行德不配位;三是赛塔公开表示当选后将任命或者推动选举宪法委员会委员,修改2017版宪法,其中重要内容之一便是中止参议员们参与选举总理的权力。当然,赛塔本人性格孤傲,与参议员们交往不多,且曾经对参议员们出言不逊,这也是他令他们生厌抵制的重要原因。

倘若参议员们齐心一致不为赛塔投票,那么仅凭执政联盟314票,赛塔将无缘总理宝座。因为按照议会此前做法,每一名候选人均只有一次票选机会。8月16日,宪法法院不受理国家调查委员会就皮塔被二次提名一事寻求裁决的上诉,为议会的这种做法提供了支撑。如此一来,8月22日赛塔作为总理候选人也只有一次机会。

如果赛塔最终败选,为泰党能否另推佩通坦或猜甲盛为总理候选人继续参选呢?

目前看来,也不可确保。有资深政治观察人士表示,参议员们仅会给为泰党一次机会。如果赛塔不能通过,那极有可能为泰党必须让出领衔组阁权,由排名第三的政党自豪泰党乃至排名第四的公民力量党担纲。那样的话,阿努挺或者巴威均有可能出任总理。倘真如此,巴威可能性更大一些。

为泰党进退维谷

事实上,为泰党陷入了巨大困境之中,其做法有孤注一掷之嫌。向前一步,为泰党人不一定能最终成为总理,说不定会被原执政联盟联合孤立。向后一步,已经无法回到5月22日与远进党共同组成的8党联盟。

而且,为泰党的此番政治运作,令其政治声誉损伤严重。作为为泰党最大的选民群体"红衫军",很多成员对其做法难以理解,甚至不惜公然在街头撕毁红衣,提出抗议,表达不满。而其党内也是反对声不止。据传,为泰党元老级人物乍杜隆有意携20余名议员另投他党,但被党魁春拉南劝阻。为泰党在谋划推动这一切之时,难道没有预料到上述后果吗?答案显然是否定的。那为泰党这么做,究竟意欲何为?

笔者认为,最为主要的原因就是他信迫切希望回国。自2006年被推翻后,他信仅短暂回国一次,此后一直流亡海外。其妹前总理英拉于2017年逃离泰国,与他信会合。二人身负多项罪名,一旦回国,便要身陷囹圄。2020年疫情期间,沉寂多年的他信现身

Clubhouse 平台,参加为泰党核心团体 Care 主办的线上交流活动,就时政问题发表观点,不断为为泰党吸引人气。他寄希望于 2023 年大选为泰党能够获得压倒性胜利,迎接他体面风光回国。

但是大选结果与他预料相去甚远,不仅没有压倒性胜利,也未能如愿卫冕。这就更让他信焦虑。毕竟,为泰党颓势已显,如果这次机会不能翻盘,则往前一步便是无尽深渊(可参考民主党的走势)。所以,他信为为泰党制订的战略是:最低底线是保证为泰党参政,绝不能再做在野党。如有可能,则尽量争取总理和重要部门部长职位。目前,提名赛塔出任总理是在争取这一目标。

审时度势之下,他信认识到,远进党来势凶猛,势不可挡,如果为泰党与远进党联合组阁,原有的选民基础极有可能逐渐被远进党吞并蚕食,下次大选为泰党可能只能沦为 70 席的中型政党,再下一次大选便只剩 30 席。因此,他信希望借助此次大选组阁"化危为机",实现战略转型,由原先的自由民主派领袖,转型为保守主义阵营领袖。

因此,这也是为泰党孤注一掷的最深层次原因,那就是要通过主导新一届政府,施行本党经济复苏政策争取民意支持,在原先铁杆选民群体的基础上,力争拉拢公民力量党、民主党以及自豪泰党等中左派系的选民群体,力保本党大党地位。未来泰国政治图景会否演变成为泰党与远进党各自为政,领袖彼此对抗,也未可知。

但也有可能,保守主义阵营会借助参议员们的力量,击碎他信的战略布局,最终为泰党只能实现最低战略目标,就是参政。那样的话,在未来四年中,为泰党的声音将会越来越小,直至完全被吞没。那样,延续近 25 年的泰国政治主要矛盾一方便会被瓦解,保守主义阵营将集中全力应对最可怕的政敌——远进党。

究竟鹿死谁手,也许今日便有分晓。

# 第二部分
政党兴衰

一、新未来党

1. 塔纳通和新未来党还有未来吗?[①]

2019年大选,塔纳通成为最大的"黑马",他领导的新未来党获得600多万选民支持,一举夺得80个众议院议席,显示出深厚的民意基础。尤其是年轻一代,都视塔纳通为偶像,认为他会为泰国带来崭新的未来。可是,在当前的泰国政坛中,塔纳通注定无法成为主角,甚至可能正戏还未开幕,他便要早早谢幕。

3月25日,也就是大选后的第二天,泰国社会著名"起诉家"——捍卫宪法机构协会秘书长西素万·詹亚向选举委员会起诉塔纳通,指其持有媒体股票,违反议员选举相关法律条款。4月23日,泰国选举委员会宣布,新未来党党魁、候任众议员塔纳通疑似在申报议员资格后仍持有威拉传媒公司股票,违反选举法,要求塔纳通7天之内(即4月30日以前)到选举委员会说明情况。

消息传出时,塔纳通正在荷兰悠游。他在个人脸书账号上传自己与泰国在荷留学生们坐在草地上交谈的照片,照片上的塔纳通神

[①] 本文撰写于2019年11月19日,即泰国宪法法院裁决塔纳通因违规持股而被剥夺议员身份前一日,未公开发表。

情惬意。他写了一段文字,大意为本人极为希望学习有效管理国家之经验,为未来执政做准备,但是看上去泰国政治局势并不允许他做得太多。由于要向选举委员会说明情况,4月25日,塔纳通改变行程,提前回国。大批支持塔纳通的民众到素万那普机场等候他。塔纳通在人群的簇拥下,如同英雄一般,接受民众们献上的鲜花。他在机场接受记者采访时表示:股权转让一事,事实清楚,证据确凿,本人毫无压力,完全没有担心会因为此事而受到处罚。最后他还发表激昂演讲:"今天大家到现场,并不是来保护我塔纳通,而是保护民主,维护公平与正义!"

随后几日,他并未去选举委员会,直至最后一刻,他和新未来党秘书长毕亚卜一同与选委会的工作人员闭门交谈了四个小时,无人知晓其聊天内容。出来后,他一脸云淡风轻,表示自己不会有任何问题。又过两日,他在社交网络上发布了所有证据,证明他早已将股票转让。然后,这件事便悄无声息了。紧接着,就是拉玛十世加冕典礼,再接着,选委会就宣布最终确定的众议员名单,塔纳通顺利入围。

正当各界都认为塔纳通持股一案"轻舟已过万重山"之时,5月16日,泰国选举委员会突发公告,表示将向宪法法院提出申请,剥夺塔纳通众议院议员权利,其理由为:塔纳通在申请参选议员之时,手中仍持有威拉传媒公司股票。此举违反选举法第32条,即竞选议员者严禁持有任何传媒公司股票。

面对选委会的凌厉攻势,塔纳通不甘示弱,立刻召开记者招待会,宣布新未来党将领衔组阁,而他本人亦做好准备,担任总理。此外,他还到外国记者俱乐部发表演讲,邀请众多知名国外媒体驻泰记者、国际机构代表到场,试图通过国际舆论压力逼迫宪法法院不敢做出不利于他的裁决。

然而,宪法法院很快便发布公告,暂停塔纳通议员资格,等待法院最终裁决。5月25日,塔纳通现身议会会议现场,在做出简短声明后离开,从此再未进入国会大厦。

近日,泰国宪法法院宣布将于 2019 年 11 月 20 日就塔纳通违规持有传媒公司股票案做出裁决。塔纳通及新未来党的命运很快便会揭晓。笔者认为,塔纳通极有可能被判违宪。一方面因为泰国宪法法院本身以捍卫君主制为己任,而据泰媒报道,塔纳通、毕亚卜等新未来党管理层均为"反王派"。在《时代》周刊撰文推崇塔纳通的查理·坎贝尔(Charlie Campbell),曾经写过数篇攻击泰国拉玛十世国王哇集拉隆功的文章。这似乎比较能说明问题。所以,宪法法院对于塔纳通等挑战君主制的政治人物恐怕很难网开一面。另一方面,就媒体披露情况而言,塔纳通在申报竞选议员前未及时转手处理传媒公司股票,他所提供的证据不足以为自己洗刷清白。

自选举委员会向宪法法院上诉塔纳通违规持股案至今,已半年有余。其间,塔纳通尽管被勒令停止履行议员职责,但他在议会外的政治活动相当活跃,依然占据着泰国政治新闻的主角位置。但是,从这半年的情况来看,新未来党与大选时相比,在政党形象、民众口碑等方面似乎都大不如前。前一段时间闹得沸沸扬扬的新未来党落选议员候选人集体辞职事件、春武里府新未来党议员在重大议案投票时违背本党决议事件、新未来党反对涉王室议案事件、佛统府补选新未来党败选事件等,无一不显现出该党正处于从巅峰急遽坠落的事实。

10 月,消息灵通人士、知名军事记者瓦萨娜曾在个人社交账户上上传一张底色为橙色的图片。不少政治观察人士猜测,这是否在预告"橙色党派"(新未来党)将会面临重大危机。不管如何,一旦塔纳通罪名坐实,将会带来一系列后果。首先,他的议员资格无疑将被正式吊销。其次,倘若法院要追究塔纳通的刑事责任,则他将会被禁止从事政治活动,并有可能面临最高 20 年的牢狱之灾。再次,塔纳通作为新未来党党魁,明知不能持有传媒公司股票,但仍然以身试法。而且,新未来党秘书长毕亚卜前后三次召开记者招待会,为塔纳通违规持有股票一事辩解。根据选举法规定,如果政党管理层知情包庇,则也应受到惩处。那么,选举委员会将有可能会向宪法委员会提出解散新未来党,党派管理层全体将会被禁止参政10年以上。

当然,上述可能均为笔者预测,并不排除塔纳通也有可能逃过此劫,那他便是"向死而生""凤凰涅槃"。如此他便可以完全行使议员权力,以超强的演讲辩论能力,在议会斗争中大放异彩。而正在面临涣散的新未来党也会重新振作,团结一心;正在松动的民意基础也会重新得到巩固,为下一次大选积蓄力量。

究竟塔纳通和新未来党命运如何,明日便知分晓!

2. 新未来党缘何逃过解散之劫？[①]

2020年1月21日，泰国宪法法院裁定泰国新未来党领导人塔纳通企图颠覆君权罪名不成立，该党无须解散。

自从泰国去年3月举行大选以来，网红政客塔纳通和他领导的新未来党一直都备受关注。尽管是刚成立的新政党，但很快崭露头角，成为泰国议会中当仁不让的反对联盟领袖。"枪打出头鸟"，塔纳通本人和新未来党成为泰国政坛中的"另类"，也因此成为政坛斗争的矛盾中心。不仅塔纳通本人2019年11月被剥夺议员资格，而且新未来党被指控涉嫌"颠覆君主制"。泰国宪法法院21日的裁定即因此而来。

牵动泰国千万民众神经的裁决

2014年5月22日，时任泰国陆军司令巴育·占奥差上将发动政变，推翻民选的英拉政府。尽管军方一直承诺将尽快"还政于民"，但一再延期，直至2019年3月24日，泰国才举行全国大选。在"网红政客"塔纳通的带领下，新未来党成为大选中最令人注目的一匹黑马，以600多万选票数名列三强，一举拿下80多个议会席位，远超老牌政党民主党和实力地方豪强自豪泰党。

新未来党强烈反对"巴育-巴威"军人集团继续执政，不断在公开场合抨击泰国社会现状，以求变求新的姿态和敢说敢做的作风在年轻群体中颇有市场。

但是，该党党魁塔纳通、秘书长毕亚卜以及女发言人帕尼伽等

[①] 本文于2020年1月22日发表于澎湃新闻·外交学人，发表时题为"泰国新未来党为何逃过解散之劫：是避免动荡还是王权平衡术？"。

核心人物的一些有悖于泰国社会传统价值观,尤其是涉嫌冒犯君主制的言行也不断被人揭发,成为社会热点话题。泰国民众对于新未来党的看法也极为分化,褒贬不一。新未来党的拥趸们将塔纳通视为泰国未来希望,认为"巴育-巴威"军人政权是历史倒退的代言人,只有新未来党才能担负起引领泰国发展之重任。反对新未来党的群体则将塔纳通等人视为泰国传统价值观的破坏者、社会矛盾的制造者、一味追随西式民主政体的激进分子。

2019年5月,泰国前国家监察官顾问纳塔鹏·道巴云博士以个人名义向宪法法院提交诉状,控告新未来党、塔纳通、毕亚卜以及该党管理层涉嫌"颠覆君主制",认为他们的行为已经触犯2017年宪法第49条,应该依法解散该党。宪法法院受理此案,并表示无需进一步侦查,将于2020年1月21日直接宣判裁决结果。

在此之前,塔纳通本人以及新未来党早已官司缠身。先是塔纳通被告违法持有威拉传媒公司股票而被中止履行议员职责。他仅在议会开幕当日走进过会场,从此再未踏足议会,直至2019年11月被选举委员会正式取消议员资格。与此同时,新未来党也因违反电脑法、违规贷款等其他一系列问题遭到调查。在众多案件中,"颠覆君主制"一案最先宣判,且涉及王室,兹事体大。一旦被判罪名成立,处罚将极为严厉,所以21日的裁决一度成为牵动泰国数千万民众神经的一件大事。

新未来党的危机公关

面对如此严重的罪名指控,塔纳通、毕亚卜等新未来党核心层并未坐以待毙,而是充分发挥民众动员、公众演讲、媒体宣传等方面的优势,开展危机公关,试图拼死一搏。

首先,塔纳通在网络上号召支持新未来党的民众们走上街头,在国家体育馆轻轨站的天桥上开展了一次"快闪集会"活动,目的就是让"巴育-巴威"政权不要一意孤行,轻视民意。当天参加活动的数千民众高举三指,高呼口号,表达对塔纳通的支持。塔纳通等人还积极参加在火车市场举办的"跑步驱赶(巴育)大伯"的活动,与新未来党的支持者们共同表达对巴育政府的不满。

其次,新未来党举行大规模民众集会,由塔纳通、毕亚卜等人亲自上台演讲,逐条反击控诉,并表达不惧政敌,"宁为玉碎,不为瓦全"的政治信念。1月18日,他们在塔纳通和毕亚卜的母校法政大学举行了名为"Future is now,别惧怕未来"大规模宣讲活动。其间,邀请泰国资深媒体人素提猜·云作为主持人,就公众可能对该党产生误解的重要问题进行访谈。在做活动宣传时,新未来党打出"塔纳通可能是最后一次作为新未来党党魁发表演讲"这样的悲情话语,吸引众多支持者前来捧场。

在集会上,毕亚卜发表了演讲,表示本案诉状中所列罪名均为无稽之谈,他们从未表达过类似"泰国应该改君主制为总统制"的观点,都是敌对势力捕风捉影,栽赃诬陷。相反,新未来党历来尊重王室,坚定支持泰国以君主为元首的民主政体。同时,他也表示会尊重宪法法院的裁决,如果法院认为新未来党必须解散,他们绝对服从。新未来党管理层将被剥夺从政资格,但是他们的数十位议员和6万名党员会"排着长队"加入另外一个具有相同理念的政党。毕亚卜还表示,尽管不能继续在议会中"为民发声",但他和塔纳通会在议会外,在全国各地倾听民意,为民解忧。

与此同时,近一周来,塔纳通频繁出现在各大政治类访谈节目中,倾吐心声,表达无辜。一方面,他从法律角度出发,指出纳塔鹏·道巴云以个人名义向宪法法院提交诉状,要求解散新未来党,不符合法律程序;另一方面,他也对诉状中所提出的各项罪名逐一向公众做出解释说明,包括不少敏感问题,比如他曾经是"反王"杂志《同一片天》的资助人等,表现得有理有据,试图以理服人。

再次,新未来党还利用与一些国际人权组织的密切关系,试图让它们发声,向泰国政府施压。众所周知,塔纳通与西方国家以及一些国际人权组织交往密切。数月前,他被传唤至警署配合某案件调查,十几位西方面孔的外交官以及人权组织成员陪同前往,可见塔纳通在西方国家心目中的重要地位。这次也不例外,在塔纳通案件即将宣判之际,国际人权组织"大赦国际"发表声明,要求泰国政府秉公处理此案,绝不可向塔纳通以及新未来党党员们进行恐吓。

尽管如此,泰国不少民众都不看好新未来党的未来,认为塔纳通和新未来党难逃此劫。甚至有不少资深媒体人认为,"即使塔纳通逃过此劫,也难逃下劫。新未来党被解散是大概率事件"。

宪法法院网开一面

按照宪法法院的计划,1月21日中午11:30宣读判决。10:00,本案原告纳塔鹏从家中出发,前往宪法法院听判。新未来党管理层和全体议员也于10:30左右悉数抵达法院。更不用说众多媒体早已长枪短炮现场恭候。然而,宪法法院并未按时宣判,平添了几分紧张气氛。直至12:10,宪法法院司法团9位大法官正襟危坐,主席努拉·玛巴尼以平缓语气宣读判决。

此前坊间传言新未来党"必废无疑",但结果出乎大多数人意料。判决书并不长,努拉大法官用时10分钟便宣读完毕,结论非常明确:原告在诉状中所列证据均为网络资料,无法证实,证据不足,因此新未来党塔纳通、毕亚卜等一干被告言行不构成颠覆君主制之罪名。至于原告在诉状中提及新未来党党章中未明确表示支持"以君主为元首的民主制",而是含糊其词为"依照宪法所述之民主制",交由选举委员会裁决,如确实不符合规定,则要求新未来党予以修订。

宣读结束后,在宪法法院聆听判决的新未来党议员们欢呼雀跃,为本党渡过此难而兴奋不已。而原告纳塔鹏接受采访时表示,本人并非为难新未来党,而是出于对王室的爱戴,对君主制的维护,才搜集证据,发起诉讼,目的是想提醒泰国社会,有这么一群意图不轨的政客。现在目的已经达到,解散或者不解散,与己无关。而根据 BBC 泰国网站报道,自从纳塔鹏起诉新未来党后,他的妻儿非常不满,有一个多星期都没有理睬他。

至于宪法法院为何裁决新未来党无罪,大致有以下三个原因。

其一,法律程序不合规。按照泰国宪法规定,解散政党必须由选举委员会向宪法法院提出诉讼,而非某个公民。例如,2019 年年初,他信阵营的卫国党因提名乌汶叻大公主为总理候选人,被选举委员会告至宪法法院,最终被判解散。因此,严格意义上说,纳塔鹏作为个人,无权提议解散新未来党。当然,宪法法院在裁决中并未提及此事,并且褒奖纳塔鹏忧国忧民。而且,新未来党的党章是经过选举委员会认可的,如果宪法法院裁决其违宪,则板子首先要打在选举委员会身上。

其二,诉状证据不确凿。在纳塔鹏的起诉书中,新未来党涉嫌颠覆君主制的"黑材料"相当之多。然而,细究起来,确实说服力不强。最令人啼笑皆非的是,纳塔鹏认为,新未来党倒三角形的党徽标志与中世纪西方秘密社团"光明会"(Illuminati)有关联。

"光明会"以挑战传统而闻名,但至今是否依然存在,无从知晓。直接将新未来党与"光明会"牵扯到一起,不但牵强,也降低了诉状的可信性。此外,其他的一些证据也都是网络传言,无从查证。

其三,现实情势不允许。新未来党不同于大选前被解散的卫国党。在 2019 年大选中,新未来党获得 600 多万张选票,80 多个议席,是议会第三大党。此党拥有坚实的民意基础,尤其是在社交媒体上,塔纳通更被尊为"网络总理"。除非新未来党违宪证据确凿,否则仅凭一纸捕风捉影的诉状,便将其解散,恐怕宪法法院也会成为众矢之的。倘真如此,泰国政局将又会是一场血雨腥风,就算不会重现"红黄对峙",街头运动也是在所难免。

新未来党未来何去何从?

尽管新未来党此次死里逃生,但并不意味着从此便可高枕无忧,在不远的未来,新未来党还要面对多个案件的裁决。尤其是违规放贷案,如果罪名成立,政党依然难逃解散命运。按照一位资深政治观察员的观点:新未来党"逃得了初一,逃不了十五",最终会被解散,只是时间问题。

但新未来党已经做好了B计划,一旦被解散,所有议员和党员都会转入另外一个"政见相近"的政党,塔纳通和毕亚卜则转入幕后,指挥议员们继续在议会与"巴育-巴威"政权斗争到底。

当然,也有一种可能性,就是新未来党不被解散。那样的话,塔纳通、毕亚卜将在法律允许的范围内最大限度地动员民众,驱赶军人政权。巴育政府立志要继续为民执政二十年,而新未来党则发誓要将军人们赶回军营。

再过几日,反对党联盟将会提交对巴育、内政部部长阿努蓬、外交部部长敦等要员的不信任提案,并进行辩论。届时,新未来党的议员们将会使出浑身解数,还击执政党。尽管执政联盟通过各种方式不断扩大其对于反对党联盟的优势,相信自身会平安度过不信任辩论,但新未来党的存在对于执政联盟而言,始终是一颗潜在的定时炸弹。无论如何,有一点可以确认,新未来党一干人等将会更加注意自己的言行,尤其是涉及王室的言论,一定会慎之又慎。毕竟,拉玛十世国王的王权前所未有得到巩固。1月18日,拉玛十世国王北标府阅兵,陆海空三军以及警察部队近7000名武装人员接受肩佩元帅军衔的国王和上将王后检阅,并向国王宣誓效忠。泰国政坛依然是王权、军权主导,新未来党恐怕在很长时间内都只能作为反对党存在了。

3. 别了,塔纳通!别了,新未来党![①]

2019年3月7日,泰国大选前夕,他信阵营的卫国党因提名乌汶叻公主为总理候选人而被宪法法院裁决解散的场景仍历历在目。相隔不到一年,泰国宪法法院再次祭出大纛,人气大党新未来党因违规贷款案被判解散,同时该党管理层十年之内不得注册新党或担任任何政党管理层。而一个月前,宪法法院刚刚因另外一起案件裁决新未来党无罪。

存在了仅仅708天的新未来党,如同昙花一现,便已凋零。获得600万选民支持的新未来党被判解散,对于眼下的泰国政坛而言,绝对是一次地震,甚至海啸。毋庸置疑,这一"大事件"将会在泰国政治发展史上留下浓墨重彩的一笔,对于泰国未来政治走向具有"分水岭"的意义。

违规贷款案始末

2020年2月21日下午,泰国宪法法院3位大法官身着法袍,正襟危坐,宣读判词。人们守着屏幕焦急地聆听法官读着冗长复杂且充满艰涩深奥法律术语的判决书。网友们在网络直播间的聊天室里猜测着究竟是解散还是不解散。直到法官读出最为重要的那句话后,所有人心中的疑问终于有了答案。然而,尽管尘埃落定,但绝大多数人依然云里雾里,并没有真正明白宪法法院的裁决逻辑。甚至新未来党秘书长、法律专家毕亚卜在宣判结束后召开新闻发布会公开表示,自己不认同宪法法院的裁决结果,并驳斥其法律依据。

[①] 本文于2020年2月24、25日连载发表于澎湃新闻·外交学人,发表时题为"新未来党解散,政治冲击余波将使泰国内阁大换血?"。

那么，新未来党究竟如何铸下大错，引来"杀身之祸"？事情缘何演变至此？让我们来回顾一下案件始末。

2019年5月15日，新未来党党魁塔纳通向媒体披露，自己共贷款1.912亿泰铢（约4500万元人民币）给新未来党。此事引起了以"控诉家"著称的捍卫宪法机构协会秘书长西素万·詹亚的关注。他于5月21日向泰国选举委员会提交诉状，认为新未来党借款行为触犯了《政党法》第66条。

9月20日，泰国反腐委员会公布新未来党党魁塔纳通个人资产时，将其借贷给新未来党的款项也一并公布。塔纳通先后两次贷款给新未来党，分别为1.612亿泰铢和3000万泰铢，合计1.912亿泰铢。次日，塔纳通公开表示，已经向选举委员会解释清楚，政党借款不算是收入，并未违反法律。

9月23日，西素万·詹亚再度就贷款事件起诉新未来党，提请选举委员会调查贷款合同是否合法。11月19日，选举委员会一致同意，要求新未来党提交相关证据配合调查。但新未来党不予配合，仅提供部分材料，并要求延长期限120天。选举委员会同意延长，但要求必须在12月2日前提交完毕。

12月2日，选举委员会宣布期限已至，不再接受新未来党提交的任何证明材料。12月6日，新未来党发声驳斥，表示选举委员会要求增补的材料均与案件无关。12月11日，选举委员会举行会议，认为塔纳通贷款给新未来党一案，违反《政党法》第72条，提请宪法法院解散新未来党。12月25日，宪法法院受理此案，并敦促新未来党于15日内提交自辩书。

2020年1月27日，新未来党法律团队向宪法法院提交相关证明材料。2月5日，宪法法院发布宣判声明，约定将于2月21日正式宣判。

最终，宪法法院以7∶2的表决结果，通过了选举委员会关于解散新未来党的诉讼，并且对其管理层处以10年内禁止注册政党或担任任何政党管理层的处罚。通过对其判词进行分析,我们大致可以理解宪法法院做出上述决定的法理依据。

宪法法院的裁决依据

《政党法》第62条对于政党收入来源的7种方式有着明确规定,其中并不包括借贷方式。因此,即使所借款项来源本身合法,也属于违反《政党法》的行为。

《政党法》第66条规定,禁止任何人在一年内向某一政党捐赠市值超过一千万泰铢的钱款、物资及其他任何形式的物品,以防有人利用这种方式掩盖政党真实收入情况。

因此,如果政党的收入来源不在法律允许的7种方式之内,或者接受政治捐款超出法律规定限额,便可裁决其触犯《政党法》第72条。该条款规定,禁止政党或者政党管理层在明知或者应该知道某笔钱财或者其他利益不合法,或有理由怀疑其来源不合法的情况下,还接受上述钱财或利益的行为。一旦触犯本条款,则可由宪法法院裁决,是否依据第92条款之规定解散该党。

宪法法院指出,塔纳通贷款给新未来党一案中,存在以下问题:

第一,贷款总额很高,但利率及预期利率却远低于市场平均利率,不是正常市场行为,明显存在利益输送的可能。新未来党共分两次向塔纳通贷款,总额度高达1.912亿泰铢,但是不仅无须任何抵押,而且其中的一笔年利率仅为2%,逾期利率更是低得惊人,每天只需支付100铢违约金即可。

第二,新未来党贷款额远远超出其必要性,有悖常理。贷款合同签署于2018年,当年新未来党的开支仅超过收入150万泰铢左右,根本不需要贷款1.912亿泰铢。

细想之下,确实疑点颇多。试想,如果新未来党以2%的年利率从塔纳通那里获得贷款后,立刻转手以市场平均利率贷出,其中的差价将会相当可观,这不就等同于间接的利益输送?而150万泰铢就可纾解财政困难,为何需要借贷1.912亿泰铢?所贷款项有何用途?有没有可能被用于贿选等非法用途?

有鉴于此,宪法法院认定,新未来党从塔纳通处借贷的这笔巨款,不属于正常借贷行为,其目的及用途有诸多可疑之处。即便作为个人政治捐款看待,也超出了法律允许的每年不超过一千万泰铢的限额,因此可以被认定为"可以计算出具体金额的其他利益"。

在泰国政党发展史上,曾不止一次地出现财团注资政党,在幕后控制政党从而为本利益集团牟利的事件,或者利用政党捐款进行洗钱的现象。《政党法》之所以做出上述规定,正是为了避免财团控制政党,左右政党决策,从而影响国家大政方针。

宪法法院认为,塔纳通作为党魁,以远低于市场利率的优惠条件贷款给新未来党,很明显有一人控制全党的动机,而这恰恰是政党政治之大忌。新未来党公开宣布这一内情,其目的就是坐实塔纳通实际控制本党这一事实。塔纳通本人和新未来党明知法律相关规定,但却依然知法犯法,故依法裁决予以解散。

泾渭分明的各方反应

宪法法院做出解散新未来党的裁决后,塔纳通和新未来党的支持者们尽管已经做好了一定的心理准备,但依然震惊于这一噩耗,不敢相信眼前的事实,有的痛哭流涕,有的暗自神伤,还有的群情激昂,恨不得立刻走上街头,推翻"暴政"。法政大学学生组织发起名为"这个国家没有公平"的校园快闪活动,高举三指,为新未来党遭受的"不公待遇"表达愤怒,声讨"巴育独裁政府"。

而社交媒体上更是怒浪冲天,支持塔纳通和新未来党的网民们纷纷发帖,谴责宪法法院选择性执法,偏袒执政者,是"巴育政府的傀儡",为虎作伥。"拯救新未来"一跃成为推特热搜榜第一名。甚至有激进网民发帖誓言要枪杀宪法法院大法官和选举委员会当权者。

同属在野党阵营的为泰党兔死狐悲,发表声明,向新未来党致以安慰:相信所有为民主而奋斗的"同路人"不会放弃理想,将继续与"独裁政府"斗争到底,共同推进争取民主的未竟事业。去年被解散的泰卫国党高层、前总理他信的侄女翁纳帕查在脸书上发文,鼓励新未来党的管理层和党员们不要放弃民主精神、为国为民建功立业的梦想和希望。

另一边,泰国总理兼国防部长巴育·占奥差上将也在个人脸书账号上发表了一段话,试图安抚民众的情绪。他在文中请求民众们尊重宪法法院裁决,也希望新未来党的支持者们依托新的机制对政府工作进行监督。没想到,新未来党的拥趸们一腔怒火正无处可发,他的这个帖子立刻成为众矢之的。网民们蜂拥而至,把巴育骂得体无完肤,巴育只好删除该帖,并表示不再就此事发表评论。

很有意思的是,数月前因不遵守政党决议而被新未来党逐出党派的"眼镜蛇议员"西努安表示同情老东家的命运,但他认为这个苦果也是由新未来党内某些高层自己酿就,同时欢迎失去组织的新未来党议员们加入她现在所在的自豪泰党。

舆论媒体和学术界在报道和评论此事时,也分为截然不同的两种声音。一方以民族电视台为代表,旗帜鲜明地支持宪法法院,认为法院的裁决合情合理,公正无私,为泰国所有政党制订了标准。另一方则以支持塔纳通和新未来党的 Voice TV 为代表,认为选举委员会和宪法法院明显"选边站",对于有军方背景的公民力量党的违法行为从来不加追究,而新未来党则是动辄得咎。

由于塔纳通与西方国家不寻常的关系,这一事件也引发西方多国发声干预。美国大使馆发表声明称,解散新未来党是对 600 万选民权利的侵犯,但同时表示美国不在泰国政党斗争中选边,有点"此地无银三百两"的感觉。欧盟则在官方网站发表声明,指责泰国宪法法院解散新未来党是政治多元化的失败,显示了与始自去年的民主多元化进程不符的步伐,泰国政坛应该要更加开放,让各方都能参与。刚刚"脱欧"的英国驻泰大使发表个人推特,表示英国对去年泰国恢复民主进程表示欢迎,但法院裁决解散新未来党后,议会仍然有必要反映去年大选中选民的多元意见。一贯力挺塔纳通的国际组织"大赦国际"则发表声明,言辞强烈地抨击泰国宪法法院此举反映了泰国政府恐吓、威胁、攻击与政府对立的政党,要求泰国废除这一裁决,充分恢复民众言论与集会自由。

"新未来团"重启征程

与去年3月被宪法法院裁决解散后便偃旗息鼓的卫国党迥然不同,擅长演讲和动员的塔纳通与新未来党立刻在位于碧武里路的党部召开了声势浩大的新闻发布会。

在新闻发布会上,首先发言的新未来党秘书长毕亚卜带着满腔的不忿,强烈表达了对宪法法院做出"不公"裁决的不满与抗议。尽管他声明自己并非藐视法院,但在演讲之中却逐条对法院的法理依据做出驳斥,同时暗示(几乎是明示)"这是一场被导演的戏,新未来党是这场戏的牺牲品"。但是他也誓言,"这场戏的导演绝对不会看到他所希望看到的结局"。

随后演讲的是党魁塔纳通,他发表了极富感染力的演讲,充满感情地回顾了新未来党成立以来受到广大选民的鼎力相助,同时也表达了无法实现竞选时关于"抵制军人集团继续执政""修改2017年宪法"以及"改革军队"等承诺的遗憾。但是,他也充满自豪地表示,"在泰国社会最为黑暗的时刻,我没有袖手旁观。我和'新未来人'站起来与不公正的权力进行斗争,希望能够成为推动社会前进、终止政治矛盾的一支力量。此事我们可以无愧于子孙后代"。

随后,他话锋一转,表示尽管政党被判解散,但征程并未终结,尚未到伤心哭泣的时刻,因为"新未来人"的意涵远超过一个政党的范畴,法院可以解散政党,但解散不了"新未来人"。尽管有人要加害"新未来人",要将"新未来人"踩进泥土里,然而是时候证明给他们看,他们的意愿绝对不会得逞。"新未来人"没有时间去伤心、哭泣,切勿忘记初心、熄灭心火、终止梦想。尽管新未来党已经成为历史,但是征程依然向前。

在听众的欢呼声中,塔纳通宣布将成立"新未来团",团结所有具有民主思想的人们,继续为民主而斗争,为的就是回到建立新未来党的彼时彼刻,占领思想的阵地。在下一次大选中,具有与新未来党相同理念的政党一定会成功。

塔纳通介绍了"新未来团"未来的工作思路,将努力在地方政治领域发挥影响,同时去动员、宣传新未来党当年的竞选政策。而他个人也将在教育、环境保护等方面以建立基金会的方式去为国家做出贡献。也就是说,被裁决不得从政的新未来党管理层将从议会主战场转移到以地方政治为主的"议会外"战场。

最后,塔纳通从西装领上解下新未来党的党徽,郑重地交给了站在他身后的皮塔·林查棱拉议员,这象征着在今后的议会斗争中,新未来党的剩余力量将交由39岁的皮塔指挥前行。皮塔在大家热烈的掌声中发表了演讲,表达了对塔纳通、毕亚卜的敬意,以及将努力不辱使命的信心。

当晚,在新未来党党部大楼的门口,支持者们继续组织集会,气氛十分热烈。塔纳通再度发言,讲述了他9岁的女儿写信给联合国,控诉泰国政府对父亲不公正的待遇和压迫。新未来党发言人帕尼伽也发表演讲,表示尽管管理层议员将无法参加2月24日至27日的不信任辩论,但新未来团将组织议会外辩论,并将所收集到的政府要员们的丑闻和不作为例证公之于世。

十目所视的"铜豌豆"

自从法院宣判以来,塔纳通以及新未来党的表现可以用关汉卿那句名言来描述:"我是个蒸不烂、煮不熟、捶不扁、炒不爆、响当当一粒铜豌豆。"新未来党尽管被解散了,但新未来团建立了。它的建立,反映了塔纳通希望在更广泛范围内宣扬思想,争取支持者的努力。用"团"字命名新组织的名称,也暗含着塔纳通、毕亚卜继承1932年"民团"(另一种中译法是"民党",但泰语本身不是"党",而是"团")未竟事业的想法。

1932年,比里·帕侬荣等留法学生以及部分军官组成的"民团"发动政变,推翻绝对君主制,建立了君主立宪制,一直延续至今。塔纳通、毕亚卜曾在多个场合表示,他们的目标就是将1932年"民团"未竟事业进行到底。但是,在王权不断巩固的今天,"民团"的历史贡献不断遭到质疑,精英阶层开始反思并重新评价1932年"民团"的行为。所以,在这样的语境下,塔纳通宣布自己要完成"民团"未竟事业,极有可能会继续遭到精英阶层的集体阻击。

2014年泰国军方发动政变,推翻民选英拉政府,尽管一直承诺"还政于民",但却多次推迟大选日期。直至执政满5年后,才于2019年3月24日举行全国大选。在锁定上议院250席位的绝对优势下,"巴育-巴威"军人集团得以继续执政。但是,塔纳通率领的新未来党在大选中获得的靓丽成绩,令该党事实上超过为泰党而成为泰国最有影响力的在野党。该党反对军人集团执政,强调改良泰国的政治主张,而且屡次传出与"阴谋颠覆泰国君主制"的势力相勾结的传闻,无疑将塔纳通和新未来党推向了整个社会传统保守阵营的对立面。

所以,大选结束以来,塔纳通和新未来党官司不断。先是塔纳通被控违法持有传媒公司股票而被中止履行议员职责。自从议会成立以来,他只走进过会场一次,从未履行过议员职责,直至2019年11月,被正式取消议员资格。而新未来党也因违反电脑法、违规贷款等其他一系列问题遭到调查。2019年12月,有人以新未来党"涉嫌颠覆君主制"为由将其告上宪法法院,不过1月21日宪法法院宣布罪名不成立。正当新未来党摩拳擦掌准备2月24日开始的不信任辩论时,他们的脚步只能戛然而止。

尽管塔纳通、毕亚卜包括帕尼伽都表示将继续进行"议会外斗争",但笔者判断,他们将面临很大的困难。一方面,现行的《集会法》对于组织民众集会有着非常严格的规定,组织一些类似于"快闪"的集会活动尚可,但想重现当年黄衫军和红衫军两军对峙的"盛景"应该不太可能。另一方面,塔纳通等人不可能像曾经的政客们那样,改头换面,摇身一变,通过担任某个党顾问之类的职务实际上操纵政党。即使是当年泰爱泰党被判解散后,他信通过远程视频对新组建的人民力量党遥控指挥,有人指出这样的做法涉嫌违宪,将有可能导致再度解散政党,他信立刻谨言慎行。何况今天,泰国政治生态已经发生了巨大改变,而且在社交媒体活跃的时代,这样的做法更不可行,会有一些眼睛时刻盯着他们的行为,一旦被发现,便难逃法律制裁。

震后余波值得关注

这次裁决导致 11 名新未来党管理层无法继续担任议员,新未来党还剩下 65 名议员可以继续从政。根据泰国法律,这 65 人必须在两个月内重新加入政党,才可继续履行职责。所以,目前我们要关注的问题是,65 人是继续团结一致,与议会外的塔纳通、毕亚卜内外呼应,同声同气,还是各走各路,分道扬镳。塔纳通在告别演说中,曾经说过这么一番话:"请 6 万名党员继续跟随我们的议员们,他们去哪里,你们就跟到哪里!请你们看好了,如果有人背叛理想,投入另外阵营,你们一定不要饶过他。"塔纳通之所以这么说,是因为他自己很清楚,绝对不可能所有人依然步调一致,同气连枝。而且,根据目前了解的情况,有不少新未来党的议员已经在和执政联盟的党派联络,探讨改换门庭的可能。

当然,塔纳通选定的接班人皮塔,是议会中冉冉升起的明星议员,他是哈佛大学和麻省理工学院的双料硕士,曾经得到现任内务部部长阿努蓬的赞许,民调显示,他的受欢迎程度甚至超越了毕亚卜。有理由相信,剩下的 65 人中,绝大多数依然会选择留在在野党阵营中,在皮塔的带领下,继续与塔纳通并肩作战。

无论如何,这次的大赢家当然是执政联盟,此役基本上令在野党阵营的实力大减。可以预见,两个月内,执政联盟一方的议员数量将会远超在野党议员数量,从而保证执政联盟牢牢地控制局势。但是,执政联盟的胜利不一定是巴育总理的胜利,他要面临的首要问题是 2 月 24 日开始的不信任辩论。凭着现有的票数优势,投票时顺利过关当然毋庸置疑,然而,他所领导的内阁确实面临着极大的危机。旅游业、出口业的大萧条,泰铢的继续坚挺,大旱引发的农作物减产,都让他的宝座岌岌可危。而且,不信任辩论会加剧这种危机。接下来,或许我们会看到泰国内阁的大换血。

别了,新未来党!别了,塔纳通!

4. 解散一月后"新未来系"卷土重来，"前进团"会有新未来吗？[①]

2020年3月21日，正值新冠肺炎疫情在泰国蔓延之际，习惯了万民云集、掌声雷动的"新未来系"三人团——原新未来党党魁塔纳通、秘书长毕亚卜和女发言人帕尼伽，选择在脸书上发起了一场没有现场观众的特殊演讲会，宣布正式成立新未来党的化身组织"前进团"，提出"渡过国家危机路线图"，公开呼吁巴育总理辞职。

一个月前的2月21日，以反对巴育政府著称的新未来党被泰国宪法法院因"违规贷款案"判决违宪并遭解散，塔纳通、毕亚卜等骨干成员被剥夺十年内从政资格。当天下午，新未来党召开新闻发布会，表示不认同宪法法院的裁决，并宣布将以"新未来团"的名义宣扬民主精神，反对巴育政府，完成未竟事业。

一个月后的"新未来系"选择在这一非常时期宣布成立"前进团"，明显有着特殊用意。由原新未来党进化而成的"新未来系"此番卷土重来，能否在政坛重振雄风？

疫情、生日、"满月"与"前进团"宣告成立

众所周知，就在宪法法院宣布解散新未来党之后，以法政大学为代表的泰国各大高校学生迅速组织声势浩大的"快闪"活动，批评巴育政府之声此起彼伏，霎时间蔓延全国。学生们抨击当权者滥用职权打击异己，要求巴育政府下台。塔纳通、毕亚卜等人原本以为，借助议会不信任辩论对政府丑闻的揭发和学生的推波助澜，纵

[①] 本文于2020年3月28日发表于澎湃新闻·外交学人。

使不能达到逼迫巴育政府下台的目的,也可以大幅动摇巴育执政根基。

然而,一场史无前例的疫情席卷全球,将塔纳通、毕亚卜的计划完全打乱。泰国新冠肺炎疫情逐步升级,令学生"快闪"运动无疾而终,巴育政府"不战而屈人之兵"。

尽管新冠肺炎疫情帮助巴育政府暂时躲过学生们的口诛笔伐,但是疫情也是一把"双刃剑",直接考验着巴育政府的危机应对能力。此前泰国政府对新冠疫情传播形势估计不足,不希望采取过于严厉措施影响旅游业,进而让已疲弱不堪的泰国经济雪上加霜,所以政策一直较为宽松。

随着泰国国内感染人数逐日增多,巴育政府匆忙迎战,但因准备不足,在应对疫情方面一度缺乏章法,政府公信力削弱,社交网络对于政府的批评增多,反而授反对派以把柄。与此同时,巴育内阁重要成员、农业部助理部长塔玛纳上尉的手下牵涉一起囤积口罩牟取暴利的丑闻事件,致使巴育政府形象大为受损。

看准了巴育政府的软肋,塔纳通、毕亚卜决定乘势出击,在3月21日新未来党被解散的"满月"之日给巴育以雷霆重击。而这一天,也是巴育总理66周岁生日。

"新未来系"的网络发布会首先由前秘书长毕亚卜发表演讲,主要包括了以下内容:

首先,强烈抨击宪法法院。毕亚卜表示,宪法法院名为"国家最高司法机构",实则是巴育政府党同伐异的工具:多名大法官由听命于2014年发动政变的军人政权的立法议会直接任命,尽管任期已满,但在政府包庇下依然延期履职。

其次,重磅推荐"前进团"。之所以没有采用2月21日所公布的"新未来团"的名称而是定名为"前进团",主要是考虑到如果采用"新未来团"的名称有可能触犯《政党法》第94条而惹火烧身。"前进团"徽标上,该组织名称的首字母被设计成"怒发之箭",意为冲破当权者的束缚,飞向天际。

"前进团"有三大使命:宣扬民主思想、参与地方选举、扩展分支机构,将会打造六大板块:地方网络、民众群体网络、机构学校、对外沟通、文化工作、智库论坛。此外,"前进团"还会重点在十二个方面开展鼓动宣传:教育、福利国家、土地改革、瓦解垄断资本、环境、先进农业、制定新宪法、改革军队、中止中央集权权力归属地方、文化多样性、民主与人权、经济公平发展。

再次,呼吁民众与己同行。塔纳通、毕亚卜、帕尼伽等原新未来党骨干不会就此屈服退出政坛,而是将会在"前进团"的旗帜下,到全国各地去宣扬民主思想,发表国家改革新主张。他们将宣扬新未来党一贯秉持的理念,通过宣传发动,熔铸民众的精神,与不公正的权力格局斗争。"前进团"要将人民由附属品变成为主人,使人民成为国家最高权力的拥有者,成为真正的决策者。

塔纳通:"这不是政府的危机,而是泰国的危机!"

原新未来党党魁塔纳通在演讲中首先描述了当前泰国的危机四伏:经济衰退、贫富悬殊、人民对政府领导人缺乏信任、长达十余年的政治矛盾,以及正在全球暴发的新冠肺炎疫情。塔纳通着重针对巴育政府在抗疫中表现出的"双重标准"和低效率提出了严厉的批评。

塔纳通公开表示,这已经不是政府的危机,而是整个泰国的危机!在未来一年中,泰国都将与新冠肺炎斗争。但是在过去三个月中,民众并不认为巴育政府有足够的能力来处理问题,包括与民众进行良好的沟通。泰国并不缺乏有识之士,也不缺乏治国良方,但是现在所缺乏的是懂得问题症结,具有解决问题正确思路的领导人。

塔纳通进而抨击巴育政府已经政治破产,失去了人民的尊重与信任,称巴育在位时间越长,社会信任度、经济、财政的损失就越大。

有鉴于此,塔纳通代表"前进团"提出"解决国家经济危机路线图",化危机为机遇,带领泰国走出危机。

路线图共分四步。第一步,巴育必须辞去总理一职。第二步,议会任命新总理,以在一年中完成两项重大任务——度过新冠肺炎疫情危机,带领国家回到正常状态,以及根据"三解散、一取缔、一修改"(解散宪法法院、选举委员会以及高层直接委任的上议院;取缔2017年宪法第279款,即取消国家维稳委员会的豁免权;修改宪法第256款)原则修订宪法。第三步,解散议会后再次举行大选,让人民同时选举国会议员和宪法起草院委员。第四步,成立新议会和宪法起草院,组建新政府,制定新宪法。

曾经与巴育竞争总理宝座的塔纳通表示,"前进团"提议的路线图完全没有任何个人利益在内,因为他自己本身已经不是议员,但是他需要非常直截了当地向巴育传递一个信息,那就是已经到了为国家发展而牺牲小我的时刻。如果巴育继续担任总理,泰国将坠入深渊。至于为何没有建议总理直接解散议会,塔纳通给出的解释是,那样会产生政治真空,在新冠肺炎疫情期间不应该出现这种情况。

毁誉参半的"前进团"会有"新未来"吗?

尽管没有欢呼和掌声,但这场特殊的直播会还是受到了原新未来党拥趸们的支持与好评。许多网民在线留言,表示铁了心跟着塔纳通和"前进团","再等十年也无妨"。很多反对巴育政府的媒体也对此高度赞扬,称其为"政治凤凰重获新生"。但是,也有不少社会知名人士和政府官员对于塔纳通、毕亚卜等人在危机关头的"政治秀"不以为然,甚至公开批评。

3月22日,泰国教育部部长纳塔鹏通过个人脸书账号发文批评塔纳通等"用制造分裂的事情来制造话题,让人们再次相互仇恨",试图让他自己"成为泰国人民的选择",称其根本不知道什么场合该做和不该做什么,并称泰国人民现在需要"相互的爱和理解以及照顾",而不是"借此机会插一刀子,让泰国人民比之前更加四分五裂"。

在这段文字的后面,纳塔鹏还加了一个"#小弟住手吧!"的话题标签。

持有相同观点的还有因揭发泰国前总理英拉政府"大米典当案"而一举成名的民主党前议员瓦隆,如今他已经转投素贴的民众合力党,担任该党战略委员会主席。他在个人脸书账号发文称,泰国和全世界全人类都在应对新冠肺炎疫情,各方都需团结一致,必须相互帮助,不敢相信"还有一群人跳出来叫喊着修改宪法,让总理辞职"。国际社会和国外泰国人都对泰国政府应对疫情的表现交口称赞,而塔纳通等"不知时宜",质问其是否想让很多人感染病毒而死亡,"然后你们踩着人民的尸体以换回所需要的权力?"最后他向塔纳通、毕亚卜和帕尼伽呼吁:"你们可以住手了,""来帮一把手,一起努力,先让泰国渡过难关,难道不行吗?"

虽然新未来党已经被解散,塔纳通、毕亚卜等人也都失去议员资格,并且十年之内不得从政,但是这并不妨碍"新未来系"继续斗争。3月8日,54名仍然具有议员资格的原新未来党议员集体加入远进党,被塔纳通寄予厚望的皮塔当选党魁。远进党将延续新未来党的政治理念,在议会中发挥独特作用。而塔纳通、毕亚卜等骨干分子则以"前进团"的名义,配合皮塔的远进党,开展议会外斗争。

可以肯定的是,凭借着塔纳通、毕亚卜的演讲能力和动员能力,依然会有大量追随者。这些追随者将随时在下一届大选中转化为远进党的支持者,为"新未来系"贡献选票。尤其是目前正处在大学和中学阶段的年青一代,更是视塔纳通等人为英雄。越是被当权者打压,越具有悲情色彩,年轻人也越愿意追随。

而且,平心而论,塔纳通和毕亚卜对"前进团"的总体设计非常全面和超前,很多方面都具有社会引领意义,比如对于少数民族平等地位的争取,以及在文化领域开展的丰富多彩的活动等。"前进团"将每年举办政治书籍周活动,为年青一代推荐政治类读物,并举办读书研讨会。此外,他们还计划开展电影观赏研讨和新生代艺术家作品展览等活动。毋庸置疑,这些活动对于吸引年轻人投入"前进团"阵营,增加"粉丝黏性",将会非常有益。

但是,在未来的政治斗争路途上,"前进团"也不可能一帆风顺。笔者认为,"前进团"至少会遭遇以下挑战。

第一,塔纳通、毕亚卜等人官司缠身,极有可能因法律问题而被迫中止政治活动。此前不久,泰国选举委员会就塔纳通明知自己因持有传媒公司股票而不具备竞选议员资格但仍参加选举一案向法院提出控诉。如果法院裁决塔纳通罪名成立,则有可能招致10年监禁。

第二,皮塔领导的远进党究竟在多大程度上会与塔纳通、毕亚卜的"前进团"打好配合,目前来看存在一定的问题。由于泰国法律有严苛规定,皮塔的远进党必须十分注意分寸,与"前进团"保持相当的距离,才能够避免被法律认定其依然为塔纳通所控制。而皮塔本人以及远进党的其他骨干也希望摆脱"塔纳通政治代理人"的标签。因为一旦社会形成这样的共识,皮塔以及其他骨干的政治独立性便会不复存在,从而失去政党本身的吸引力与凝聚力。

当然,最大的挑战依然是来自泰国当权者的压力。塔纳通丝毫没有给巴育政府面子,公开要求巴育总理辞职,那些对巴育政府刺耳尖锐的批评必定会激起当权者的愤怒。当下,巴育政府正忙于应对新冠肺炎疫情,无暇顾及此事。未来如果成功度过危机,必定会大幅提升政府在民众心目中的地位,其执政地位将得到巩固。届时,政府将会动用多大的资源,来阻截塔纳通、毕亚卜的政治斗争,决定着"前进团"的寿命几何。

二、民主党

1. 后阿披实时代,泰国民主党将何去何从?[①]

一位泰国政治观察人士谈及近期政局时表示,"原本以为会是'三国争霸',没想到,最后变成了'双雄火并'"。他所谓的"三国",指的是军政府、他信势力以及民主党,而他所说的"双雄"并不包括民主党。言语中显然透露着对民主党大选表现的失望。

确实,在泰国政治发展史上,民主党算是一块"活化石"。成立于1946年4月5日的泰国民主党至今已有73年历史,拥有175个党支部,共290万注册党员,实为"泰国第一大政党"。自成立以来,民主党6次领衔组阁,4次参与组阁,这在军人干政文化盛行、文官集团只能在夹缝中生存的泰国已是政治奇迹。

凭借着雄厚的政治资本,在绝大多数人眼中,2019年3月24日举行的大选,无论如何,民主党都会名列三甲,甚至傲视群雄。孰料此次大选竟是民主党有史以来遭遇的"滑铁卢之战"。在原本为民主党牢固"票仓"的曼谷地区的30个选区中,民主党只得到1席,而上次大选中,民主党得到23席。最终,民主党仅获得众议院500个

[①] 本文撰写于2019年5月19日,未公开发表。

席位中的52席。此等惨败,令"帅哥党魁"阿披实只能兑现选前承诺,引咎辞职。

之后的两个月,群龙无首、靠边站的民主党只能旁观军政府影子政党公民力量党和他信派系的为泰党为争夺领衔组阁权争来斗去,对于本党的政治倾向不发一言,讳莫如深。直到刚刚过去的5月15日,民主党终于选出了"新舵主"——朱林。

今年62岁的朱林是一位有着33年党龄的老党员,口碑很好,深得民主党党内耆宿力挺,尤其是顾问委员会主席川·立派,对他更是青睐有加。而且,他在川·立派和阿披实政府中先后担任过数个部长职务,岗位任职经历丰富,政绩政声都较好。最受民众称道的是,他担任阿披实政府教育部长期间,曾力推中小学教育全免费政策。

如今,作为第八任党魁的朱林,要带领民主党这个73岁的老党,在晦暗不清的政坛十字路口选择一个方向,这是时代赋予他的历史责任。一边是巴育派系频频招手,要将国会主席等要职拱手相让。一边是"网红政客"新未来党党魁塔纳通表示甘为桥梁,希望促成民主党与为泰党联手,只为阻止军政府延续权力。究竟该选择哪一方,民主党需要认真考量。

大选前阿披实在多个公开场合表态,要阻止军政府权力延续。而且,他还专门录制了一个视频,表示坚决不支持巴育连任总理。从这个角度来说,民主党似乎应该走向反军政府的为泰党和新未来党阵营。但是,民主党和他信阵营曾经是死对头,斗得你死我活,现在要转而和为泰党一起共事,恐怕对反他信的选民们不好交代。

而且,如果重温一下民主党的建党史,就知道,民主党和塔纳通的新未来党政治立场截然相反。

民主党由曾担任泰国总理的宽·阿派旺于1946年4月组建。宽·阿派旺与比里·帕侬荣以及銮披汶均为同批留法学生,1932年"民团"发动政变时,需要掌管着邮政部门的宽·阿派旺当日清晨切断政府要员家中的电话通信,因此比里·帕侬荣劝服宽·阿派旺加入政变队伍。但是,随着时间流逝,内心对于民主制度并没有太多好感的宽·阿派旺开始对政治制度的巨大变迁进行反思,他曾不止一次地对家人说,"我们已铸下大错,应该还政于王"。

二战结束后,比里思想中体现出的社会主义倾向令宽·阿派旺萌生出建立一个政党来抗衡比里的想法。于是,1946年4月5日,民主党便应运而生。为了显示对王室的尊崇,民主党将"却克里王朝开朝日"4月6日作为建党纪念日。从建党历史不难看出,民主党其实是"保王派",是偏保守阵营的中坚力量。鉴于塔纳通领导的新未来党展现出的"反王"政治立场,理论上说,民主党不会选择与其结盟。况且,民主党在大选中失去的很多地盘其实已为新未来党所占据。

按照这个逻辑,民主党应该与军政府属于同一阵营。但是阿披实此前明确表示不支持巴育连任,反对军政府延续权力,在很大程度上增加了民主党选择的难度。但是,倘若从政党利益最大化的角度而言,民主党参与军政府一方其实最符合本党利益,毕竟成为执政联盟政党后,可以掌管多个重要部门行业,便于推动选举时对选民们承诺的政策实施,为下次选战积蓄力量。

当然,加入军政府阵营,民主党也面临着重大挑战。公民力量党的民众基础和民主党基本趋同,民主党作为相对弱势一方,最终也有可能为公民力量党所"融合"。而与民主党实力相当的自豪泰党,则相对主动。因为他们的政策是"自由大麻",只要能掌握公共卫生部,推动"大麻医学合法化",那么民意基础则会越来越好。

可见,朱林作为新党魁,面临着进退维谷的两难处境。与巴育阵营妥协,则食言而肥,而且有可能被公民力量党继续蚕食地盘;而与他信阵营妥协,则极有可能招致选民唾弃。

或许,下次大选,民主党连52个席位也拿不到。再后来,民主党只能沦为个位数席位的小党,从此落魄江湖。

2. 泰国洛坤府议员补选与民主党的未来[①]

因泰国宪法法院近期裁决泰南洛坤府第三选区众议员、民主党党员泰台·盛蓬在2013年洛坤府地区自治机构领导人选举中舞弊,即刻失去议员资格,2021年3月7日,泰国国家选举委员会举行了该选区众议员补选。尽管只是一个议席的争夺,不足以撼动乾坤,但执政联盟两大政党——公民力量党和民主党都使出了浑身解数。最终,公民力量党候选人阿亚西·席素万战胜民主党候选人、泰台·盛蓬的弟弟蓬新·盛蓬,赢得本场选战,终结了盛蓬家族蝉联该选区四届众议员的神话,也令民主党在泰国南部最为坚强的堡垒被攻破。透过这场硝烟弥漫的选战,可以感受到其背后所蕴含的极为微妙的政治意涵,而民主党的前景也成为众人关注的焦点。

硝烟弥漫的选战

此次补选,共有四个政党参与角逐,分别是执政联盟第一大党公民力量党、第三大党民主党、反对党联盟成员自由合泰党(党魁为前国家警察总监舍利披素警上将)以及刚刚完成注册8个月的新党——勇敢党(党魁为民主党原骨干、阿披实政府时期的财政部部长空·乍滴甲瓦尼)。2019年3月大选中参与本区角逐的自豪泰党(执政联盟第二大党)、新未来党(已被解散,现为远进党)本次均未参加。

3月7日选举结束后,泰国选举委员会公布了选举结果。排名第一的是公民力量党提名的四号候选人阿亚西·席素万,得票为

[①] 本文于2021年3月19日发表于澎湃新闻·外交学人,发表时题为"'南方不败'一败再败,内外夹攻下泰国民主党还能重振雄风否?"。

48701票。排名第二的是民主党候选人蓬新·盛蓬,得票数为44632票。排名第三的是勇敢党候选人萨拉武·素万拉,得票数为6216票。排名第四的是自由合泰党候选人阿披拉·拉达纳潘,得票数为2302票。

自2019年以来,泰国已经举行过多次众议员补选,但本次补选显得极为特殊。这一特殊性主要源自执政联盟第一大党公民力量党的异常表现。一是打破政坛惯例,与盟友争夺地盘。泰国政坛各政党之间历来遵循某种约定俗成的默契,选区众议员补选的原则是,原先是何政党的地盘,依然由该党提名候选人参选;隶属同一阵营的友党一般不参与竞争。比如,2020年2月23日举行的甘烹碧府第二选区众议员补选,原先占据此席位的公民力量党派员参选,民主党尽管在当地具有较强民意基础,但仍然遵循政治默契,未参与角逐。然而,民主党的循规蹈矩并未换来公民力量党的尊重。洛坤府第三选区历来是民主党人的坚强堡垒,盛蓬家族在此深耕多年,群众基础极为深厚。此次补选民主党亦是志在必得。孰料公民力量党丝毫不顾同袍之谊,斜路杀出,与民主党展开激烈角逐。

二是举全党之力助阵选战,阵容空前强大。为确保获胜,公民力量党委派秘书长、总理府常务部长阿努查担任选举总负责人,副党魁、农业与合作社部助理部长塔玛纳担任前锋,先期抵达洛坤府,进行选举动员,与民众联络。最令人惊奇的是,投票日前夕,公民力量党党魁、副总理巴威上将率大队人马南下洛坤,并举行了声势浩大的竞选演讲会。平时走路颤颤巍巍、年近八旬的巴威上将破天荒地发表了五分钟左右的演讲,贡献出自己从政以来的"处女秀",也正式实现了由一名退役高级军官向政客的完全转变。

不仅如此,陪同巴威南下的公民力量党阵容非常强大,既有现任内阁成员,如"美女部长"、劳工部助理部长纳勒蒙,也有人气极旺的"网红议员"——"明星级"议员巴妮娜。巴妮娜曾在泰国选美比赛中名列三甲，2019年当选公民力量党议员。她是巴育和巴威忠实的拥护者，在议会中以率性直言著称，不时爆出惊人之语，可谓"语不惊人死不休"。也正因此，她在泰国媒体拥有非常高的曝光度。尽管坊间对她褒贬不一，但是对于洛坤府民众而言，在现实中见到"网红议员"确是人生乐事。于是，在街道上、菜市场里、竞选演讲舞台前，到处可见巴妮娜被民众索求自拍合影的场景。

此前举行的历次补选，公民力量党最多派出一名内阁成员领衔助选。之前提及的甘烹碧府补选，便是由司法部部长颂萨担任总负责人。本次洛坤府补选，巴威上将亲自出马，塔玛纳、纳勒蒙、巴妮娜等"网红政客"齐齐现身，这无疑令洛坤府民众充分感受到公民力量党对本次补选无以复加的重视。

当然，其他三个参选政党亦不遑多让。"卫冕政党"民主党党魁朱林、勇敢党党魁空·乍滴甲瓦尼、自由合泰党党魁舍利披素警上将悉数出场，为本党候选人摇旗呐喊。许久不曾露面的民主党前党魁、前总理阿披实，鉴于与盛蓬家族数十年的密切关系，也不遗余力，卖力拉票。

民主党大势已去？

补选结果公布后，"卫冕冠军"民主党补选总负责人猜查纳·德戴乔宣布败选，盛蓬家族也对这一结果无奈承认。但是，猜查纳·德戴乔乐观地表示，尽管输于公民力量党，但民主党此次得票总数超过2019年大选时的33000票，从某种程度上说，也是虽败犹荣。然而，密切关注泰国政治走向的各主流媒体，无一不为民主党扼腕痛惜，感慨其大势已去。

泰国南部地区一直都是民主党的票仓和大本营，尤其是战略地位非常重要的上南部地区，比如春蓬、巴蜀、洛坤等地。在历次大选中，泰南地区都成为民主党的坚强基石，贡献了分量极重的议会席位。试举一例,1995年大选中,民主党凭借深厚的民意基础,囊括泰南九成席位(46/51),而泰南议席数也超过其所获总议席半数以上(46/86)。泰国政坛有一句俗语广为流传:"民主党就算是派一根电线杆去南部参选,也能当选。"足见民主党在泰南地区的影响之深。

然而,民主党"南方不败"的地位在2019年大选中被大幅撼动。此次大选是民主党有史以来遭遇的"滑铁卢之战"。时任党魁阿披实曾在大选前放出豪言,如民主党席位低于100席,他本人便引咎辞职。孰料民主党仅获得52席,较之前一次大选议席总数减少了106席,远低于为泰党、公民力量党和新未来党,从一线政党滑坡为二线政党。原本同为民主党牢固票仓的曼谷地区,30个选区中,民主党只得到1席,而前次大选中得到23席。尽管在泰南地区获得22席,远胜于曼谷地区,但较之前一次大选50个议席,影响衰微亦是不争事实。在沙墩、普吉、陶公、也拉等府,民主党几乎颗粒无收,泰南边境三府11个席位中,民主党仅获1席。仅有素叻塔尼、春蓬、攀牙、甲米以及洛坤,成为民主党"最后的倔强"。此次洛坤第三选区败选,民主党在南部地区的不堪困境愈加凸显。

民主党势衰的内因与外因

近年来民主党不断式微,既是泰国国内政治生态变化所致,而更重要的原因则是其内部派系倾轧、力量涣散。就外部环境而言,2018年以来横空出世的军政府代言人公民力量党,以及以争夺年轻人群体为主要目标的新未来党,在很大程度上瓜分了民主党的传统势力范围。公民力量党组建的最主要目标是确保2014年政变上台的陆军司令巴育上将能够在2019年大选中蝉联总理宝座。巴育之所以敢于发动政变且执掌大权长达5年,与以前阿披实政府副总理素贴为首的"人民民主改革委员会"密不可分。当时,民主党人为了击溃他信派系,组织了声势浩大、旷日持久的示威游行,导致时任总理英拉不得不提前解散议会举行大选,而素贴等人又抵制大选,令政局不断陷入绝境,进而为巴育发动政变上台铺平了道路。

巴育执政时期,泰国政治重归宁静,英拉政府多位高官因"大米贪腐案"锒铛入狱,英拉本人亦远遁他乡。在众多因反对"他信体制"而聚集到民主党大旗下的泰国民众心目中,巴育是唯一可以与"他信体制"抗衡的政治强人。所以,在2019年大选中,当阿披实明确表示不支持巴育出任总理之后,许多民主党的支持者在民主党和公民力量党之间毫不犹豫地选择了后者,乃至于在民主党元老、两度出任总理的川·立派家乡董里府,三个选区中有一个被公民力量党攻破。此次洛坤府第三选区补选后,公民力量党与民主党在洛坤府已经打成平手(4∶4),反映出民主党与公民力量党势力的此消彼长。

执政联盟另一重要政党——副总理兼公共卫生部部长阿努挺率领的自豪泰党,显然已与公民力量党在瓜分民主党传统地盘上心照不宣。比如,此次公民力量党派员竞逐洛坤府,自豪泰党非常识时务地置身事外,2019年大选自豪泰党在该选区获得的一万多张选票大多流向了公民力量党阵营。而政坛黑马——原新未来党(现改为远进党),则因其锐意改革的朝气,也对民主党部分支持者形成了一定的吸引力。同样以泰南作为据点的泰国民族党,在泰南边境三府问题上推出的政策,比民主党更有号召力,成为民主党失去泰南的又一强劲对手。

较之外部政治生态环境恶化,更为严重的问题是民主党内部的分裂。近十年来,民主党内各派系多次内斗,几至分崩离析。先是素贴派系脱离民主党,素贴本人与阿披实决裂,与前民主党副党魁阿奈·劳塔玛塔合作组建民众合力党。纳塔蓬·替素万、普提蓬·汶纳干、萨功提·帕提亚衮以及猜武·塔纳卡玛努颂跳槽加入公民力量党。随后,阿披实与瓦隆为角逐党魁宝座不欢而散,瓦隆退出民主党后曾一度加入素贴的民众合力党,后独自组建忠诚党,成为泰国保王派领袖。曾经与阿披实齐名,被誉为"民主党双子星"之一的空·乍滴甲瓦尼因与朱林竞争党魁职位败北而退党,组建勇敢党。民主党放弃 2020 年甘烹碧府补选一事也引发元老级人物退党。2019 年落选的议员候选人素威参系民主党元老级人物、曾在社尼·巴莫政府和川·立派政府均担任过内阁部长的毕查·莫西衮之子,在当地具有深厚的群众基础和较强的竞争力。民主党主动放弃这一选区,毕查·莫西衮一怒之下,直接递交辞职信,退出民主党。

而当下,民主党现有的 51 个众议院议席中,也分为若干派系,有部分议员甚至在今年 2 月反对党举行的针对内阁成员的不信任辩论投票中,拒绝为本党党魁朱林投信任票。上述种种,无一不令民主党内部涣散,人才流失,江河日下。

民主党还有未来吗?

回顾历史,泰国民主党也曾多次经历过低谷,其所占据的泰南地区不止一次被其他政党击破。比如克立·巴莫的社会事务党、差瓦立的新希望党都曾在泰南地区与民主党角逐,并取得不俗战绩。但是民主党最终都励精图治,重振雄风。然而,这次洛坤府补选失利所释放出的信号,似乎较之以往更为强烈。接下来,在泰南地区还有宋卡、春蓬等地将举行众议员补选,公民力量党很有可能会"奉陪到底"。民主党能否稳住阵脚,确保地盘,直接影响着或许在不久之后就会到来的下一届大选。

近期,泰国政坛形势的发展不断将民主党推向尴尬的境地。2019 年大选后民主党在加入执政联盟一事上曾经摇摆不定,但最终选择了与巴育阵营为伍。同时,民主党坚称,他们加入执政联盟的先决条件是修改 2017 版宪法,这也是他们竞选拉票时向选民许下的承诺。不过,随着泰国宪法法院对修宪一事做出最终裁决,

2017版宪法修订进程大概率会长期延宕,换句话说,修宪一事正被无限期搁置。一旦此事尘埃落定,民主党留在执政联盟内部的合法性便荡然无存,届时民主党将做何种表态,考验着政党领导层的智慧。

无论如何,在如今泰国的政治生态环境下,民主党已远非公民力量党甚至自豪泰党的对手。泰国著名政治评论人初威在他的政治脱口秀节目中预言,就眼下形势判断,下一届大选,民主党恐怕只能获得20多个议席。即将到来的4月6日是民主党建党75周年纪念日。自成立以来,民主党6次领衔组阁,5次参与组阁,这在军人干政文化盛行、文官集团只能在夹缝中生存的泰国已是政治奇迹。倘若下一届大选结果如初威所料,那么这个泰国政坛历史最为悠久的政党便真是气数已尽,只能沦为政坛上的边缘小党,再也不复往日辉煌。

三、为泰党

1. 英拉之"逃":不合逻辑的最佳选择[①]

　　昨天上午英拉"大米渎职案"最后宣判,支持者们从北部、东北部诸府赶到曼谷,为英拉鼓劲加油。数千警员如临大敌,严阵以待。各路媒体长枪短炮,兵分几路,驻守"要塞",不放过任何蛛丝马迹。美国、瑞士、芬兰等国大使馆还派出官员到庭听审,显示出对英拉命运的高度关切。

　　然而,正当万众企盼之时,主角英拉却以身患耳疾为由,未能出庭。而最高法院认为英拉有"逃案嫌疑",立刻出具逮捕令,并没收3000万泰铢巨额保证金。同时宣布将最终宣判时间推迟到9月27日上午。坚强的美女总理一下成为"通缉犯",真是匪夷所思。

　　有关英拉的去向,现在依然是个谜。有人说她在去迪拜的路上,也有人认为她还藏身于泰国某处,明天便会现身。我们姑且不去争论这些无法证实的消息,仅就昨天令世人震惊的"逃案"做一些逻辑上的探讨。细细想来,英拉不出席宣判而选择"逃案",既有其不合逻辑之处,但又在情理之中。

[①] 本文于2017年8月26日发表于"泰国头条新闻"。

先说为什么不合逻辑。按照2007年宪法的规定，政治人士刑事案件在最终宣判后，除非有特别重要的新证据，不可提出上诉。而事实上，一般人在前期的辩护过程中，早就使尽全身力量，有任何一点可能都会尽最大努力争取，怎么还会将有用的证据藏着掖着？所以，一旦最高法院进行最后宣判认定有罪，被告便基本没有上诉机会了。而今年刚颁布的新宪法对这一条款进行了修改，无论有无新证据，被告均有机会上诉，可延期一个月再进行最后宣判。也就是说，昨天即使最高法院宣判英拉有罪，英拉依然有权上诉，还能争取一个月时间进行场外斡旋。按照正常人的逻辑，如果想逃，怎么着也得熬到上诉不成功，不得不伏法，情势万分紧急之时，才会一走了之。英拉如此匆忙，连法院裁决结果都不听便决定逃案（万一法院宣布无罪释放呢），确实有点费人思量。

另外，2007年宪法还有两个漏洞，即最高法院不得缺席宣判涉案政治人士，而且，一旦政治人士逃到外国，只要能熬到所涉案件过了有效追溯期，案件宣告无效，逃案者便可大摇大摆重回泰国。这样的规定导致很多贪腐政客选择逃案至国外，利用所贪污的财产潇洒度日，直至追溯期满。而新宪法显然意识到了这两个漏洞，明确规定最高法院可以缺席审判被告，而嫌疑人如果逃案，其逃离时间不计入有效追溯期之内。也就是说，如果英拉选择"逃案"，最高法院依然可以在她缺席情况下进行判决，同时她也无法像之前那些逃案者一般，可以逍遥法外，熬到出头之日再回国。显然，这样的"逃案"无异于自断回程。

再者，退一万步说，英拉现在"逃案"等于白白将3000万泰铢保证金送给政府。就算英拉腰缠万贯，但3000万泰铢也绝非小数字。当年英拉交这笔保证金时，便发誓要据理力争，直至法律还她清白。而现在，连自己是否有罪都来不及听了，保证金也不要了，"赔了夫人又折兵"，确实有些不在情理之中。

最后，从个人及党派形象上说，即使他信逃亡海外，英拉被迫下台并官司缠身,但他们的号召力依然是巨大的。一旦有机会参与大选,北部和东北部淳朴的人民仍然会将他们手里的票毫不犹豫地投给为泰党。现在英拉选择"逃案",对她个人及政党的形象来说,都是巨大的损失。可以肯定,昨天在最高法院现场等候的英拉支持者,在得知真相后,即便嘴上不说,内心也必然失望透顶,备受打击。长夜漫漫,不知有多少英拉粉丝泪湿枕畔,泣不成眠。

因此,英拉选择放弃上诉,在最终宣判结果都尚未知晓的情况下便仓促"逃案",无论从哪个角度来看,都有百害而无一益,显得非常不合逻辑。

但是,以深谙政治的英拉团队的智慧,难道笔者都能想通的利弊,他们会想不到？这其中必有蹊跷,而且深藏玄机。

首先,要弄清楚一件事,最高法院昨天上午要宣判的其实是两个案件。主案是前商业部长汶嵩及其他二十七宗被告(包括三家公司)的大米收购贪污案,而英拉的案件其实是次要案件,所控罪名为渎职、监管不力。因为事关英拉,媒体自然都将焦点集中于本不应是案件主角的她,反而忽视了汶嵩案件。

事实非常清楚。英拉于2011年竞选总理时,为拉选票,曾向选民许下诺言,未来政府将以高价收购粮农稻米,提高粮农收入。如愿登上总理宝座后,为兑现昔日诺言,英拉政府通过国会批准,正式启动此项巨额收购计划。实际上,此前几届政府也都有此计划,但未采取正式行动。而英拉政府启动这项计划,其出发点也是想回报支持自己的贫下中农们,就算收购价格有点高得离谱,也没找到合适的销售渠道,但就此事本身而言,其动机并不值得非议。

问题出在执行环节。以前商业部部长汶嵩和前商业部助理部长、典押稻米销售审批小组负责人普姆为首的执行团队,利用所谓的G2G销售协议弄虚作假,偷龙转凤,监守自盗,中饱私囊,最终导致政府损失巨大。

检方正式起诉汶嵩、普姆等人时,将时任总理英拉也以渎职、纵容腐弊等罪名一并起诉。按照一般的逻辑理解,英拉的案子应该等汶嵩案盖棺定论后再行审理,这样才有法理依据。如果汶嵩等人被判无罪,那判英拉的罪责便无从谈起了。而且,英拉团队坚称,政府出台此项政策是经过内阁集体商定、国会正式批准的,出发点完全是为了国家与人民利益,毫无私心。但最高法院似乎没有理会这些逻辑,并未先将汶嵩案查明判定后再判英拉,反而是一并立案,同时审理。并且,最高法院在对英拉进行宣判前便冻结了她 12 个账户,这很明显对英拉有所不公,也就是她在结案陈词中所说的"违反宪法精神进行有罪推定"。

因此,尽管英拉之前信誓旦旦,表示一定会出庭听判,但最终离奇消失,笔者只能想到一个理由,那就是:英拉一直没有放弃通过正常法律程序与场外政治斡旋双轨齐进的方式,试图躲过这场灭顶之灾。她一直怀有希望,这也支撑着她一路走来,坚持次次到庭,从不缺席。然而,就在宣判前,她已经收到确实的消息,其几年来的努力宣告失败,法院将会判她罪名成立,她将沦为阶下之囚。

而昨天正常宣判的汶嵩案似乎也印证了这个推论。几名要犯受到了极为严厉的处罚,汶嵩获刑 42 年,普姆获刑 36 年,大米贸易商阿披察获刑 48 年,其公司还要赔偿稻米典押损失 160 亿铢并赔偿相关利息,几辈子都翻不了身。试想,如果英拉昨天到庭听判,她能被无罪释放吗?那是痴心妄想。按照汶嵩案的量刑标准,英拉至少也是 8 年以上,还要赔偿稻米典押巨额损失。即便有一个月的上诉期,英拉翻案的概率能有多大?不要忘了,她是为什么被推翻的。当年,军方发动政变,推翻英拉政府取而代之,最大的理由便是大米典当舞弊案。如果最高法院因为英拉上诉而判她无罪,那岂不是自掌耳光?

而且,一位气质高雅、美艳无双、被世人尊宠了大半辈子的美女前总理,众目睽睽之下,在被告席上被判有罪,尔后银铛入狱,在狱中形容枯槁。试着换位思考一下,如果你是英拉,会不会精神崩溃,痛不欲生？

所以,也许当英拉在得知内情后,左思右想,无路可走,只能铤而走险,冒天下之大不韪,远走他乡。

话说回来,军政府其实也真心不愿意判她入狱。一旦判她十年八年,判处没收全部财产,北部、东北部的贫苦大众会就此罢休？就算军政府手里有枪,也不愿意看到这一幕发生。普密蓬国王驾崩不久,过两个月将举行盛大的葬礼,而新王加冕之礼也将随后进行,在这新旧交替的重要时刻,稳定压倒一切！所以,英拉要是真的能有办法,通过以前当总理时结下的老交情从泰柬边境出国,恐怕军政府也是乐见其成吧,毕竟君子成人之美。

2. 泰国政坛动荡，前总理他信出手为下届大选布局？[①]

最近一段时间，泰国政坛剧情跌宕起伏，高潮迭起，不啻发生了一场大地震。泰国议会反对党联盟发起的针对巴育政府十位内阁成员的不信任辩论，在最终投票环节暴露了执政联盟内部不断加深的裂痕。而泰国刑事法院2月24日就2013年至2014年间"人民民主改革委员会"发动示威、企图推翻英拉政府一案做出判决，巴育政府三位部长一夜之间沦为阶下囚，本届政府第二次内阁改组被迫提上议事日程。与此同时，泰国前总理他信·钦那瓦频频现身社交媒体Clubhouse，异乎寻常地与民众密切互动，掀起了新一阵"他信旋风"，成为近期泰国政坛又一值得关注的动向。笔者认为，他信的异常表现绝非凑巧为之，而是深深地折射出他信阵营尤其是为泰党的发展困境，但同时也令他信未来的政治策略愈加明晰。

他信两次现身Clubhouse

进入21世纪以来，社交媒体的流行极大地影响着全球政治生态的发展演变。作为亚洲社交媒体发展最为迅猛的国家之一，泰国政治不可避免地受到社交媒体重大影响。2020年泰国反政府运动的不断升级，本身便是社交媒体推波助澜的结果。

2021年2月份以来，美国研发的一款纯语音社交软件Clubhouse火遍全网，它摒弃了原有的图像和文字形式，纯粹进行语

[①] 本文于2021年3月9日发表于澎湃新闻·外交学人，题为"泰国政坛大地震，前总理他信出手为下届大选布局？"。

音交流。它以聊天室的形式将线下会议搬到了网上,每个聊天室大约能容纳8000人左右。根据App Annie公司的评估,仅2021年2月1日至16日,该软件在全球的下载量便由350万人次猛增至810万人次,其中泰国市场表现突出。

泰国反政府运动的领袖们自然不会错过这一波社交媒体新浪潮,纷纷现身Clubhouse,开设名目不一的主题聊天室,组织脸书、推特等社交媒体的粉丝们进行线上语音实时交流。2月19日,著名的泰国反王派领袖,正在日本政治避难的巴温·查恰万蓬潘开设主题为"泰国王室秘辛"的聊天室,吸引了3万多人参与讨论。由于单个聊天室容纳人数有限,又增开数个聊天室供粉丝们参与交流。恰逢泰国议会反对党举行针对巴育、巴威等内阁高层的不信任辩论,原新未来党党魁塔纳通和秘书长毕亚卜等人也抓住这一机会,利用该软件抨击巴育政府,进行政治宣传。据不完全统计,短短数日之内,至少有20万人关注了塔纳通的账号。

最出人意料的是泰国前总理他信,竟然在2月22日晚出现在一个名为"谁出生时赶上了泰爱泰党时代,请来此集合"的聊天室内。这场活动是由为泰党内一个名为Care的政治团体组织发起的,这一团体由他信时期的高层组成,包括多位前副总理、部长。活动主持人是英拉时期的政府发言人。

当他信头像出现在聊天室内时,并没有人认为他就是他信本尊。因为尽管头像是他信,但是用户名却是Tony Woodsome,几乎所有人都认为只是某一位他信的粉丝使用了他的头像参与聊天而已。直至主持人邀请这位Tony Woodsome分享观点,那极为熟悉的声音传出,众人才意识到,自己正在与近20年来泰国政坛的风云人物他信零距离接触。一时之间,众人呼朋唤友加入聊天室,一闻这位传奇人物的风采。由于聊天室人数限制,主办方至少又开设了9个聊天室。当晚22:55时,人数增加至5万多。而且,一些媒体经过主办方授权后,还把他信的现场音频在脸书和推特上直播,保守估计至少有20万人参加了这一场活动。

他信在长达一个半小时的分享交流中,回顾当年泰爱泰党时期一些重要惠民政策出台的幕后故事,比如"三十铢包治百病""一村一产品"等直至今日仍在实行的政策。在现场提问环节,有人问及他信当年针对泰南三府问题的激进政策,尤其是2004年4月28日北大年清真寺事件导致数十人死亡,以及10月25日达拜地区驱散集会导致120多人死亡。他信表示自己对此非常遗憾,但是确实对当时的情形记忆不深。有记者问及他对取消刑法第112条(即"蔑视君主罪")的看法,他非常明智地表示,自己已经远离泰国多年,对当前形势了解不够,不能回答这一问题。还有听众请他就当前泰国经济困境发表观点,他也提出了自己的若干见解。

此外,他还向大家讲述了自己感染新冠病毒后的治疗过程和内心感受,解释了Tony这一名字的由来。这一名字是当年他在美国求学时所用英文名,而对Woodsome这一姓氏没有做出解释。之后有人查阅相关资料后发现,他信在伦敦附近地区注册公司所用的地址便是Woodsome Manor大厦。

次日,这场分享会立刻成为泰国大街小巷热议话题,各大媒体都浓墨重彩地进行了报道。记者们也就此事采访巴育总理,但巴育表示自己太忙,根本无暇去听。而且,巴育非常生气地将他信的谈话内容斥为"无用之木材",并且批评记者们"竟然去听一个逃避法律者的废话"。

时隔不久,3月2日他信再次以Tony Woodsome的名义进行名为"中小企业有问题就问Tony哥"主题的线上分享。当晚一共开设了三个聊天室,听众人数超过1万人。加上为泰党Care团体通过其他社交媒体的在线直播,听众总人数也有数万之众。

他信在第二次分享中着重讲述了自己早年发家致富的历程,既有成功案例,也有失败教训。在分享中,他对自己的前妻宝乍曼表达了感谢,感言她是自己成功的最大助力。此外,他与现场听众进行了互动,对一些企业经营问题提出了参考建议。

他信亲自出场背后是为泰党的发展困境

长期以来,他信一直通过脸书等社交媒体保持与泰国民众的互动,但是亲自上场,与民众们如此直接密切的互动尚属首次。这固然得益于 Clubhouse 这款社交软件提供的交流便利,但也从某种程度上反映出他信的政治焦虑和战略意图。

自从 2019 年大选以来,本届政府任期已经接近一半。观察人士普遍认为,巴育政府很难完成四年任期,极有可能在执政三年左右提前解散议会举行大选。所以,各大政党眼下考虑的最重要问题当属迎战大选。2019 年大选中,为泰党仍然蝉联议会第一大党,成为反对党联盟的龙头老大。但是经过两年左右的明争暗斗,当前的形势较之大选时已经发生了重大变化,这也正是他信政治焦虑的来源。

一是执政联盟公民力量党和自豪泰党依靠政策优势,在原本属于为泰党地盘的泰北和泰东北地区投棋布子,使为泰党的固有优势不断被侵蚀。最为明显的例子是,在 2020 年底举行的地方自治机构领导人选举中,为泰党一共派员参加 25 个府的自治机构领导人选举,但最终只赢得 9 府,分别是泰国北部 5 府和东北部的 4 府,在泰国中部地区几乎全军覆没,可谓表现平平,惨淡收场。

此前在为泰党自己做的民意调查中,所参选 25 府均有较大获胜概率,但最终结果确实令他信震惊。而且,难以置信的是,为泰党所派出的清莱府候选人维萨拉迪·德查提拉瓦是党魁颂蓬的儿媳妇,竟然败选。东北部作为他信阵营的老根据地,也是为泰党的票仓,参选 10 府,只赢下 4 府。更加惊险的是,他信阵营在清迈府的选举中差点马失前蹄。红衫军前领导人乍杜蓬公开与为泰党决裂,支持为泰党候选人披猜的竞争对手汶叻,最后他信和英拉两位前总理逼不得已,亲自写信致全体清迈民众,请求他们为为泰党候选人披猜投票，信件内容情真意切，令人动容，却也反映了为泰党势衰的不争事实。

二是反对党联盟的远进党（即原新未来党）以及塔纳通领导的前进团主打"新生代群体牌"，在与青年群体的互动方面，明显超过为泰党，在下一次大选中为泰党恐大为失利。造成这一困境的重要原因是为泰党内青黄不接，后继乏力，缺乏影响力大的新生代政治家。

2019年大选前夕，他信根据2017年宪法规定的选举规则，制订了本阵营的应对策略，即为泰党负责选区议员的争夺，而为泰党的分支——以争取年轻选民为主要目标的卫国党，则承担政党名单制议员的争夺。而且，他信还剑走偏锋，提名普密蓬国王长女、哇集拉隆功国王的大姐，同时也是自己的好友乌汶叻公主作为卫国党总理候选人。然而，他信的谋划却被拉玛十世一招制敌。卫国党被宪法法院裁决违宪而解散，其骨干成员被判禁止从政十年。经此一役，他信阵营的接班人就此全体出局，无异于被斩草除根，失去了未来角逐政坛的基本力量。卫国党原本的支持群体无奈之下，只能将选票投给塔纳通领导的新未来党，令其一跃成为政坛黑马。

2020年，泰国年青一代多次掀起反政府浪潮，远进党、前进团与之遥相呼应，上街游行示威的年轻人"只知有塔纳通，而不知有他信"，塔纳通阵营的黏性更为加强。尽管塔纳通阵营和他信阵营表面上属于同一阵营，但是究其本质，仍是各打各的算盘。

三是为泰党内部派系斗争激烈，素达拉派系的离开令该党总体实力大为削减。原战略委员会主席素达拉自从1997年起追随他信，一直是他信阵营数一数二的大将。但是2019年大选，由于选举规则修改，素达拉作为政党名单制议员候选人，无缘议员席位，但仍然参与政党管理工作。2020年9月24日，他信前妻宝乍曼觐见泰王，素达拉随即辞去战略委员会主席一职。10月1日，为泰党举行党员代表大会,选举新一届执委会。以素达拉为首的曼谷派系大多退出,他信、宝乍曼直系的泰国北部与东北部派系占据主要职位。11月30日,素达拉正式递交辞呈,退出为泰党。随后,原泰国副总理、国会主席颇欣·蓬拉军,以及原泰国工业部部长、商业部部长瓦塔纳·孟苏等一众素达拉派系党内元老也申请退党。

为泰党内部争斗白热化,导致素达拉派系离党,主要有以下多层原因。其一,2020年9月中旬以来,他信前妻宝乍曼亲自执掌该党大权,宝乍曼与素达拉向来政见不合,且他信的两个妹妹英拉、优沃帕也与素达拉不相为谋。其二,自去年10月执委会换届后,素达拉派系在为泰党党内影响受限。为泰党内成立多个委员会,均由宝乍曼派系成员领军。其三,泰国地方自治机构领导人选举前,为泰党执委会明确规定须由执委会统一组织力量前往各地助阵各地区候选人,而素达拉因违反规定前往泰东北部助阵候选人而受到党内批评。其四,素达拉本人有意竞选曼谷市市长,但为泰党执委会对此一直没有明确支持。

基于以上三重困境,远在海外的他信鞭长莫及,内心的焦虑与日俱增。他希望能尽最大努力帮助为泰党重振士气,既稳住基本盘,又争取年青一代的支持,以最好的状态迎接下一届大选。因此,在这一关键时刻,他挺身而出,亲自下场,以"经典怀旧+技术指导"为主题,两次与民众密切互动。他之所以不用真名他信·钦那瓦,而是选用英文名Tony,也是希望拉近与年轻群体之间的距离,毕竟他信这个名字已经被赋予了太多政治内涵。第一次他出现在Clubhouse时,主打的是泰爱泰党时期的政绩,将当时的骄人战绩与现下巴育政府的经济成绩相比较,提高为泰党的民众支持率。第二次出现则是针对新冠疫情下深陷泥潭的中小企业,以商界成功人士的身份对他们进行指点,强化民众对于为泰党的信任。

其实,他信的这番举动是为泰党迎战大选策略的一部分。2021年2月7日,他信的亲信们举行了一场名为change maker的活动,参与者包括前副总理素拉蓬·瑟翁立、蓬萨·拉达蓬派善、蓬敏·叻素立德,被裁决解散的卫国党前党魁比查蓬·蓬帕尼等年青一代也参与了活动。这一活动的设想是在全国招募100名政治新锐,与为泰党的议员们一起走近基层,倾听民众心声。将泰爱泰党当年的经验与新生代相结合,共同思考与实践,制订政策,提高人民生活水平。为泰党正是看准了巴育政府在疫情中的表现,尤其是经济方面确实乏善可陈,因此适时推出这一项目,一方面批评政府的经济政策,另一方面提升为泰党的影响力。

  然而,世易时移,时过境迁,已经七年未执政的为泰党本身也面临着多重矛盾的困扰。面对不断变化的国内政治生态,就算是他信亲自披挂出场,也很难说能否拯救正不断老去的为泰党。尤其是年青一代在多大程度上会买他信的账,需要打一个大大的问号。

3. 赛塔政府面临的四重挑战[①]

2023年8月22日,泰国国会参众两院联合选举为泰党赛塔·塔威信为泰国第30任总理。次日,拉玛十世国王下诏正式任命赛塔,历时100天难产的总理人选终于尘埃落定,赛塔这位步入政坛仅半年时间的房地产大亨荣登总理宝座。未来一周内,为泰党大概率将公布由各参政党派头面人物组成的新一届内阁名单,并于9月正式与巴育看守内阁完成政权移交。至此,长达9年之久的"巴育时代"将正式落下帷幕,而超越矛盾、跨越敌友的"特别政府"拉开序幕。这是为泰党重返执政党序列、再次唤起民意支持的崭新起点,但同时不可避免地面临着诸多困难挑战。

第一,政治挑战。尽管经过复杂周密且步步惊心的政治运作,为泰党最终成功领衔组阁,但未来在政治方面存在诸多不确定因素。一是执政联盟主要政党(自豪泰党、公民力量党、合泰建国党)均为巴育第二任期执政联盟原班人马,政商背景深厚,关系盘根错节,相互政治理念契合、行为方式熟稔、政治互信较高,为泰党在担任议会反对党期间曾与其结怨甚广,未来执政过程中必然会受到原执政联盟诸党掣肘制约。二是为泰党大选得票数优势不够明显,此番领衔执政组阁,其议价权较之与远进党合组8党联盟时,明显呈现弱势。不少关键部门,如能源部、商业部、农业部,均由其他参政党管理,赛塔及为泰党对于其他参政党管辖的关键部门的掌控能力将非常有限,很有可能导致为泰党许多执政理念和具体政策将无法顺利实施。三是赛塔本人步入政坛仅半年时间,政治手腕和执政

[①] 本文于2023年8月31日发表于观察者网,题为"中泰关系怎么处?泰国新政府面临的挑战不止这一个",选入时有删节。

经验不足,而为泰党已9年未参与执政,在政治运作、部门协调、文武关系、央地互动等方面尚需较长时间适应。

第二,经济挑战。为泰党历来以善于推动经济发展而广得民意,当前泰国经济经历3年新冠肺炎疫情打击,正处于近10年以来的低谷。近年来,泰国经济竞争力持续疲软,经济发展速度低于东盟地区平均水平,尤其落后于印尼、越南等国。2023年第二季度GDP增长率仅1.8%,比第一季度放缓2.6%,远低于各经济研究机构基于旅游业复苏而普遍预估的3%。而出口业则连续3个季度下滑,较之上一季度降幅高达5.6%。泰国经济学家们认为,赛塔政府如果不能在接下来4个月内采取超常措施刺激经济,确保全年经济增长3%以上,泰国经济将面临极大困境。

为泰党竞选时提出多项经济利好政策。其中的重磅政策,即新政府成立后半年之内为18周岁以上公民每人发放一万泰铢电子货币,需5600亿泰铢巨额预算。这笔预算从何而来?泰国政府在3年抗疫中债台高筑,国家负债占GDP比例约为61%,已接近债务预警风险线。如果再大举借债,无疑将增大金融风险。尽管赛塔本人兼任财政部部长,但动用巨额预算需要得到国会批准,届时其他执政党将会持何种立场,尚未可知。即便实施,其效果是否如为泰党所预判,能否有较大税收增长补充国库,亦是很大未知数。泰国知名经济学家对此提出担忧:"为泰党近年缺乏执政经验,推动预算如此庞大的项目,一旦风险失控,国家财政金融稳定无疑将受到影响,泰国经济可能会陷入与中美洲、阿根廷一样的局面。"另外,据统计,泰国社会91%的家庭面临债务风险,不少家庭存在资不抵债、入不敷出情况,给社会治安带来较大影响。

此外,为泰党竞选时承诺新政府将推动泰国劳动力日均工资不低于600泰铢,本科毕业生月薪不低于25000泰铢,与泰国当前劳动力成本攀升导致外来投资意愿减弱、出口困难的现状相悖。劳动力价格提升,其技能如何同步提升,经济结构如何优化完善,都是赛塔政府绕不过去的经济难题。

第三，外交挑战。泰国作为东盟创始成员国和地区重要国家，其外交艺术与成就一直为国际社会所认可。自2014年巴育发动政变以来，美国以所谓的民主人权为由对泰国实施制裁，即便巴育第二任期美泰关系有所复苏，但较之同为美国盟友的菲律宾，美泰同盟关系较为松散。相较之下，近20多年来，中泰关系始终保持较高水平，无论是为泰党执政，还是巴育执政时期，中泰始终保持密切合作。随着中美博弈持续升级，东盟国家普遍面临"选边站"的外交压力，泰国将如何在中美之间保持平衡，左右逢源，考验着赛塔政府的外交智慧。竞选期间，赛塔曾表示，鉴于中美竞争愈加激烈，泰国应该减少对中美两国的依靠，要加强与印度的经贸合作，更多地与印度等国发展双边关系，展现了其对大国平衡的前瞻思考。此外，泰国对于缅甸问题的立场态度与东盟重要国家印尼、新加坡、马来西亚等相左，如何既发挥建设性作用，又不影响东盟团结，也是赛塔政府需要重点考虑的问题。

第四，信用挑战。为泰党竞选期间承诺不与巴育、巴威政党合作，大选后主动与远进党脱钩，食言而肥，与公民力量党、合泰建国党联合组阁，令许多选民失望至极。而8月3日起，初威连续三次公开揭露赛塔名下公司尚思瑞地产集团逃税漏税，或利用保安、保姆等人员身份作为代理人在购买曼谷铜锣区土地过程中进行不当经济运作，对赛塔本人声誉带来不利影响，甚至于在8月22日两院选举总理时被多名议员公开抨击，并要求赛塔本人做出事实澄清。倘若在接下来的执政过程中，赛塔无法对社会质疑做出合理解释，不可避免会遭受来自各方的压力。因此，赛塔政府需尽快恢复选民信心，无论是竞选时提出的旨在刺激消费的"一万泰铢电子货币"计划，还是赛塔旗下公司商业丑闻，都要认真对待，妥善解决。倘若不能有效施行政策，积极做出应对，极有可能进一步损害为泰党及赛塔本人的政治信用。

近日，赛塔迅速进入总理角色，主要开展了以下工作：一是着眼挑战危机，组建经济团队，把脉问诊经济，自任财政部部长，力求振兴经济；二是与看守总理巴育会晤，消弭既往矛盾，协调相互关系，做好工作交接，实现良好开局；三是前往泰南普吉府等地开展调研，了解旅游业界诉求，提出优化签证政策、扩建新建机场等政策，旨在重振旅游业。

期待赛塔执政能够推动中泰关系再上一层楼！

4. 他信获释的政治信号与政局走向分析[①]

2024年2月18日,泰国前总理他信获得假释,引发各界强烈反响。这位昔日的政坛强人2006年被军方政变推翻,除短暂回国一次外,其余时间均流亡他国。然而,他的名字从未被泰国民众和媒体所淡忘,随着为泰党的重新执政,他信再度成为舆论中心。此次他信获释,无疑释放出强烈的政治信号,也让泰国未来政治的走向变得扑朔迷离。

高调回国、低调回家

近年来,他信利用社交媒体高调现身,一是为为泰党备战大选造势,二是为其本人回国做铺垫。据不完全统计,他信曾20次公开宣称将体面地回国。2023年大选结束后,他信终于正式返回泰国,随即被警方逮捕。根据最高法院裁定,他信被控的3项罪名成立并获刑8年。因健康原因,他信于服刑第二日被转至警察医院接受治疗。次月,泰国国王下诏将他信刑期减至一年。此后,民众仅知他信正在警察医院服刑,具体细节官方再无披露。2024年2月,泰国司法部长宣布,即将获得假释批准的930名服刑人员中,他信名列其中,假释理由为他已年过70岁、身患重病,且服刑时间超过6个月。

2月18日早6时,他信两位女儿前往警察医院将他接出,返回其已阔别17年的位于曼谷乍兰萨尼翁巷的老宅。尽管大批记者以及他的支持者早已守候多时,但他信并未公开发表任何言论,而是

[①] 本文于2024年3月4日发表于澎湃新闻·外交学人,题为"他信获假释后被指'垂帘听政':是雄心不再还是老骥伏枥?"。

直接回家。根据媒体公布的照片来看,他信颈部和右臂分别戴着颈托和夹板,显示病情属实。而且,他身上并未被警方安装电子监控装置。当日,佩通坦在个人社交媒体上传了一张他信在院中水池旁的照片。他信望向天空,若有所思。

被批"双标",但不乏支持

有关他信获释,各方反应不一。赛塔总理公开表示,他信回国后接受司法处理没有任何问题,一切都符合程序。他信的铁杆旧部、现任副总理兼商业部部长普姆坦则在第一时间为他信病情背书。而曾经也在他信麾下,后来与为泰党分道扬镳的自豪泰党党魁、现任副总理兼内务部部长阿努挺也云淡风轻地告诉媒体,他信获释完全符合政策,没有任何问题。

但很多泰国政治观察家则对他信获释一事提出了尖锐的批评。资深媒体人素提猜·云指出,他信因病获释,官方给出的说法疑点重重。他信回国之日神采奕奕,丝毫不像身患重病之人,但当晚便被紧急转移到警察医院,本身就令人感到怀疑。而近期网络上流传他信手戴拳击手套猛击沙袋的视频,更令所谓的身患重症极为牵强。而且,去年8月公布的他信所患4种病症,与此次假释所称的病情截然不同,前后矛盾。近半年来,他信在警察医院内服刑,官方从来没有公开披露过实际情形,让民众产生了极不信任感。

他信获释后,远进党第一时间发表声明,认为:"从历史的角度看,他信作为被政变推翻的政府领导人,遭受了民主方式的不公,很多民众都质疑他信案件以及司法程序的公正性。然而,自从他信回国接受司法处理后,赛塔政府在过去180天中有关他信服刑的情况非常不透明,给予他信特殊关照,有'双标'之嫌"。

特别值得一提的是,他信密友、柬埔寨原首相洪森第一时间专程从金边飞抵曼谷探望,并高调在个人社交媒体上公开二人会面场景,但并未公布交谈内容。

"一国二相"？

他信长期身居国外，为了避免出现被政敌攻击"操纵政党事务"而导致为泰党被迫解散且自己无法回国的严重后果，他信在公开发表政治观点时总是以"第三方"视角对为泰党事务"提出建议"，并且宣称自己从不过问为泰党内部事务。2023年大选之际，他信多次以"局外人"身份评论为泰党的组阁策略。然而，泰国政治观察人士无一不认为，他信事实上一直掌控着为泰党，是真正的"话事人"。

近期，泰国舆论界掀起了"一国二相"的热议话题。赛塔总理本身是一位成功的企业家，政务经验较少，2023年他弃商从政，以为泰党总理候选人身份成功当选。但是，在泰国政治生态中，赛塔总理的政治地位较为特殊，更像是超然于政党之外的"职业经理人"，并不参与内阁人事确定和政党博弈策略制定等核心事务，更多的是进行政府管理和政策执行。泰国政界及舆论界一致认为，政府真正的决策者其实就是他信本人，他获释后必"垂帘听政"，泰国政府将出现"一国二相"的情景。

不过，他信家族和赛塔总理均公开对"一国二相"的说法表示反对。佩通坦在接受采访时，先是长叹一口气，继而严正表态："赛塔是宪法确定的唯一总理，何来'二相'之说？"赛塔总理本人近期前往他信府邸拜望后，面对媒体质疑，大方表示：他信前总理政商经验丰富，思维理念超前，对本届政府更好地制定政策、管理国家可提供重要帮助。但是，自己是国王任命的唯一现任总理，这一事实不容置疑。

然而，他信曾经的亲密盟友、2019年大选时为泰党总理候选人之一的素达拉的一番言论却道破天机。素达拉前几年因与为泰党高层政见不合，退党后又独立组建泰建泰党，2023年大选中该党表现不佳。近期接受采访时，她毫不讳言："他信一直都是为泰党的核心,也是现任政府的最高领导。"她承认,为泰党高层包括她本人曾多次远赴迪拜向他信汇报党务,并接受指示。鉴于素达拉言论的权威性,笔者认为,此次他信获释,将会有利于他更深度地参与为泰党政府决策之中,对于赛塔的执政势必形成较大的影响。当然,他信将仅限于幕后对为泰党政府政策进行规划指导,不太可能公开参与政治活动。

泰国政治未来可能的两种走向

客观地说,此次他信获释,并未超出长期观察泰国政治者们的预测。2023年8月,为泰党退出远进党领衔的"民主联盟",转而与保守阵营冰释前嫌共组新阁,在此期间他信得以顺利回国,这两大政治事件本身就释放出强烈的信号:他信集团与保守主义阵营已经达成政治默契。因此,他信敢于回国,必然不会遭受牢狱之苦,而且可以体面回归家庭和社会。当下,政治观察界更多地围绕两个问题展开探讨:一是他信的回归,会如何影响泰国政治走向?二是英拉是否也会参照"他信模式",最终实现正常回归?

笔者认为,他信回归后,泰国政治的走向有两种可能性。较大的一种可能性是,他信集团与保守主义阵营之间深度绑定,以远进党和前进团为代表的政治激进势力生存空间将日益狭窄。近20年来,泰国政坛动荡不安,保守主义阵营与激进主义阵营之间展开激烈较量。前期,他信派系及其支持者从某种程度上属于激进主义阵营,试图推动政治经济体制深度变革,但军方两次出手,遏制了其影响拓展。

巴育9年执政,泰国经济不彰,又逢疫情打击,以塔纳通-毕亚卜-帕尼迦-皮塔为核心团队的新未来党(远进党前身)强势崛起,在其追随者的簇拥支持下,以更激进的姿态对保守主义阵营展开攻击。他信派系与之相比,政治态度相对温和,逐步从激进主义阵营转向"中间地带"。新未来党和远进党急剧增长的影响力加剧了他信派系的危机感:年青一代选民只知道塔纳通和皮塔,而不知他信为何人。这种政治焦虑加速了他信派系脱离激进主义阵营,转向保守主义阵营的步伐。而且,他信本人年事已高,身患疾病,壮心不再,对于泰国政治发生颠覆性变革不抱太大希望。因此,他信选择与保守主义阵营深度绑定开展合作,确保集团继续分享政治经济利益。

另一种可能性则是,他信"老骥伏枥,志在千里",尽管目前与保守主义阵营实现和解、开展合作,但对于未来进一步推进此前为泰党的"未竟事业"仍然抱有期望。2023年7月,原新未来党党魁塔纳通曾前往香港与他信密会,并透露他信认为"为泰党和远进党未来一定要携手并进,推进各项政治改革"。随着时与势的发展,年青一代选民逐渐成长为选民主体,思想较为传统的中老年选民渐渐老去,保守主义阵营头部政党公民力量党、合泰建国党的民意基础将逐渐弱化,为泰党和远进党的支持率会持续攀升。为泰党与保守主义阵营现在的合作或许只是暂时的理性避险行为,从长远来看,为泰党和远进党应该还有合作机会。

至于英拉是否也会回国,笔者认为,如果在赛塔政府期间实现这一目标,则为泰党的民意基础可能会因此遭损,导致下一轮大选支持率大幅滑坡。因此,他信正在评估这一目标需要消耗的政治资本,但一定会尽最大努力帮助胞妹体面地"回归故里"。

5. 泰国建克拉大陆桥面临三大挑战[①]

2023年10月以来,泰国赛塔政府积极向国际社会宣介连接克拉地峡两端的"克拉大陆桥"项目,这个项目作为延续数百年梦想的"克拉运河"的简配版替代方案,引发国际舆论密切关注。事实上,克拉地峡陆桥构想在泰国并非新鲜事。20世纪80年代炳·廷素拉暖执政时便已作筹划,旨在利用泰国优越地理位置,打造东南亚地区战略枢纽,推动泰国成为区域中心。刚卸任不久的巴育政府也曾将大陆桥项目纳入《国家20年发展战略》中。

按照泰国政府公布的设计方案,克拉大陆桥项目采取"一港双侧"(one port, two sides)的建设理念,两端分别位于春蓬府泰国湾一侧的深水码头和拉侬府安达曼海一侧的深水码头,其间修建89.35公里长的通道,包括双向6车道高速公路和宽度为1米和1.435米的双轨铁路。

赛塔政府乐观认为,克拉大陆桥项目优势显著,效益十分可观。一是可大幅节约两洋运输时间,吸引客户优先选此路线。据测算,相较于马六甲海峡,克拉大陆桥可使两洋间运输时间缩短4天。赛塔总理在日本推介时曾举例:"如果从印度清奈(Chennai)运送货物至日本横滨(Yokohama),克拉大陆桥运输方案将比马六甲海峡运输方案节约至少6天,且运费节约4%。同时还将享有现代快捷的管理服务以及税收利好政策。"目前每年约有90万艘船只通过马六甲海峡,交通事故不时发生。随着全球贸易复苏,马六甲海峡将更为拥挤,船只靠港时间势必延滞,大陆桥项目将会有效吸引部分从

---

① 本文于2024年3月18日发表于《环球时报》。

马六甲海峡通行的船只。二是优化泰国海陆交通体系,促进相关工业发展。未来,克拉大陆桥将与素万那普机场、乌塔堡机场、中老泰高铁以及廉查邦港口三期等交通枢纽联通,形成高效快捷闭环网络,带动化工、能源、高科技产业等各相关领域工业发展。三是加强"南部经济走廊"(SEC)建设,推动泰南地区整体提升。上届泰国政府优先发展"东部经济走廊"(EEC),吸引大量外资投资建厂,促进了东部经济繁荣,该地区人均收入高于全泰平均水平两倍之多。大陆桥项目启动后,两大经济走廊将形成相互支撑、协调发展的区域发展格局。仅在泰南地区将创造近30万个就业岗位,大幅提高该地区人民的收入水平。

鉴于上述考虑,赛塔政府已于去年10月批准对克拉大陆桥项目立项论证,并通过亚太经合组织领导人非正式会议等重要多双边场合向国际社会大力推荐,部分欧美日投资者表达了初步投资意愿。

然而,来自各界的质疑反对声音也不绝于耳。综合来看,克拉大陆桥项目至少面临三大挑战。一是国家经济承压巨大。据泰国家银行预计,2024年泰国GDP增长率约为2.8%,与越南等其他东盟国家相比,经济复苏较为缓慢。大陆桥项目投资总额高达1.1万亿泰铢,即便外资参股共建,泰国政府也需进行巨额贷款,对于国家财政无疑是沉重负担。况且,赛塔政府正加紧推进为大多数16岁以上的国民发放价值1万泰铢的数字钱包,以兑现竞选承诺,又需耗资五千多亿泰铢。有泰国经济学家对此提出反对意见,认为两大项目总投资额过高,万一不达预期,或导致国家财政透支,后果不堪设想。

二是项目试错风险巨大。赛塔政府的信心主要源自交通部运输交通政策计划办公室的论证测算,其结论认为投资风险不大,长期回报率高。但国家经济社会发展委员会聘请朱拉隆功大学进行了可行性分析研究,得出结论截然相反,认为大陆桥项目投资风险大，不应盲目上马。而且，作为马六甲海峡航运主要受益国，新加坡意识到了泰国大陆桥项目带来的竞争挑战，加速推进 Tuas 超级码头建设。2040 年后，该码头年承接量可达 6500 万个集装箱。同时，新加坡还通过填海增加约 1300 万平方米的陆地面积，节约货物装卸时间和成本，以强化对货物装卸程序复杂的泰国大陆桥项目的比较优势。届时克拉大陆桥项目是否能如愿吸引客源，尚未可知。

三是政策稳定性存在隐忧。克拉大陆桥项目构想始于炳政府时期，但直至巴育政府才重启论证，赛塔政府正式提上议事日程，前后跨度近 40 年。近年来，泰国政坛文武关系复杂、政党博弈激烈，时隔 9 年后为泰党才得以重新执政。作为如此庞大的巨型工程，其决策需要较长周期，而下次大选时泰国政坛又将呈现何种局面，仍待观察。加之近期泰国前总理他信获释出狱，或许会对为泰党政府政策带来一定影响。克拉大陆桥项目会否"一张蓝图绘到底"，需要密切关注。

有鉴于此，作为泰国的近邻中国，既应高度肯定赛塔政府为提升亚太地区交通运输格局做出的重要贡献，也要充分评估克拉大陆桥项目存在的优势与隐忧，结合"一带一路"共建规划布局，论证参与大陆桥项目的可能收益与风险，做出最符合国家利益的战略决策。

四、公民力量党

1. 疫情缓解,执政党同室操戈:泰国两巨头出现裂痕?[①]

自泰国新未来党 2 月因"违规放贷案"被宪法法院判决解散后,巴育政府一度陷入各方的攻击和批评中,要求其下台之声此起彼伏。然而,随着泰国新冠肺炎疫情在 3 月份日趋严重,原本热得烫手的政治议题急剧降温,民众人人自危,转而同仇敌忾,配合政府实施"全民抗疫"。

2020 年 5 月,在巴育政府的努力下,疫情得到有效控制,每日新增病例数已连续低至个位。泰国在东盟各国感染人数的排名中,也从最初的高居榜首下降至第五位。随着疫情的好转,沉寂一时的政党之争再次成为舆论焦点。不过,这次党争不是执政党与反对党之争,而是领衔组阁的执政联盟第一大党公民力量党内部争斗。

山头林立的公民力量党

2014 年 5 月,泰国军方发动政变,推翻英拉政府,成立军政府,

[①] 本文于 2020 年 5 月 13 日发表于澎湃新闻·外交学人。

执政时间长达5年。为了巴育军人政权在2019年大选后能够合法延续，2018年公民力量党应运而生。在"巴育-巴威-阿努蓬"三位前陆军司令组合的强势影响下，包括原他信派系下的若干政治势力在内的众多政治团体纷纷投靠加盟，令公民力量党势力短时期内急遽扩张。该党在2019年3月大选中表现不俗，一跃成为仅次于他信派系为泰党的泰国第二大党，并成功领衔组阁，该党唯一总理候选人巴育得以连任总理，开启第二任期。

在此过程中，泰国政府"经济国师"颂奇副总理的团队发挥了重要作用。首先，为了改善军人政党形象，他麾下的乌达玛、颂提拉、素威、高萨四员大将（泰国媒体称为"四王子派"）担任了公民力量党党魁、秘书长、副党魁等重要职务。乌达玛、颂提拉等四人均有名校学习经历，而且专业水准得到业界公认。

以乌达玛为例，他博士毕业于美国马萨诸塞大学金融管理专业，曾担任曼谷大学校长，后担任颂奇的顾问而步入政坛。因此，颂奇团队的加盟可谓撑起了公民力量党的门面，他们在竞选过程中深入选区、发表演讲、宣传政纲，避免了行伍出身的巴育、巴威、阿努蓬等人抛头露脸，淡化了公民力量党的军人色彩，为公民力量党最后的成功组阁立下汗马功劳。

其次，颂奇团队还出面与"三友派"等重要政治力量谈判，争取其加盟，以壮大公民力量党。"三友派"由颂萨·泰素挺、素利亚·振隆乐昂集、阿努查·那卡赛等三位知名政客组成。三人均曾加入他信派系泰爱泰党、人民力量党和为泰党，拥有深厚民意基础。2001年他信领导的泰爱泰党席卷政坛时，颂奇与"三友派"骨干都为他信所倚重。2019年大选前，颂奇出马与"三友派"再续前缘，将其招入公民力量党麾下。

再次，颂奇团队几乎从巴育发动政变后便加入军政府，成为泰国经济事实上的"掌舵人"。巴育第一任期提出的众多经济提振计划，如"泰国4.0""东部经济走廊"等都出自颂奇之手。而这些也成为公民力量党赢得大选的重要政绩。

然而,随着巴育总理第二任期开启,"巴育-巴威-阿努蓬"军政府核心领导层为实现长期执政,进行了内部角色协调。原泰国军政府中最具权势的人物、原副总理兼国防部部长巴威上将在新政府中仅担任副总理一职,不再担任国防部部长,其职务由总理巴育兼任。与此同时,巴威由幕后走向台前,出任公民力量党战略委员会主席,从军人正式转变为政治人士。

巴威凭借多年来积累的影响力和练就的政治手腕,很快便在公民力量党中成为事实上的掌门人。尽管自他上任后,一直对外宣称,"公民力量党内再无山头,不分彼此",但是出于利益纠葛,公民力量党的十多个山头还是不可避免地分为两大派系:一方以颂奇团队"四王子派"(党魁乌达玛、党秘书长颂提拉为代表)为首,另一方以巴威为首。

疫情当前,巴威为何同室操戈?

事实上,从2019年12月起,巴威便试图将担任公民力量党秘书长的颂提拉撤换为本派系的汕迪·蓬帕,但未成功。经过数月酝酿,2020年4月24日起,巴威派系再度向颂奇派系发难,试图逼迫财政部部长乌达玛和能源部部长颂提拉主动辞去公民力量党党魁和秘书长一职。此事被媒体曝光后,乌达玛第一时间证实了事件真实性。

为何疫情当前,巴威派系却选择在此时在党内发难?笔者认为,主要存在以下几点考虑。

一是颂奇副总理领衔的政府经济团队在抗击疫情中表现不佳,逼其辞职时机较好。泰国遭受新冠肺炎危机后,经济民生备受打击,失业人数高达一千万,全年经济增长率恐低至-6.8%。尽管巴育政府宣布启动《紧急状态法》,有效阻止了疫情恶化蔓延,大多数民众都对巴育持肯定态度,但是颂奇经济团队制订的一系列扶助民众的社会福利计划,由于种种原因褒贬不一。

比如,对于失业人群每人每月5000铢(约人民币1102元)的救助金计划。财政部自主研发的人工智能系统的筛选竟使很多符合救助条件者无法获得救助金;相反,一些出境非法务工者反而在网上晒出自己所得救助金。不少民众聚集于财政部大楼门前讨要说法。媒体报道后,财政部形象一落千丈。而且,4月中旬以来,泰国社会自杀人数呈上升趋势,致使巴育政府遭受反对派和社会异见人士抨击。凡此种种,以颂奇副总理、乌达玛财政部部长为首的政府经济管理团队受到较大压力。巴威派系正是看准了这一时机出手,希望能"一招制敌"。

二是出于本党利益重新分配,着眼疫情后改组内阁。2019年公民力量党领衔组阁,组建有史以来最为庞大的执政联盟,共有19个大小党派加入。由于当时执政联盟与反对党联盟势均力敌,为笼络人心,公民力量党不得不让出多个部长席位给一些重要的盟友。部分政治团体首领原本应担任部长,但"出于大局考虑"被迫"让位"。比如,东部地区议员首领素察·冲戈林,以其实力应任部长,但最终让步,未能入阁,仅担任公民力量党议员协会主席一职,聊作安慰。2020年2月,泰国议会反对党联盟对政府进行不信任辩论,揭发了政府动用军费向南部民众进行"信息战"等"黑幕"。如果不是疫情暴发,巴育政府应该在3月进行改组。据悉,巴威已向素察·冲戈林、汕迪·蓬帕等己方重要派系首领许诺部长职位,此次施压乌达玛和颂提拉辞去公民力量党党魁和秘书长职务,便是"腾笼换鸟",为下一步进行内阁改组做好铺垫。

三是执政联盟优势明显,政权得到巩固。组阁初期,执政联盟对反对党联盟仅占极其微弱优势。但随着公民力量党和其他参政党派不断开疆拓土,以及新未来党遭解散后原新未来党执委被判禁止从政,执政联盟的优势急剧扩大。第一大反对党为泰党尽管人数众多,但其他反对派政党势单力薄。因此,巴威可能认为,即使颂奇派系被迫退出公民力量党,亦不会影响执政联盟执政大局。

巴育-巴威组合出现裂痕?

在泰国坊间对此事的热议中,大多数人认为巴威必已与巴育进行协商,达成一致,否则不致如此鲁莽行事。然而,吊诡的是,巴育非但没有支持巴威,反而公开制止。

5月5日,巴育在总理府接见了乌达玛和颂提拉二人。其后,乌达玛主动接受记者采访,透露巴育力挺他与颂提拉二人继续担任政党领导和内阁部长,并表示巴育宽慰他俩"无须担心"。

随后,巴育在记者招待会上明确表示,现在不宜进行政治调整,一切以战胜疫情为首要任务。巴育公开与巴威唱起反调,让人不禁产生疑问:原本铁板一块的"巴育-巴威"组合,难道出现了裂痕?

笔者认为,之所以巴育做出如此表态,主要原因有三。一是巴育自启动《紧急状态法》以来,民意支持率呈攀升态势。5月4日,泰国国家数据办公室公布了此前就2020年民众对政府执政看法的调研结果。在主题为"人民对巴育总理的整体满意程度"调查中,41.7%的受调查者表示非常满意,45%的受调查者表示中等满意,另有9.5%的受调查者表示不尽满意,仅有1.3%的受调查者表示非常不满意,2.5%的受调查者表示一点都不满意。此外,调查结果显示,泰国中部和北部45%的民众对总理非常满意。巴育借助抗疫努力正在挽回之前民望降低的颓势,所以不希望政党内斗影响自身形象。

二是巴育自2014年担任总理以来,在经济上倚重颂奇团队。一旦颂奇团队被迫离开政府,暂时并无合适团队接替。巴威原本打算如果乌达玛辞职,则安排现任财政部助理部长汕迪·蓬帕接任财政部部长,总理府发言人纳乐蒙博士升任财政部助理部长。但是,从巴育本人的角度出发,颂奇团队无论是专业性还是配合度来说,都更胜一筹。当然,从巴育最近的政策来看,他也正在寻找替代方案。比如，他4月致信国内20多位商业巨子，希望他们为恢复泰国经济出谋划策。

三是巴育有可能正在试图展现出不听命于巴威的独立姿态。3月26日，巴育政府正式实施《紧急状态法》，并且出台20余项措施，成立"新冠肺炎疫情防控管理中心"，巴育总理出任总指挥。根据该法律，巴育政府暂时停止各部部长的部分权力，进行紧急状态下的"集权管理"，由巴育与各部常务次长共同构成"临时内阁"。有泰国学者认为，在某种程度上，巴育此举可以视作"自我政变"，以合法手段剥夺了民主党、自豪泰党等参政政党的权力，避免负责公共卫生部的自豪泰党党魁阿努挺和负责商业部的民主党党魁朱林等竞争者在抗疫过程中有突出表现。同时，军人出身、政变上台的巴育更习惯在毫无掣肘的情况下进行决策。有记者问及疫情结束后内阁调整问题，巴育回答道："这是总理一个人决定的事情。"显示其独掌大权，无须顾忌他人想法。

巴育和巴威究竟是否存在裂痕，作为局外人难窥究竟。不过，泰国政坛上曾经亲如兄弟的人，最终互为仇雠者比比皆是。比如武里南教父奈温·奇初曾经视他信为大哥，最后和他信形同陌路；阿披实和素贴，在"红衫军""黄衫军"时代曾是亲密无间的战友，相互揽肩吹哨子，但去年大选时素贴公开批评阿披实乃"无耻之徒"；他信和阿努蓬曾是同届的军事预备学校同学，关系密切，但最终后者参与谋划了推翻前者政权的军事政变。

这些事实无一不告诉我们，泰国政坛中的密友关系，很多只是利益驱使。一旦利益出现冲突，分道扬镳也属正常。

就目前情况分析，在巴育干预下，公民力量党内斗暂时翻不起大浪。但是，巴威派系和颂奇派系的斗争却不会平息。根据泰国选举委员会要求，各党派将会在未来两个月内召开年中代表大会，选举政党执委会。届时巴威极有可能会借此机会重新选举执委，力争由己方派系执掌政党领导权，进而为6月或者7月的内阁调整做好准备。

2. 泰国公民力量党内斗升级，"无声政变"进行时？[①]

2020年6月1日，泰国政坛风云突变，执政联盟第一大党公民力量党18位执委集体请辞。根据该党党章规定，超过半数执委辞职，则必须在45天之内举行党员大会，选举新一届执委会。34位执委中18人请辞，绝对不是个别行为，而是集体行动。此举意味着隶属于泰国副总理颂奇派系的乌达玛和颂提拉已经不再是公民力量党党魁和秘书长，仅为看守党魁和秘书长。

早在今年4月底，新冠肺炎疫情仍在肆虐之际，泰国多家媒体便爆出执政党同室操戈，公民力量党战略委员会主席巴威上将逼宫夺党的猛料。隶属于颂奇派系的公民力量党党魁、财政部部长乌达玛和该党秘书长、能源部部长颂提拉，据称受到来自党内大佬的压力，被要求辞职。但是由于总理巴育的制止，乌达玛、颂提拉安然度过一劫，内斗暂归平静。然而表面的平静，往往隐藏着更为猛烈的风暴。

这次党争，正如此前笔者所分析，明为党内领导权的争夺，实质上的目标是内阁部长席位。尤其是乌达玛、颂提拉等人所担任的财政部、能源部部长席位更是令无数政客梦寐以求。与此同时，巴威上将将被提名担任公民力量党新任党魁的消息甚嚣尘上，尽管当事人对此矢口否认。

疫情未息，民众质疑"夺党"行为

巴威"夺党"事件的升级，在泰国社会再度引发轰动，有关公民

[①] 本文于2020年6月11日发表于澎湃新闻·外交学人。

力量党内斗的报道铺天盖地。总体来说,公众舆论对此事件大多持质疑和批评态度。

首先,民众和媒体质疑为何巴威派系偏要选择疫情尚未平息、经济面临巨大下行压力之时发起党争。巴威派系主要攻击目标正是"经济国师"颂奇副总理麾下的"四王子"(乌达玛、颂提拉、素威、高萨)派系。颂奇、乌达玛、颂提拉均为巴育政府经济团队的领军人物。新冠疫情期间,尽管巴育政府宣布启动《紧急状态法》,将行政权力由各部部长手中收回,但是在出台对受灾民众经济安抚政策以及疫情后恢复国民经济等重大问题上,巴育依然主要依靠颂奇团队。因此,巴威派系选择在这一时间节点发难,确实有些不合时宜。况且,坊间传言巴威意图让现任财政部助理部长汕迪·蓬帕取代乌达玛担任财政部部长。但汕迪·蓬帕形象不佳,广受诟病,加重了民众的质疑。

其次,民众和媒体对巴威"上位"党魁表示很难理解和接受。众所周知,巴威几年前因为"名表丑闻"而形象受损,此后又因其爱将——泰国移民局长素拉切警中将"星陨事件"(2019年4月素拉切突然被解除职务)备受牵连。尽管泰国肃贪委员会经过调查,已经给出"名表均为巴威上将借自朋友,不涉贪腐"的结论,但大多数民众仍然只相信自己的眼睛,认定巴威是巨贪大腐。而且,巴威上将年事已高,走路颤颤巍巍,需要搀扶,很多人认为他应该颐养天年,而不应蹚这趟浑水。

还有一种观点认为,巴威迫不及待地要抢夺公民力量党党魁一职,并非其最终目标,毕竟党魁只是一党首脑。他的最终目标其实是希望借此契机,成为执政联盟第一大党掌门人,进而登堂入室,取代巴育,成为泰国总理。比如他信时期的安全事务顾问、朱拉隆功大学政治学院素拉查·班隆素教授认为,始于4月的"夺党"行动其实是1948年銮披汶麾下4名军官逼迫宽·阿派旺总理24小时内辞职的历史重演,是"无声的政变"。这场"政变"是否如同72年前帮助銮披汶第二次登上总理宝座那般,帮助巴威成为总理,非常值得关注。

巴育在抗击新冠疫情中的表现,使其在民众心目中的地位处于急速上升状态。在抗击新冠肺炎疫情处于攻坚阶段之际,泰国民众自然不希望巴威通过党内斗争,威胁到"抗疫英雄"巴育的地位,进而引发政坛动荡,影响国计民生。

两大派系各执一词,孰是孰非?

面对民众和媒体的普遍质疑,巴威派系骨干人马密集出击,在各种场合"澄清真相,以正视听"。他们抨击乌达玛、颂提拉作为党魁和秘书长"身居要职,毫不作为"。

隶属于"三友派",同时也效忠于巴威的公民力量党议员西拉表现得最为积极。他接受媒体采访时表示:"乌达玛作为党魁,从来不关心本党议员,与议员之间缺乏沟通交流,导致议员们都觉得非常'寂寞'。乌达玛本人也曾说过,自己工作非常忙,根本没有空去管理党务。我们需要的不是这样的党魁!"

而巴威派系议员,同时也是公民力量党执委之一的猜亚武,在一次电视节目采访中毫不客气地指出:"公民力量党的官方网站竟然因为欠费而被迫关闭!这一切都是因为本党领导不作为所导致。连一个网站都管理不好,更别说管理议员们了!"此外,巴威派系还攻击政府经济团队在抗疫过程中表现欠佳。西拉甚至说:"世界上如果有一个政府给老百姓发钱,还被老百姓骂的,那就是泰国政府。"

在抨击乌达玛、颂提拉的同时,巴威派系还不断强调:无论是哪国的政党,管理层调整是一件再正常不过的事情。这次公民力量党管理层调整完全是"拨乱反正"之举,毕竟乌达玛、颂提拉对于本党而言,并非真正具有权威性和坚实民意基础的领导。乌达玛、颂提拉等人来自颂奇的经济团队,麾下并无议员,在倾听代表民众的议员心声时,始终有一层隔阂。所以,很多议员尤其是中部地区议员都呼吁尽快调整。只有经过彻底的改革调整,公民力量党内部才会愈加团结稳定,坚如磐石,担负起治国理政的重任。6月3日,"三友派"核心人物、司法部部长颂萨公开谈称:"此次重选本党管理层,可以比作结晶的水晶被雕琢,以实现更高的价值。"

另外,巴威派系要员们还前所未有地通过各种渠道表达对巴威担任党魁一职的坚定支持。无论是西拉、猜亚武,还是宣布18名执委辞职的公民力量党副党魁派汶,以及文化部部长伊提蓬,都高度肯定巴威在公民力量党建设发展过程中不可取代的崇高地位,认为巴威是最适合担任该党党魁的政治家。凭借着深厚的从政资历,巴威无论在本党议员,还是其他政党议员中,都有着极高的声誉。而且,巴育和巴威关系密切,可以说巴威是巴育最为信任之人。如果巴威担任党魁,将会更好地配合总理巴育的工作,公民力量党也将更好地服务于国家治理和发展。

然而,受到巴威派系攻击的颂奇派系("四王子"派系)也不甘示弱,在多个场合猛烈回击。一向刻意避开记者采访的颂奇一年来破天荒地首次主动走向记者,接受采访。他首先强调,这是党派内部争斗,与己无关,因为自己与巴育总理都与政党无关。但是他表示非常遗憾,应该将用于党争的力量投入为国纾困中去。他问记者:"对此感到厌烦吗?"

公民力量党发言人,同时也是乌达玛秘书的塔纳功则表示:"政党管理层调整是一件正常的事情,但是选在眼下,明显不是合适的时机。全世界都在称赞泰国政府抗疫获得的巨大成功,百姓也都对公民力量党的贡献交口称赞。但是,有些人为了本派系的利益不惜损害政党利益,发起党内斗争,影响本党形象。在这个时候,应该要以解决人民疾苦为第一要务,派系之间的矛盾可以相互商量,增加了解,而不应激化矛盾,影响大局。"

针对有人抨击乌达玛不关心议员,缺乏沟通,塔纳功回应道:

"乌达玛一直强调，议员们所反映的百姓民生问题一定要置于最优先解决位置。而且，颂奇副总理也是身先士卒，每周都有两天在财政部参加会议，并现场做出指示。这次抗疫过程中，财政部为1500万民众每月发放5000铢补助金，创下了历史纪录，得到了民众们的赞扬。而乌达玛就算工作再忙，一般也都参加本党的会议。"

或许是专门针对颂萨所谓的"水晶雕琢，价值倍增"的言论，塔纳功表示："乌达玛是一块真金，真金不怕火炼！"当然，他也承认巴威在公民力量党中的核心地位和巨大影响力。

乌达玛表示，45天之内举行党员代表大会，选举管理层。至于自己能否继续留任，要看党员们的意愿。但是，政党管理层变化并不代表内阁调整。至于自己会不会被调整出内阁，一切要以巴育总理意见为准。"四王子"之一的素威·迈星西表示，暂时不会考虑辞职，做出决定之前，必须要和巴育总理和颂奇副总理协商，毕竟当初是他们把"四王子"招入麾下为国宣力的。

巴育面临三大难题

公民力量党内部矛盾已经"家丑外扬"，公诸天下，并将不可避免地持续激化。7月中旬之前，公民力量党会举行党员大会，选举新一届管理层。就目前形势而言，巴威出任党魁的可能性几乎是百分之百。尽管巴威公开表示"自己尚未做好准备接任党魁一职"，但他也强调"一切都要看党员们的决定"。

届时，落选的乌达玛、颂提拉等人必须做出决定，是高昂头颅离开公民力量党，另立门户，还是继续留在党内，收敛锋芒，积蓄力量，静待时机。当然，这一问题其实无关紧要，去也罢，留也罢，都不会影响巴育政府的稳定性。

关键的问题在于，公民力量党管理层的改变，究竟在多大程度上能够影响巴育政府内阁调整。笔者认为，巴育和巴威之间应该已经进行过协调，不会在这一问题上发生重大分歧。此前，巴育在接受记者采访时已经明确表示"政党改组管理层是很正常的事情",这说明巴育不会再像4月底时出手制止。这也意味着,颂奇团队离开巴育政府应该是大概率事件。如果颂奇团队集体离任,会为巴育内阁腾出4个席位。这为巴育平衡公民力量党党内各派势力以及执政联盟内各参政党派提供了一定的空间。

但是,巴育仍然面临着多重困难。首先,颂奇团队离开后,由谁来填补政府经济团队的真空?如果按照此前媒体公布的"内阁调整方案",汕迪·蓬帕升任财政部部长,纳乐蒙升任财政部助理部长,或许并非最佳方案。后疫情时代,泰国政府最为重要的工作是重振经济,促进就业。主管经济事务的副总理、财政部部长等关键岗位如果由政客担任,则专业程度有限,效果不彰,可能引发民众不满。但是要在短期之内物色合适的团队加盟,也并非易事。

其次,自豪泰党、地方力量党作为执政联盟参政党,经过近一年时间发展壮大,麾下议员数量都有了大幅提升。自豪泰党由原先的51个席位增至61席,地方力量党由原先的3席增至5席,同时联合其他"1票小党"共同成立"社会事务派",地方力量党麾下的议员人数实际上已经接近20人,是一支不可小觑的政治力量。在重新组阁时,如何能够满足这两个党派增加内阁席位的诉求,是巴育面临的又一大难题。

再次,公民力量党内部派系斗争公开化以及巴威出任该党党魁,可能会导致该党民意基础遭受削弱。巴育作为公民力量党提名的唯一总理候选人,尽管并非该党党员,但某种程度上已经是一荣俱荣、一损俱损。如何与未来可能成为党魁的巴威做好协调,既不伤害"东方虎"阵营的同袍之情,又能保持作为政府首脑的独立地位,维护好自己树立的亲民勤政形象,或许这是巴育最需要认真思考的问题。

3. "四王子"退党以守为攻，
巴育两面受压陷尴尬[①]

起于2020年4月下旬的泰国执政联盟第一大党公民力量党的内斗近日又有新进展。7月9日上午，泰国各大媒体接到紧急通知，前公民力量党党魁、财政部部长乌达玛；前公民力量党秘书长、能源部部长颂提拉；高等教育与科技创新部部长素威，以及总理府副秘书长高萨四位政府高层、公民力量党元老，亦即"四王子"团队，将于当日中午召开记者招待会，集体宣布辞职。这一消息让刚刚沉寂数日的泰国政治斗争顿时升温。

此前，公民力量党内斗中的一派——副总理巴威上将派系就曾逼迫乌达玛和颂提拉主动辞去党内职务，但无果而终，6月1日，公民力量党巴威派系18位执委集体辞职，超过半数的执委辞职使得乌达玛和颂提拉成为看守党魁和秘书长。而在6月27日该党选举新一届执委的党员大会上，巴威副总理"众望所归"地登上党魁宝座，乌达玛、颂提拉却未见于执委会名单之中。

2019年泰国大选前，"四王子"也曾集体辞去政府部长职位，出任公民力量党管理层，带领该党在大选中获得佳绩，最终成功领衔组阁，为泰国现总理巴育上将连任立下汗马功劳。时隔一年多，集体辞职的戏码再度上演，令媒体纷纷猜测"四王子"葫芦里卖的究竟是什么药。众所周知，巴威派系屡次逼宫的目的，不是别的，正是希望他们能够腾出部长席位，以安抚党内各个山头。难道"四王子"已经放弃抵抗，不得不辞去部长职位？

[①] 本文于2020年7月15日发表于澎湃新闻·外交学人。

答案终于在 7 月 9 日的记者会揭晓,"四王子"所辞并非内阁部长之职,而是退出公民力量党。笔者在此前的分析文章中曾经写道:"届时,落选的乌达玛、颂提拉等人必须做出决定,是高昂头颅离开公民力量党,另立门户,还是继续留在党内,收敛锋芒,积蓄力量,静待时机。"

看来,他们已经做出了选择,那就是高昂头颅,离开政党。他们选择这一方式,背后有何战略考虑?又会对即将到来的泰国内阁调整产生何种影响?笔者将逐一分析。

以退为进,以守为攻

"四王子"集体退党,并未十分出人意料。然而,选择在这一时机,以这样的方式,还是颇为耐人寻味。笔者认为,这一招看似退却逃离,实则却是以退为进、以守为攻,可谓妙招。只要时机把握得准,分寸拿捏得好,便可挽回败局,有"置其死地而后生"之功效。而即便失败,也可赚得体面。

首先,这一时机为"四王子"团队赢得舆论和道义优势提供了良机。6 月 27 日,新当选的公民力量党秘书长——"三友派"的阿努查在随后举行的新闻发布会上发表工作愿景,提及疫情后须尽快恢复国家经济。阿努查透露,现任总理府女发言人纳乐蒙教授将会领衔经济团队,同时会邀请多名国内知名经济学家、企业家加盟经济团队。

众所周知,颂奇副总理和"四王子"正是政府经济团队的主要班底。阿努查言论至少透露出两层意思:一是公民力量党新任执委们决心将颂奇与"四王子"派系驱逐出内阁,由巴威派系取而代之;二是此前传言将担任财政部助理部长的纳乐蒙教授将直接领衔经济团队,极有可能是一步到位,就任部长,甚至副总理。

阿努查此言一出,立刻引发泰国社会集体嘘声。很多知名人士都质疑纳乐蒙的能力无法担此重任。泰国知名媒体人素提猜·云在个人脸书账号上用极为醒目的大字发出质问:"是真的吗?公民力量党任命纳乐蒙领衔经济团队!"著名大法官初查·西盛毫不客气地指出:"从纳乐蒙作为政府发言人一年多的工作表现来看,她在公众面前所展示的能力基本上与政府没有发言人无异。总理一定非常了解实情,所以才会另外任命塔威信医生担任国家抗击新冠肺炎疫情指挥中心发言人。如果让纳乐蒙担任抗疫发言人,估计民众们不会相信政府,也不会给予合作。在疫情导致全球经济衰退的今天,应该要任命国际社会认可的、与前世贸组织总干事素帕猜、前财政部部长空·乍滴甲瓦尼同一层次水准的经济专家领衔经济团队。"

社会舆论在批评质疑纳乐蒙之时,也展示了对"四王子"团队的同情与认可。著名社交账号 Darin Karn 发文表示:"四位共同帮助建立此党,帮助你们竞选,与大家并肩战斗。但是在诱人的利益眼前,曾经辛勤劳作的老牛,现在没有用了,你们就用刀子亲手将它们捅死。这样的做法,叫作背叛!现在全国都同情甚至怜悯'四王子'团队……你们也许可以赢得权力斗争,但是你们不可能能够赢得我们人民的心!"

这样的舆论环境无疑为"四王子"团队赢得了道义上的主动权。乌达玛和颂提拉在退党新闻发布会上都表示:"我们虽然退出政党,但事实上并无任何矛盾,主要是为了让新任执委会能心无旁骛地开展工作,而我们也将继续在内阁中履行自己的使命。当前最重要的事情,是在巴育总理的统一指挥下解决民生疾苦,而非政党斗争。"新闻发布会次日,能源部部长颂提拉便在个人脸书账号上传了自己去外府视察发电厂的照片,展示了危难关头为国效力的良好形象。

其次,这一时机为"四王子"团队赢得巴育总理信任提供了良机。除去纳乐蒙形象不佳这一因素外,"四王子"选择这一时机以退为进,也有经济形势方面的考虑。泰国经济学界普遍预测,今年第三季度经济形势极不乐观,极有可能是全年之中的最低谷。此前一些大型企业一直强撑着没有大幅裁员,但是如果经济持续萧条,恐怕大裁员在所难免,经济寒潮即将来袭。从巴育总理的角度出发,宁可继续使用已经长时间磨合的原班人马,而不会冒着巨大风险在眼下临阵换将。只要政府经济团队第三季度能够全力以赴,赢得巴育的信任和倚重,就可以在内阁调整中占据有利态势。

同时,乌达玛、颂提拉在新闻发布会上反复强调,自己未来是否继续担任部长,在于巴育总理一人裁定。他们主动退出公民力量党,站到了同样不是公民力量党党员的巴育总理身后,向巴育效忠,是希望能够传递出这样的信号:颂奇以及"四王子"团队所担任的内阁职位,并非公民力量党应有的名额,而是属于总理个人的"公共名额"。也就是说,即便公民力量党重新选举执委,他们也完全无须让出内阁席位。

再次,"四王子"的退党举动,维护了个人的尊严,留足了后路。乌达玛、颂提拉、素威和高萨四人均毕业于名校,在加入军政府担任部长之前早已成名。他们一直强调,自己并非"职业政治人士",而是凭借技术专长立身。因此,在山头林立、良莠不齐的公民力量党内部,"四王子"派系可以说是一股清流。他们在与玩弄政治于股掌之间的"职业政客"群体的斗争中败下阵来,宁可高昂头颅离开,也不希望仰人鼻息,寄人篱下。6月27日晚,素威通过个人脸书账号上传了一张图片,配以如下文字:"鸟儿不会在意所栖息的树枝是否折断,是因为它对自己坚强的翅膀充满信心。"凭借他们的能力,即便未来被调整出内阁,也丝毫不失颜面,而且退出政坛后的天地或许更为广阔。

进退维谷的巴育总理

就在"四王子"团队宣布退党的当天,巴威的亲信西拉议员便公开表示,"既然四位已经不是本党党员,便应同时辞去部长职位,将名额交还本党。"巴威则气淡神闲地表示,非常尊重四位退党的决定。但是,处于权力中心的巴育则陷入了尴尬的两难境地。

事实上,他一直处于困境之中。一方是自己的巴威老大哥,另一方是自己所倚重的经济团队,同时也是在2019年大选中托举自己成为总理的重要力量。究竟应该倾向于哪一方,真的很难做出抉择。4月底,公民力量党内首次传出党争之时,巴育已经做过一次"消防员",及时扑灭了火星。孰料矛盾并未解决,不到一个月,便又继续爆发。

此次"四王子"集体辞职,令巴育再度面临巨大压力。在即将到来的内阁调整中,"四王子"是否要继续留任,涉及未来的政治走向。毫无疑问,巴威希望将包括颂奇副总理在内的4个内阁席位全部腾出,由公民力量党执委替换,增强本党在政策制定方面的影响力,既可提升政党凝聚力,又可为下一轮大选积累资本。

但是巴育对巴威派系的人执掌经济团队确实不太放心。同时,爱惜自己羽毛的巴育也不希望外界视自己为"傀儡总理",完全听从巴威上将摆布。加之"四王子"团队曾经为自己出任总理立下汗马功劳,这次脱离公民力量党效忠巴育上将,对巴育寄予了很高期望。如果将这一派系完全调整出阁,似乎也太说不过去,稍有不慎,还会令自己背上"鸟尽弓藏""过河拆桥"之类的骂名。

因此,当记者就"四王子"辞职事件采访巴育时,巴育表示尊重他们的决定,并且就内阁调整一事进行说明。巴育认为,内阁席位大部分由执政联盟主要政党议员人数比例决定,但是也有若干席位,是属于由总理决定的"公共名额"。记者们询问"四王子"的席位是否是"公共名额",巴育回答:"当时确实是的"。

笔者认为,在新一轮内阁调整中,颂奇副总理以及"四王子"派系可能不会全部落榜,巴育至少会保留一至两个席位。至于五人是否同气连枝、共同进退,则不得而知。当然,也存在一种可能性。巴育无法抵制来自巴威以及公民力量党的压力,不得不将颂奇和"四王子"全部调整出局,将内阁名额交由公民力量党安排。但倘若巴育仍然希望得到颂奇团队的支持,则可采用炳上将和差猜担任总理时期(两人分别于1980—1988年、1988—1991年担任总理)所使用的策略——"顾问制度"。

对泰国政治史熟悉的读者应该知道,炳和差猜担任总理时,在重要政策制定过程中,往往更多地依靠总理顾问团队,而非内阁部长。炳总理甚至规定,总理顾问有权列席内阁会议,但不允许主动发言。但如果总理点名要求某位顾问发言,则顾问可以在内阁会议上提出政策建议。鉴于巴育上将在某种程度上与炳上将具有一个共同点,那就是不隶属于某一政党,而是超然于政党政治之外,因此巴育是否也会采用炳总理的老策略,非常值得观察。

此外,与炳执政时期泰国政局相类似的另外一点是,炳出任总理时,得到了阿铁上将的鼎力相助,但是随着政局发展,炳与阿铁最终分道扬镳。同理,巴育能够上位总理,可以说巴威和阿努蓬功不可没。但是政治演变到当下局势,巴育-巴威-阿努蓬是否依然是铁板一块,很值得怀疑。甚至有传言说,巴威在担任公民力量党党魁之后,下一个目标便是取代巴育总理之位,至少也是取代阿努蓬的内务部长一职。关于这一点,笔者仍持有怀疑。

笔者认为,若要判断巴育和巴威之间是否存在裂痕,有一个指标可以参考,那就是巴威在接下来内阁调整后担任什么职务。如果仍然维持现状,只是一个负责打击人口贩卖、森林环境保护等方面的副总理职位,则说明巴育和巴威确实是分工明确,默契一致,我们所看到的一切只是二人在表演"二人转"。但是,如果巴威被任命为副总理兼任国防部部长或兼任内务部部长,抑或是副总理兼管国家警察总署,则说明二人之间裂痕已深,我们最近所看到的所有政治斗争都是巴威与巴育的政治角力与博弈。

4. 盟友逼宫、学生示威,巴育能否借内阁调整化解危机[①]

2020年7月15日,主管经济的泰国副总理颂奇携家人赴春蓬府休假庆生,当天是他的67周岁生日。当日下午,他收到来自泰国总理巴育的一条短信:"感觉很为难,很糟糕,不知道当面如何启口。"颂奇立刻回电巴育。巴育在电话里强忍着尴尬告知颂奇:因为政治层面的原因,政府经济事务团队必须要进行调整。颂奇闻言,表示理解巴育总理的处境,并表态会立刻携自己的门生——"四王子"团队(即财政部部长乌达玛、能源部部长颂提拉、高教与创新部部长素威和总理府副秘书长高萨)辞职。

仅仅在一周前,"四王子"刚刚高调宣布退出公民力量党,并表示将在巴育的统率下,继续干好本职工作,服务国家和人民。当时笔者的判断是,"四王子"团队是以退为进,与公民力量党决裂,向巴育效忠,希望能够得到他的支持,继续留在内阁名单中。然而,在公民力量党的巨大压力下,巴育最终不得不狠下决心,暗示(几乎是明示)颂奇副总理与"四王子"团队主动辞职。

7月16日,乌达玛、颂提拉、素威和高萨四人就前往总理府递交了辞呈,并拜祭了四面佛和土地公婆神龛,正式宣告暂时离开政坛。

四天后,7月20日,总理府常任部长、泰国国家发展党党魁泰万毫无征兆地宣布辞职。同日,已于6月辞去民众合力党党魁一职并宣布退出该党的劳工部部长乍都蒙空亲王也宣布辞去部长职务。数日之间,6名内阁重臣密集辞职,令此前一直甚嚣尘上但暧昧不

[①] 本文于2020年7月27日发表于澎湃新闻·外交学人。

清的内阁调整不得不提上议事日程。巴育已经明确表示,他将尽快调整内阁,争取在8月之内完成此项工作。

内阁调整就是利益重新分配,各个政党、各个派系都会展开激烈角逐。尤其是作为执政联盟第一政党的公民力量党,自然希望能够通过这次调整,控制政府各要害部门,为下一次大选提前做好准备。但是,在新冠疫情导致经济大幅衰退的背景下,巴育更多的希望寻求经济领域专业人士加盟,提振经济,安抚民心,稳固政权。他和公民力量党之间,不可避免地会出现利益分歧。

所以,这次内阁调整对于处于权力中心的巴育总理而言,绝对是一次大考。人民将通过内阁成员人选,判断巴育是否如同他6年前发动政变时所承诺的,全无私心,一切以国为重、以民为重。而作为公民力量党推举的总理候选人,巴育如何做到以国家利益为重的同时,满足公民力量党的诉求?

挑战总理:公民力量党的强硬诉求

公民力量党巴威派系从4月份开始便处心积虑将颂奇派系的"四王子"团队逐出内阁,一方面是因为颂奇派系占据4个内阁席位,导致巴威派系部分骨干成员无法晋身内阁部长,更为重要的是,颂奇派系的乌达玛和颂提拉二人所掌控的财政部和能源部在泰国政府内具有特殊重要性。尤其是能源部,尽管部门预算少于工业部、农业部等部,但是麾下拥有泰国石油公司、电力公司两大国企巨头,其权力之大、资源之富,令公民力量党内众多派系大佬垂涎三尺,而能源部部长一职也成为本次内阁调整竞争博弈的焦点。

早在2019年组阁时,公民力量党"三友派"核心人物素利亚便已经表达出强烈的愿望,希望担任能源部部长,但是巴育最终任命时任公民力量党秘书长颂提拉出任能源部部长,素利亚任工业部部长。此后,素利亚一直没有放弃这一愿望,始终紧盯着这个位置。

自从巴威夺党事件爆发后,媒体便在猜测,如果颂提拉被免去能源部部长职务,哪些经济领域的知名人物可以担此重任。在坊间流传的巴育内阁名单中,前交通部助理部长、泰国石油公司前总裁派林、高管素帕纳鹏等人都是这一职位的有力竞争者。

7月16日,颂提拉正式辞去能源部部长一职后,媒体报道巴育已经征求派林意见,希望他出任能源部部长。而在利益面前,公民力量党多位执委和议员不惜开罪巴育,公开宣称能源部部长职位系本党应有的名额,颂提拉卸任后自然应由本党推举继任者接替。其中,表现最为积极的是公民力量党众多副党魁之一的派汶。

7月20日,派汶在接受记者采访时表示:"根据各参政政党议员人数比例,能源部部长是公民力量党的席位,如果要任命非本党人士担任部长,必须要通过本党党员大会批准……他(派林)曾经担任过泰国石油公司的总裁,存在利益重合之处,更加不应该担任能源部部长。如果他出任这一职位,将如何向社会解释?"

派汶认为,素利亚的个人素质全面,毕业于加州大学伯克利分校,在商业经营方面也获得巨大成功,是能源部部长的最佳人选。派汶还抱怨,作为最大的参政党,公民力量党在内阁席位分配上受到了不公正的待遇。他强调,能源部部长这一席位的任命,决定着这次内阁调整方案的正确与否,如果公民力量党不能执掌此部,将无法向本党议员和党员们交代。

派汶的这番讲话在泰国朝野引起巨大争议,大多数时事评论人都对此持批评态度。他们普遍认为,派汶的做法是向巴育在示威,逼迫巴育让步,在国家遭遇危机之时,仍将政党和政客个人利益凌驾于政府之上,"吃相太难看",这种做法非常值得商榷。就连同为公民力量党执委的"三友派"另一核心人物司法部部长颂萨也公开批评了派汶的言辞。

就在派汶发表上述言论的次日,公民力量党便召开议员大会和执委会会议。根据会议形成的政党决议,拟推荐巴威担任副总理兼任内务部部长,素利亚由工业部部长转任能源部部长,新任秘书长阿努查担任工业部部长,该党议员协会主席素察出任劳工部部长,该党执委、总理府发言人纳乐蒙出任总理府常任部长。

硬核总理:"内阁调整我说了算"

从公民力量党的角度出发,作为执政联盟第一大党,他们的诉求完全合理。

一是民主党党魁朱林担任副总理兼商业部部长,自豪泰党党魁阿努挺担任副总理兼公共卫生部部长,巴威作为公民力量党党魁,理应担任副总理兼任某一个重要部长职位。内务部是泰国各部中最有权势的部门,所有的府尹、县长均由该部任命,是中央政府与地方联系的最主要渠道。尽管现任部长阿努蓬上将与巴育、巴威均系"同一战壕的战友",但是阿努蓬并非公民力量党成员,公民力量党部分执委认为,阿努蓬占据着如此重要的职位,但是在工作中并未为本党谋取利益,对政治资源是一种极大的浪费。因此,他们极力主张巴威直接执掌此部,为下一步的地方选举和全国大选打好基础。

二是财政、能源两部长席位不能都是总理手中的"公共名额",公民力量党深知财政部部长一职在国家经济事务中的重要意义,所以放弃对这一职位的争取,但强调能源部部长必须由本党人士出任。

三是阿努查作为公民力量党新任秘书长,必须入阁。在泰国政党制度中,党魁和秘书长是政党的核心,秘书长的重要性远在副党魁之上。泰国政治史上曾经多次出现执政党党魁出任总理,秘书长担任副总理的组合。所以,阿努查秘书长入阁完全合乎情理。

四是希望获得劳工部部长席位。公民力量党认为,新冠肺炎疫情导致失业人数暴增,劳工部在后疫情时代将会在劳工培训、促进就业等方面发挥关键作用,如果能够获得该部,将有助于增加本党的民众支持度,进而赢得下一次大选。公民力量党强调其推荐的劳工部部长人选素察少年时在码头做过7年苦力的经历,试图证明素察了解底层民众生活,更有助于与劳工之间的交流联系。

公民力量党的每一条理由看上去都那么充分,但是巴育并不完全认可。他公开表示:"我已经与巴威副总理商量过了,我们不认为内阁席位是属于政党的份额,我只需拿出最合适的方案便可。我非常感谢公民力量党各位党员,每个人都有表达意见的权力,但是最终做出决定的人是我。"

这番话暗含三重含义。首先,否认了外界关于他和巴威之间存在裂痕的传言,表明二人仍然一条心,遇大事先商量。其次,拒绝了公民力量党内部按照政党议员比例分配内阁议席的要求。最后,展示了一名通过政变上台的前军方领袖不屈从于传统政党政治的强硬立场。

随后,公民力量党党魁巴威也公开宣称,自己绝对不会接受内务部部长的提名。他向记者们说:"我走路都走不稳了,怎么可能去干内务部部长呢。"这番话在外界听来,非常符合逻辑。因为内务部部长需要经常去外府视察,是个体力活,而且内务部办公大楼还没有电梯。

与此同时,外界也传出巴育总理驳回了公民力量党此前的调整方案,要求将此前提议的5个职位的调整减少至2个,而且强调素利亚不能担任能源部部长。由于此前派汶在能源部部长席位问题上公然挑战巴育总理权威,所以巴育希望通过在这个席位上的还击展示自己驾驭政局的能力。

当然,巴育在打压公民力量党的同时,也做出了一定的让步。比如,在能源部部长人选方面,既未让素利亚遂愿,但也很可能不启用派林,也算给了素利亚一个台阶。再比如,公民力量党希望获得劳工部部长席位。此职之前由民众合力党前党魁乍都蒙空亲王担任,他于6月退党后民众合力党第一时间召开会议,宣布将推荐该党创始人之一,泰国著名学者、兰实大学副校长、东方研究院院长阿奈·劳塔玛塔教授出任劳工部部长。该党创始人素贴也多次公开表示本党绝对不会放弃劳工部部长席位。7月22日下午巴育亲自打电话给素贴,表示阿奈教授是学界名人,且曾任高校高级管理人员,是高教与创新部部长的不二人选,希望民众合力党将劳工部部长让给公民力量党的素察。巴育的想法得到了素贴的理解与支持。

这个消息被媒体报道后,泰国高校界立刻表示强烈支持总理的决定,认为阿奈出任高教与创新部部长将会极大促进泰国高等教育。巴育此举可说既满足了公民力量党的要求,又展示自己在内阁成员配备上"唯才是用"的理念,也与他此前所表示的"将拿出最合适的方案"相呼应,收到"一箭三雕"之效。

巴育在与公民力量党的博弈中之所以似乎仍占上风,笔者认为,这里涉及一个问题:究竟是巴育需要依靠公民力量党支持才能出任总理,还是公民力量党依靠巴育的声誉和影响才能赢得大选?

客观地说,巴育和公民力量党之间是相互依存关系,但是随着公民力量党内斗、部分议员素质低下等事件不断曝光,公民力量党可能更多地需要依靠"维稳英雄"(2014—2019)、"抗疫英雄"(2020)巴育总理的号召力,才能与为泰党、民主党和远进党去较量。正因此,巴育才敢反复在媒体面前放言:"内阁调整决定权在我!"

当然,现在的内阁名单仍然只是一种方案,距离巴育所说的8月份完成调整还有一段时间。这段时间内,公民力量党能不能成功逼迫巴育接受其方案,仍未可知。

抗议燎原之势渐起,巴育左右受敌

自2014年政变上台以来,巴育担任总理已经六整年。前五年,军政大权集于巴育一身,杀伐决断,所向披靡。但2019年大选以来,巴育这一年过得并不如意。

一方面要改变原来的"政变总理"形象,学着适应议会政治,在议会中与为泰党、远进党、自由合泰党等反对党周旋,耐着性子接受反对党的猛烈批评,有时甚至还要赔笑脸。

另一方面,要协调执政联盟各参政党之间的关系。作为公民力量党唯一总理候选人,既要最大可能满足该党的利益诉求,又要保持自身执政独立性,避免被反对党和媒体、民众批评是"公民力量党的傀儡""巴威上将的跟班"。

自豪泰党、民主党以及其他中小政党虽然是盟友,但在很多关键问题上也给巴育施压,不断考验他的政治定力和政治智慧。更艰难的是,第二任期刚开始,便遭遇新冠肺炎疫情,凭借着《紧急状态法》,巴育主导的集权式防疫模式获得巨大成功,但泰国经济也面临着史上最大的衰退风险。如何尽快恢复经济,稳定民心,是巴育当前最大的难题。

事实上,反对巴育政府的力量一刻也没有停止推翻他统治的努力。若不是新冠肺炎疫情暴发,2月新未来党被解散后巴育便要面对持续不断的学生集会、街头游行活动。泰国政府启用《紧急状态法》后,反政府集会游行只能偃旗息鼓。但是,随着泰国连续60天未出现本土新增病例,年青一代的反政府集会又重燃火花。

7月17日,一个名为"解放青年团"的年轻人组织在网络上号召次日在曼谷民主纪念碑举行集会。尽管泰国政府并未取消《紧急状态法》,但短短一天时间,竟然有数千人到场,声势之浩大出人意料。最令人吃惊的是,竟然有800万人次通过互联网社交平台观看了这次集会的现场直播。此后几天,全泰各府多所高校与"解放青年团"合作,举行反政府集会,燎原之势渐起。"解放青年团"提出三大诉求:解散议会、停止恐吓人民、修改2017版宪法。

左有老套陈旧的政治倾轧和政治威逼,右有声浪喧天的学生运动和街头示威,"硬核总理"巴育能治得了只顾私利的政客,究竟能否安抚思想激进的年轻人？这里还需要打一个大大的问号。

泰国议会近日已经通过议案,要求成立相关委员会,倾听年轻人群体的声音。如果巴育能平衡政坛各方力量利益诉求,以最大的公心尽快实施内阁调整,向民众和年轻人们展示他驾驭政局和一心为公的形象,或能转危为机,倘若巴育在接下来的内阁调整中最终屈服于一心利己的政客们,他第二任期的第二次内阁恐怕也只是昙花一现。

第三部分
王制存废

一、王者传奇

1. 世间再无普密蓬[①]

2016年是泰国国王普密蓬·阿杜德登基70周年,普密蓬是全世界国家中在位时间最久的君主,自1946年登基以来,一直在泰国民众心目中有着极高威望。当年10月13日,普密蓬于当天15时52分去世,享年89岁。数千民众当天聚集在普密蓬所在的诗里拉吉医院外为他祷告。巴育总理宣布,泰国将进入为期1年的哀悼期。2017年10月26日,普密蓬国王葬礼在王家田广场举行,举国缟素。普密蓬的去世,代表着一个时代的终结,也预示着泰国政治将进入新的动荡期。笔者谨以此文,回顾普密蓬传奇、光辉而又曲折的一生。

神奇命运

1927年12月5日,普密蓬出生于美国马萨诸塞州。他的祖父是泰国历史上最负盛名的朱拉隆功大帝。谁也未能想到,这个小孩未来会成为与朱拉隆功大帝齐名,甚至某种程度上已经超越他的伟

[①] 本文于2017年10月29日发表于泰国网公众号。

大君主。

因为,就出身而言,当时的普密蓬成为君主的可能性微乎其微。他的父亲,宋卡王子玛希敦·阿杜德是朱拉隆功大帝的第86位子女。不知有没有人对普密蓬的堂兄弟数量做过统计,我想那一定是一个庞大的数字。暹罗王室秉承由父及子、由兄及弟的继承传统,就逻辑上推理,普密蓬登基的机会确实渺茫。

然而,命运就是这般地神奇。

1932年6月,一群自命为"人民之党"(简称"民团")的人推翻了君主统治。君主虽然得以保留,但已坠下神坛,王室地位一落千丈。

当时的普密蓬面临着人生的艰难岁月。1929年,他的父亲玛希敦英年早逝,留下遗孀及三个孩子。由于王室地位衰微,且遭遇世界经济大萧条,据笔者推测,普密蓬一家所能得到的津贴,应该已经无法维系作为王室成员在曼谷的体面生活。

玛希敦生前与妻言,暹罗外交部美国顾问弗朗西斯非常推崇瑞士洛桑的一所寄宿制学校,或许是子女求学生活之理想去处。1933年,也就是玛希敦逝世后的第四年,"民团"政变后的第二年,年仅6岁的普密蓬跟随母亲远赴瑞士,在罗曼德寄宿学校继续学业。

也正是这一年,忠于君主的势力对通过政变上台的执政者进行了反击,但最终以失败告终,保皇派大势已去。1935年,普密蓬的伯父、拉玛七世以赴英医治眼疾为由,黯然去国,随即宣布逊位。

既然君主之位并未废黜,寻找合适的王位继承人成了当务之急。遍查朱拉隆功大帝的孙辈,第86个子女玛希敦王子的长子、普密蓬的胞兄、九岁的阿南达王子成为拉玛八世。尽管并未立刻回国加冕登基,但幼王阿南达令一家人的境遇有了明显的改善,至少不再为日常开支而犯愁。

涉猎广泛的王弟普密蓬也因此得以接受更好的教育。摄影、萨克斯、滑雪,乃至绘画,都成为伴随他一生的兴趣爱好。

二战结束后,已然长大成人的阿南达国王回到泰国,正式履职。王弟普密蓬形影不离,伴随左右。阿南达国王曾携普密蓬王弟,御驾亲临唐人街三聘地区,嘘寒问暖,体察民情,令旅泰华人感动不已。他们也一起乘坐御船,巡游湄南河,上至阿瑜陀耶,寻访古迹。阿南达和普密蓬这对兄弟,从小一起长大,不仅面容酷似,更是情比金坚。

无论在曼谷,还是去外府巡视,普密蓬都会用自己随身携带的相机为王兄记录下重要瞬间。回到宫中,他还会记录下王兄每日的行程详情。字里行间,充满了对兄之爱。

我曾拜读普密蓬国王某本著述,提及他对兄长之爱:"朕深爱王兄,朕只想做一个普通的王子,永远伴随兄之左右……"其情至深,其言恳切,发自肺腑,绝无矫揉造作之情。

然而,1946年6月,普密蓬深爱之王兄、泰国拉玛八世阿南达国王于寝宫中遇刺,至今真相未明。在失去爱兄的巨大悲恸之中,普密蓬继任拉玛九世国王。

神仙眷侣

为了更好地储备知识,成为一位合格的君主,尚未从失去王兄的伤痛中走出来的普密蓬国王没有急于举行加冕典礼,而是重返瑞士,继续求学。

普密蓬国王对于理工科方面很有天赋,也非常感兴趣,但是为了掌握足够的治国理政才能,他毅然放弃理工类专业,转而学习政治与法律。

求学期间,普密蓬经常从瑞士去法国游学。正是在这个时期,他结识了时任泰国驻法大使的千金诗丽吉。据说他们的交往始于1948年,年轻的普密蓬国王去巴黎购车时,与诗丽吉邂逅。

诗丽吉亦出身名门,其父曾在多个欧洲国家担任高级外交官。

14岁起,诗丽吉便随父母到欧洲,在英法等地名校学习。她不仅精通多国语言,更是受欧洲文艺熏陶,于艺术方面有很深造诣。

两位才华横溢的年轻人,相识之后,发现有着诸多共同的兴趣爱好,尤其是诗丽吉美妙的钢琴演奏引发了普密蓬的心灵共鸣。之后,二人感情上急遽升温,但囿于身份及其他考虑,只得"盈盈一水间,脉脉不得语"。

然而,不久以后,一场突如其来的车祸却促使二人结为秦晋之好。1948年10月的某一天,普密蓬在驾驶一辆汽车由日内瓦至洛桑途中,与一辆卡车追尾,伤情严重,需住院数月。在昏迷之际,普密蓬脑海里只想着两个人,一位是生他养他的慈爱王母,另一位便是他念兹在兹的意中人诗丽吉小姐。

王母诗纳卡琳对儿子心意心领神会,旋即召诗丽吉赴瑞士御前侍病。在温柔贤淑的诗丽吉小姐的悉心看护下,普密蓬伤情逐渐好转。令人遗憾的是,他的右眼从此失明。不过,正所谓"塞翁失马,焉知非福",普密蓬失去了一只右眼,但换来了一生的爱情。

1949年7月,普密蓬与诗丽吉在瑞士洛桑订婚,并于普密蓬举行加冕典礼一周前在泰国大王宫中正式结为伉俪。

泰国历史上,国王大多有数位王妃,有时可能会多达几十位。比如,拉玛四世和拉玛五世,子嗣甚多,可以推断有很多位王妃。自拉玛六世瓦栖拉兀开始,崇尚君主一夫一妻制,但并未强制执行。也就是说,如果普密蓬国王希望纳妃,亦未尝不可。

但是,终其一生,陪伴在普密蓬国王身边的只有诗丽吉王后一人。年轻时,英俊潇洒的普密蓬国王与魅力四射的诗丽吉王后被誉为亚洲王室的一对神仙眷侣,令世人羡慕不已。诗丽吉王后气质高雅,每次陪同普密蓬国王接见外宾,或是出访他国时,她的着装打扮都会成为时装界瞩目之焦点,名媛淑女争相效仿,引领亚洲时尚潮流。

随着岁月推移,年迈的国王与王后,依然相爱如初。在岁月的洗礼下,普密蓬国王眼神更为坚毅果敢,而诗丽吉王后则显得越发笃定从容,周身散发着王者魅力。如同年轻时你侬我侬,年迈的国王夫妇依然形影不离,十指紧扣,对视之时,目光写满温柔。

普密蓬与诗丽吉的爱情故事,正是童话故事里的王子与公主的真人版。他们的传奇,注定为世人铭记。

王室中兴

1950年,普密蓬完成学业,回到故土,加冕为拉达那哥欣王朝第九世国王。普密蓬宣誓,他将"为泰国人民的利益及幸福进行正义的统治"。

他始终未能忘记,兄长驾崩后,他临危受命,成为第九世王。在返回瑞士继续学业之时,万民争相送行。当他乘坐的轿车驶过送别的人群前时,他清晰地听见一个声音:"国王请不要抛下我们!"多年后,他回忆这一幕时,深情地说,"倘使百姓们不抛弃我,我怎么可能抛弃黎民百姓?"

然而,残酷的政治现实最初并未给予普密蓬造福万民的机会。

1932年军事政变后,王权式微,尽管王室代表一直为恢复君主权力而不懈努力,但依然无法与掌握了枪杆子的军人集团相抗衡。

二战时期,泰国在"军事强人"銮披汶的领导下,与日本结盟,搭上日本战车。随着战争形势扭转,盟军逐渐夺得战争的主导权,1944年銮披汶主动下野,战后被短暂监禁。普密蓬国王加冕前,銮披汶东山再起,二度执政。他出身行伍,在军界政界根深蒂固,党羽众多,对普密蓬这位年轻的海归君主不屑一顾。在銮披汶近乎独裁的威权统治下,普密蓬国王空有满腔抱负,英雄无用武之地。造福人民的赤诚热情,被政治现实无情地浇灭。

但他不愿意只做一个在深宫之中养尊处优的君主,在宫墙的阻隔之下,与子民渐行渐远。于是,他在宫中专门建了一个王家电台,亲自担任打碟的 DJ。每逢周末,他还会邀请爵士乐好手进宫,组成乐队进行演奏,向全国直播。通过音乐,国王与他的子民心灵互通。

1957年,銮披汶赴美访问,回国后标榜建立民主国家,自导自演了一场"议会选举",由于舞弊成风,引发民众不满。此时,另外一位强人沙立元帅指责銮披汶蔑视君主,发动军事政变。銮披汶不得已从泰柬边境出逃,前往日本避难,最终客死他乡。不久后,沙立在普密蓬的支持下,出任总理。

这对于普密蓬来说,是一个极为重要的转折点。沙立元帅时期见证了王室中兴。全国所有中小学都被要求悬挂普密蓬国王的大幅画像和照片,泰国国庆日也从之前的1932年政变日"6·24"改为普密蓬国王生日"12·5"。朱拉隆功大帝时期废除的一些仪式,沙立元帅以法令形式予以恢复,极大地提高了王家尊严。沙立元帅对于王室的尊重,令其在死后备受哀荣。1963年12月,沙立去世,全国进行了二十一天国丧。他的遗体上方使用王室人员才有权配享的御用五叠御顶。

从沙立时期开始,普密蓬国王先后经历了近二十次政变,数十位总理。在波谲云诡、惊涛骇浪之中,普密蓬国王由昔日銮披汶眼中可以"玩弄于股掌之上"的年轻君主,逐渐成长为一位政治成熟,富有魅力,在民众中享有崇高威望的有道明君。

爱民如子

笔者经常被问到这样一个问题:普密蓬国王为何如此受到泰国国民爱戴?我想无外乎以下两点原因。

首先是他独特的个人魅力。他才华横溢,爱好广泛。他的音乐造诣举世皆知,"摇摆爵士乐之王"绝非浪得虚名。除此以外,他在航海方面也极有成就。1966年4月,普密蓬国王乘其自行设计的小艇横渡泰国湾(自华欣至梭桃邑),行程60海里,用时17小时。1967年第四届东南亚半岛运动会帆船比赛中,他与长女乌汶叻公主共同赢得金牌。这些成就都让泰国百姓们坚信,这位勇敢无畏、不惧挑战的君主,是上天派来拯救黎民苍生的圣主,是"行走在地上的神"!

当然,更重要的是,普密蓬以自己的爱民如子重新为王族赢得了神圣地位。在位数十年间,他几乎走遍泰国的每一个府,去看望他的子民,向他们致以亲切的问候。泰国数百年的传统观念中,国王是神的化身,普通百姓觐见国王时,必须匍匐于地,不可抬头观望,如有违者,会被视为"大不敬"。然而,普密蓬国王打破传统束缚,走到田间地头,与百姓们零距离接触,让他们真正地感受到了君主如父。甚至,国王有时还双膝跪于百姓面前,垂听他们的心声。

泰国最贫穷落后的东北部地区的百姓们绝对不会忘记,普密蓬国王亲自驾驶着汽车,在泥泞的山道上艰难地行驶,为的就是深入民间,真正了解子民们的疾苦。当普密蓬国王看到大地干旱龟裂,他凭借着智慧为百姓们送来人工降雨,百姓们敬之为"王雨"。

每到一处,普密蓬都会详细了解当地风土民情,用相机捕捉一切有价值的瞬间。他的相机所拍摄的,不光是旖旎风光和王室成员,更多的是黎民苍生,他的虔诚子民。国王亲自担任摄影师,为普通百姓拍照,这在全世界也是绝无仅有。泰国的一千铢钞票上所印的国王形象,正是作为"摄影师"的普密蓬国王。

为提高百姓生活水平,普密蓬动用王家财产,设立王家计划,以现代化的理念做好民生工程。他的王家计划,令泰北的罂粟花被鲜花美景替代,令百姓们能吃到富含维生素的鱼类,令频发的洪涝灾害得以缓解。为了做到这些,他甚至会亲自在王宫中试验几年,成功以后,方才在民间推广。目前,王家计划已有4000多项,覆盖人民生活的方方面面。其中,"王家奶片"最为中国游客所熟知。

正因为此,泰国民众亲切地称呼普密蓬为"父亲"。鉴于普密蓬国王在农业方面的突出贡献,2006年5月26日,联合国秘书长安南亲赴泰国,为普密蓬国王颁发了全球第一个"联合国开发计划署人类发展终身成就奖"。

定海神针

随着威望日盛,普密蓬国王在国家政治生活中的"定海神针"作用也愈发明显。

按照西方对于君主立宪制的定义,君主其实在国家政治生活中象征意义多于实际意义。然而,普密蓬国王却凭借自己独特的个人魅力与超人的政治智慧,成为政坛不倒神柱、定海神针。

炳上将执政之时,有另一派军人集团发动政变。但普密蓬国王坚定地支持炳上将,并且驻跸于炳上将的军营之中,以示坚定。最终,危机化解,炳总理执政八年。之后,炳长期担任枢密院大臣,至今仍然是枢密院主席,忠心辅佐先王之子拉玛十世。他与普密蓬国王之间的私交情谊一直为人津津乐道。

再举个例子,20世纪90年代,素金达上将发动政变,占隆发动民众上街示威游行,双方发生冲突,导致数人丧生,局势陷入混乱。最终,普密蓬国王出面,素金达与占隆跪俯于国王身前,聆听圣谕。素金达领受圣谕,自逐于海外。其后数次政治危机中,普密蓬国王均发挥着镇海神针之作用,王室成为泰国政坛上最为重要的一支力量。

普密蓬国王不单在泰国政坛是神一般的存在,在对外交往方面,他也为泰国在国际上的良好声誉做出了不朽贡献。普密蓬国王与诗丽吉王后对外开展的"王室外交",帮助泰国与世界上几乎所有君主制国家都保持着相当友好的关系。英俊的不丹国王视普密蓬为偶像,令泰国与不丹结下特殊友好关系。泰国与英国、日本、阿联酋等其他国家也结下密切友谊。

在对华关系方面,普密蓬国王对于"中泰一家亲"的友好关系发挥着不可替代的作用。1975年,在国王的批准下,克立·巴莫总理率团访华,并与周恩来总理签订中泰建交公报。尽管两国正式建交,但两国关系始终受到一些消极因素影响,时好时坏。直至邓小平访泰,受到普密蓬国王亲切接见,并就联手对抗地区霸权主义达成一致。看到国王与邓小平谈笑风生,泰国国民的"恐华""恐共"心态顿时消失,中泰从此进入蜜月期。

普密蓬国王高度重视中泰关系。尽管他本人未能亲自到访北京,但是他将爱女诗琳通公主送到北京,学习研究中国文化。诗琳通公主受父王嘱托,先后数十次访华,足迹遍及华夏大地,为亿万中国人民所喜爱,是"中国人民的老朋友",为推进中泰两国友好关系做出巨大贡献。据说,普密蓬国王曾经开玩笑地说,"(诗琳通公主)是中国驻泰国特别大使"。

三公主朱拉蓬醉心于中国古典文化,先后在中泰两地举行"中泰一家亲"古筝演奏会,并受聘担任国内多家大学名誉教授。此外,国王还曾委托诗丽吉王后及现任国王哇集拉隆功访华,并亲自接见多位访泰的中国领导人。

普密蓬国王对于中泰友谊所做出的贡献,足以彪炳史册。

结语

2016 年 10 月 13 日,在位 70 年的普密蓬国王走完人生的最后里程,与世长辞。

"行走在地上的神"完成在世间之使命,受诏返回天庭。

笔者有幸目睹国王离世后泰国民众对王发自肺腑的爱戴,刚刚结束的世纪葬礼更是国王这一生的最好的墓志铭。

完成这篇文章的时候,笔者正在飞往泰国东北部乌隆府的飞机上,在高空中俯视着国王治下的土地。我想,已经返回天庭的普密蓬国王一定会凝望着他的故地与子民,用他的神力护佑这个美好的国度。

国王从此可以如飞鸟一般,自由地飞翔在泰国的天空。偶尔,国王也会飞到美国马萨诸塞,飞到瑞士洛桑,飞到法国巴黎,去回忆那些美好的过往。

　　我倾心于这不朽的传奇,我为这绝世的传奇喝彩。

　　我仿佛看到天庭之上,王在微笑。

　　天下时有风云动,世间再无普密蓬。

　　扶摇直上九万里,但留传奇在人间。

2. 炳·廷素拉暖上将：泰国现代政治"活化石"①

2019年5月24日，泰国大选产生的新一届国会正式开幕。拉玛十世哇集拉隆功国王携素提达王后亲临致辞。当天，还有3个月就满99周岁的泰国政坛元老炳·廷素拉暖上将命人从衣柜中取出胸前挂满勋章的白色公务制服，准备以枢密院主席身份出席国会开幕。无奈身体状态已不允许，最终他只能在家中通过电视观看现场直播。

两天后的清早，炳·廷素拉暖上将在帕蒙固告医院因心脏衰竭而去世。消息传出，泰国举国震惊，上下同悲。尽管早已预料到这一天的到来，但没想到来得这么突然。就在刚刚过去的泰历新年宋干节，记者们到炳上将的府邸"四柱宫"拜访时，还给他鼓劲："一定要再活上21年，120岁！"

当天，泰国王室宫务处发布公告，拉玛十世国王对炳上将的逝世致以最深切的哀悼，钦赐立棺，并谕令诗琳通公主5月27日下午亲临云石寺代表国王主持炳上将葬礼；6月2日"头七"之日，国王将携王后亲赴云石寺吊唁。同日，泰国总理府发布公告，要求政府及其他公务单位从5月27日至6月2日期间降半旗悼唁，政府工作人员则从5月27日至6月17日（除6月3日外）期间戴孝21天。

炳上将作为泰国前总理、前摄政王、枢密院主席，作为除王室重要成员外唯一一位被海陆空三军均授予上将军衔的泰国军人，生前

---

① 本文于2019年5月30日、31日连载发表于澎湃新闻·外交学人。

轰轰烈烈,死后哀荣备极。炳上将的一生,几乎贯穿了泰国现代政治发展的整个历程,也见证了泰国王室由衰而兴,重新成为泰国民众精神支柱的全过程。尤为重要的是,他不仅是历史的见证者,更是历史的参与者、推动者,乃至塑造者。

从骑兵学员到政府总理

1920年8月26日,炳·廷素拉暖出生于宋卡府宝扬镇,家中兄弟姐妹共8人,炳排行老六。"炳"意为"快乐",是洛坤府帕玛哈塔寺副方丈所取。而他的姓氏"廷素拉暖"则是拉玛六世国王所赐。

炳·廷素拉暖18岁以前基本上都是在宋卡府度过。读完初中后,由于家境平凡,炳放弃了最初的从医梦想,考取泰国陆军技术学校(后改名为泰国陆军尉官学校),从此开启他戎马一生的军旅生涯。

入军校时,他曾立志仿效当时的"强人总理"銮披汶元帅,成为一名炮兵。但是,他却被分配到骑兵专业学习。1938年,他从军校毕业,先后参加泰法战争和太平洋战争。两次战争期间,炳分别奔赴柬埔寨波贝与缅甸景栋参战,战功显赫。1953年,他被派往美国肯塔基州美军装甲兵学校学习。回国后,他被任命为陆军装甲兵学校副校长,1968年被擢升为骑兵中心少将司令。担任此职务期间,他经常语重心长地与部下交谈。面对那些年轻的脸庞,孑然一身、无儿无女的炳心生怜爱,自称为"爸",而称呼他们为"孩子"。这也正是"炳爸"这个温暖的称呼之由来。

1973年,炳离开骑兵中心,奉调前往泰国东北部,出任第二军区副司令。从此,他的仕途便驶入了快车道。副司令仅当了一年,便被提升为军区司令,军衔也升为中将。3年后的1977年,他被任命为陆军司令助理,上将军衔。如同前次一样,仅一年后,他便荣升陆军司令,成为泰国军界最具权势之人。

他在军界仕途一路通畅,离不开政治上的积极参与。1959年,年仅38岁的炳被推翻銮披汶的沙立元帅任命为宪法起草委员会委员。他侬·吉滴卡宗掌权时期,1968年,炳被任命为参议员。1972年,又被任命为立法议会议员。

熟悉泰国政治的读者都知道,现代泰国政治最大的特点便是军人集团的长期干政与执政。从銮披汶到沙立,再到他侬,军人集团一直独霸政坛,直至1973至1976年,才出现了短暂的"文官试验时期"。然而,政党政治的不成熟使得执政的文官政府无力解决国内矛盾,军人集团决定通过政变达到重新掌权的目标。

1976年,海军上将沙鄂·差罗约发动政变,推翻社尼·巴莫政府,指定他宁·盖威迁担任总理。他宁是极右势力,思想较为极端,受到各方抵制,无法控制政局。军方于1977年再次发动政变,陆军司令江萨·差玛南接任总理。

炳参加了这两次政变,因其忠诚果敢而获得军方高层的信赖。在江萨出任总理之后,炳被任命为内务部助理部长,并一直是内阁成员。1979年,他被任命为国防部部长,兼任陆军司令,他的军旅生涯到达了顶峰。这一年,他58岁。

本以为再过两年就可退休颐养天年,没想到这才是炳上将辉煌人生的真正开端。由于江萨执政期间,恰逢国际油价飙涨,致使泰国国内通货膨胀,外债增加,财政赤字。前总理克立·巴莫领导的社会事务党要求议会展开辩论,并要求对江萨总理进行不信任投票,江萨被迫辞职。议会召开会议,讨论接替人选时,炳·廷素拉暖成为军方与政党一致认可的不二人选。据说,克立·巴莫早在1976、1977年就在《沙炎叻报》上发表文章,认为军队中堪当总理大任的唯有炳上将,当时的他还只是陆军司令助理。

1980年3月3日,普密蓬国王下旨,任命炳上将出任第16位泰国总理。从此,骑兵炳·廷素拉暖开启了人生的第二段奇妙旅程。

力挫两次未遂政变

炳前后一共担任了8年总理,横跨3个任期,是任职较长的一位军人总理。担任总理期间,炳遭遇过2次未遂军事政变,其中一次其实已经成功,但他依然化险为夷,安然度过。

第一次政变发生在1981年4月,史称"四月夏威夷政变"或者"杨德政变"。政变发起者大多为泰国陆军尉官学校第7期毕业生,为首者为陆军副司令汕·集巴迪玛。当时的泰国军界,山头林立,最有权势的便是"陆校7期生"。据说他们掌握了绝大部分的作战力量,自称为"杨德"(Young Turk)。沙鄂两次发动政变,"7期生"均为后盾。而他宁、江萨、炳这三任总理之所以能上台,也都得到了"7期生"力挺。

可是,炳担任总理后,有两个举动惹怒了"7期生"。一是他为了平衡军队势力,大力启用"陆校1期生"(如差瓦立·永猜裕)和"陆校5期生"(如阿铁·甘朗逸),令"7期生"派系出现了危机感。二是1980年10月1日,在阿铁等人的联名上书下,陆军决定为炳总理延长服役年限,以继续担任陆军司令。此举直接导致担任陆军副司令的汕·集巴迪玛失去了晋升陆军司令的机会。

4月1日凌晨两点,"杨德"集团调动42个营的兵力迅速控制曼谷,软禁了泰军最高司令森姆·纳·纳空以及差瓦立·永猜裕等军队要员,并在电视台发布夺权公告。而且,政变者还宣布取消宪法、解散议会,并任命了一批高级官员。电视台里播放着代表胜利的乐曲,街头满是简易工事和巡逻的士兵。在某种程度上,政变已经成功。

炳在卫队的保护下入宫觐见普密蓬国王。普密蓬作为君主,理论上应超然于政治,不应有任何政治倾向。但是,在这个紧要关头,他毅然决然地站在炳总理的身旁。当天,普密蓬国王携诗丽吉王后以及其他王室重要成员,随炳总理一起,离开曼谷,赴泰国东北部呵叻,那里是炳担任第二军区司令的故地,可以看作炳的"大本营"。在那里,炳通过广播,向全国民众宣布,他并未辞去总理一职,政变者的行为是违宪之举。

第二军区副司令阿铁·甘朗逸指挥所属军队与叛军进行了小规模战斗,死伤不超过5人。由于王室坚定的政治立场,发动政变的一方意识到问题的严重性,几位政变主谋连夜逃离泰国,其余155名各级指挥员于4月3日清晨宣布自首。一场已经"胜利"的政变仅55个小时便被挫败。阿铁·甘朗逸因功勋卓著而被提升为第一军区司令,军衔晋升为中将。之后不到半年,又再度被任命为陆军司令助理。

经此一役,炳总理与普密蓬国王的深厚友谊从此公诸天下,各政党对于炳在危机关头的从容不迫、运筹帷幄而心悦诚服,他作为军人的硬汉形象更加深入人心,为他在之后7年的执政树立了威信,铺平了道路。

时隔4年后,他又经受住了第二次未遂政变的威胁。1985年9月9日,部分退役军官,其中包括"四月夏威夷政变"中的部分主谋,乘炳总理出访印尼、陆军司令阿铁上将出访欧洲之机,调动22辆坦克、400名士兵发动政变,控制了最高司令部、民众联络部等部门,并通过媒体宣布了政变公告,推举森姆·纳·纳空上将为首领。政变军队的坦克向第一御卫师及国家情报办公室展开攻击。以"陆校1期生"差瓦立·永猜裕以及"陆校5期生"素金达·甲巴允为主体的政府将领们迅速展开回击。战事导致一名美国记者、一名澳大利亚记者丧生。当日下午,双方停战谈判,政变宣告失败。据说,这400名士兵只是前锋部队,还有军队高层参与政变谋划,并约定当日会师。但该高层"失约不至",导致政变最终流产。当晚,炳总理返回曼谷后,第一时间入宫觐见国王,炳政府再次转危为安。

炳总理所经历的这两次未遂政变,均由"陆校7期生"为主干力量发动,其中夹杂多个派系之间的利益争夺。尤其是第一次"四月夏威夷"政变,更是泰国现代政治史上出动兵力最多的一次,共42个营的兵力控制曼谷及京畿。但炳总理凭借普密蓬国王的支持以及他本人的睿智果敢,化危机于无形,维持了政权的稳定。乃至于各政党都视炳总理为维护民主政治的英雄。1988年大选后,议员们依然希望请炳总理继续执政,以保持民主制度稳定发展。

执政八年,政绩彰著

江萨·差玛南辞去总理一职时,泰国面临的形势极为严峻。政治上,泰共问题仍未解决,国家团结涣散,社会明显分裂;经济上,国际石油危机蔓延,国内通货膨胀压力增大,而泰铢的升值压力也对泰国出口业造成了巨大影响;安全上,越南入侵柬埔寨,对泰国东部、东北部形成直接威胁。

炳·廷素拉暖临危受命,连任三届总理,既有时代的偶然性,更因其人格魅力和性格特征而具有一定的必然性。炳为人正直,官声清明,在军界、政界和媒体界都享有崇高威望。他在任期间,一改历史上銮披汶、沙立、他侬等独裁型军方领导人的霸道作风,善于团结各派力量,营造和谐氛围。他接任总理当日便亲赴前总理、著名媒体人、第一大党社会行动党党魁克立·巴莫府邸,力促该党参与组阁,受到政党一致认可。他在位8年时间,历经3次大选,分别为1983、1986、1988年,每次大选均能顺利举行。尽管他不从属于任何政党,但政党均支持他出任总理。军人集团和文官集团在友好氛围下共享权力,这在泰国现代政治史上是一段难能可贵的"黄金时期"。当然,这也从另外一个侧面印证了炳总理任内政绩彰著,可圈可点。

首先,解决国内政治矛盾,力促社会团结和谐。炳在20世纪70年代担任第二军区司令时,便深入考虑过如何解决泰国共产党问题,当时他提出了"政治优先于军事"的政策,旨在以政治劝说代替军事围剿,以柔性方式对异见者进行"招安"。1980年和1982年,炳总理办公室分别颁布第66/2523号令和65/2525号令,对泰共武装人员实行特赦,鼓励他们放下武器,走出丛林,返回城市,成为"社会建设者"。困扰泰国社会已久的泰共问题因此得到妥善解决。

其次,灵活采取货币政策,推动经济走出困境。1980年,受国际经济危机影响,泰国农产品价格急跌,泰国对外贸易逆差和预算赤字扩大。泰国采取的货币政策为与美元单一币种挂钩,但随着美元不断强硬,泰国外贸深受影响。炳总理在听取各方意见后,决定宣布泰铢贬值,以保证农产品出口价格。泰国政府连续三次宣布泰铢贬值,尤其是第三次,1980年11月2日,泰铢一次性贬值15%。

再次,软硬兼施加强外交,迫使越南从柬撤军。炳政府基本上延续了江萨时期的外交政策,但是对于江萨所采取的以谈判解决柬埔寨问题的态度有所改变,主张采取武力反击态度。在其任内,曾分别与越南与老挝发生数次武装冲突。同时,在外交方面,炳总理高度重视发展对华关系。1980年和1982年,炳总理率团两次访华,就柬埔寨问题进行磋商协调。中泰两军在战略战术方面也开展了有效交流。1984年4月28日,中国军队发起收复老山战斗,一举全歼敌守备部队。5月,泰国陆军司令阿铁上将前往老山视察,与中国军队就热带、亚热带山岳丛林战斗相互交流了经验教训。炳担任总理时期,泰国因在柬埔寨问题上的突出表现,获选联合国安理会非常任理事国。

在炳总理的领导下,泰国政治相对稳定,投资者信心攀升,经济逐年向好。至炳执政最后一年,GDP年度增长率高达13.29%,为紧随其后的将近十年的经济快速增长奠定了良好基础。炳在任期间力推的"东海岸开发项目"其实便是如今巴育政府"东部经济走廊"(EEC)的前驱。

"军队的主人是国王"

1988年7月24日泰国大选后,获胜的泰国党认为应该继续邀请炳担任总理,但是有部分学者反对炳连任4届,并发起99人签名抵制炳出任总理。炳为人正直,不愿授人以柄,主动下野,拒绝连任。

  炳本以为政治生涯就此结束，安心颐养天年。但很快，1988年8月23日，普密蓬国王下旨任命他为枢密院大臣。8月29日，国王再次下旨，任命炳为"国务政治家"。从此，他不用再处理千头万绪的政务工作，专心为国王担任顾问。他一生没有结婚，没有家室，可谓以国为家。他的忠诚与廉洁令普密蓬国王尤为信任。1998年8月4日，炳荣升枢密院主席，即国王首席私人顾问大臣。这个位置看似虚位，没有实权，实则是"一人之下，万人之上"。此时的炳上将，已经超越之前连任三届总理的荣光，成为最受泰国王室信任的"第一重臣"。

  经过数十年的耕耘与经营，炳上将在军界根基极深，加之王室的信任，炳上将的府邸"四柱宫"成为泰国军界高层聚会的不二场所。一般来说，总理仅能决定非关键职位和中下层军官的人事。大多数军界高层尤其是核心岗位的任命都是在炳上将的府中商定，再由炳上将向国王禀报，这也逐渐形成一种惯例。

  但2001年以后，这种情况发生了变化。这一年，他信·钦那瓦领导的泰爱泰党以前所未有的强势姿态席卷政坛，赢得大选。以泰爱泰党为首的执政联盟凭借着在议会中的绝对优势，强力推动多项经济复苏计划，提高政府运行效率。2003年，他信政府提前两年还清金融危机期间所欠国际货币基金组织的172亿美元债务，并将经济增长率恢复至5%以上。他还采取多项政策，帮扶"草根阶层"，如"一村一产品""30泰铢包治百病"等，深受底层民众欢迎。在外交事务方面，他信政府积极推行"进取性外交政策"，成就斐然，如发起"亚洲合作对话"论坛等。

  然而，在政治声望急遽攀升的同时，他信的强权作风也让其形象变得毁誉夹杂。从2001年起，他信开始改变军队内部的惯例，即不与枢密院商量，而直接安排军方高层人事，大量亲信和同学都被他安插到关键岗位。真正激怒炳上将的事件是2001年陆军司令素拉育·朱拉暖上将被调整至仅具象征性的武装部队总司令岗位,取而代之的是他信的堂兄猜西·钦那瓦。素拉育·朱拉暖出身特种部队,是炳上将最为信任的老部下。没有经过炳的认可,就将他调离最具实权的陆军司令岗位,这令炳开始对他信产生不满。

一位泰国专栏作家曾经披露,2006年他信被推翻前的几个月,炳上将在"四柱宫"里和朱拉隆功大学一位老师谈及他信时说道:"我并不讨厌他,但是他不适合"。而他信似乎也对此有着充分的认识。随着国内反对他信的浪潮不断掀起,他信曾或明或暗地在公众场合批评某些"置身宪法之外的有权势者"是反政府的主谋。不少媒体将这位"置身宪法之外的有权势者"解读为炳上将。

而之后不久,炳上将一身戎装,在他的母校陆军尉官学校向950名尉官生发表了著名的"骑手与马"的演讲。可能因为炳上将是骑兵出身,以马比喻也显得更加亲切。他说:"军队就像马匹,政府就像是骑手,是照看军队的,但不是军队的主人。军队的主人是国家以及国王。"这番言论引起媒体和学界的广泛讨论,其中表现出的立场倾向是不言而喻的。

就在炳上将演讲三个月后,陆军司令颂提在他信参加联合国大会期间宣布推翻他信政府,解散政府和议会,理由是他信集团威胁王室,腐败滥权,干涉军务,引发史无前例的社会分裂。

尽管炳上将否认与2006年政变有任何关系,但据泰国一位记者描述,他推荐素拉育·朱拉暖上将接替他信出任总理时,说道:"艾(素拉育的小名)是最好的!"

时隔多年后,2014年5月22日,陆军司令巴育上将再度发动政变,推翻英拉政府。当巴育率领文武官员到炳上将府邸祝贺新年时,炳上将对此举也提出了赞赏。他说:"5月22日可以说是伟大之举,是对国家报恩尽忠,我想泰国人大多都对阿堵(巴育的小名)总理的举动赞同、满意并且自豪。"

2016年10月,普密蓬国王驾崩后,炳被委任为摄政王。12月7日,炳上将携10位新任枢密院大臣觐见拉玛十世哇集拉隆功国王,并聆听国王谕示。拉玛十世说:"有炳爸来做(枢密院)主席,我很暖心!"当他说这番话时,语调和表情与其说是一位君主在训示臣下,倒不如说是一个晚辈在向长辈致敬。

2019年5月1日,拉玛十世迎娶素提达王后,炳上将与诗琳通公主作为证婚人,足见他在国王心目中地位之高。炳上将最后一次在公众面前亮相是5月4日拉玛十世的加冕大典,他作为王国最重要的9人之一,向国王进献西北方圣水。当他颤颤巍巍地将水呈献国王之时,国王主动屈身前凑,这一幕将永远定格在泰国民众心中。一生以捍卫王室为己任的炳爸与他忧之爱之的国王,就此永别。

结语

炳·廷素拉暖上将,泰国民众口中的"炳爸",经历了近一个世纪的风风雨雨,终于在完成了拉玛十世国王加冕大典后,安然离去。"四柱宫"内,一片静阒,斯人已逝,空留传奇。

炳是泰国历任总理中,唯一一位没有结婚的。终其一生,孑然一身。大多数人可能都会认为,炳是一位历经枪林弹雨、铁血果敢的军人,可能缺乏一些浪漫柔情,所以一直未有女伴。然而,大多数人并不知道,炳上将其实是一位极具造诣的音乐家。写下这些文字的时候,我正在聆听"炳爸"95岁时演唱的歌曲"月光之下"。歌词极美,试译如下:

ในคืนนี้มีจันทร์ สวยเย็นเด่นฟ้า	此夜有月,美悬于天。
โอ้จันทร์จ๋า จันทรา พารักลอยไป	月兮月兮,携爱飘远。
หนใดแห่งไหน นะจันทร์ จันทร์บอกที	何处何路?盼月倾言!
ค่ำคืนนั้น มีเธอ แนบอิงอกฉัน	犹记彼夜,卿倚我前。
อุ่นไอรัก ยังคง ทราบซึ้งทรวงใน	爱意顿升,氤氲延绵。
เฝ้าโลมลูบไล้ สองรา เคล้าดวงใจ	爱抚相慰,心灵互鉴。

โอบกอดเธอฉันเพ้อรำพันเพลง	拥卿在怀,我歌如呓。
ใต้เงาแสงจันทร์งาม ฉันสุขใจ	沐于月下,我心盈悦。
แต่คืนนี้มีเพียง แสงจันทร์กับฟ้า	惜乎此夜,惟月在天。
โอ้จันทร์จ๋า จันทรา พาฉันลอยไป	月兮月兮,携我飘远。
เธออยู่แห่งไหน นะจันทร์ ฉัน	卿归何处?我心永恋。

他边弹钢琴,边低吟浅唱。演奏和吟唱配合得天衣无缝,听众完全沉浸在优美凄婉的旋律之中,享受这位德高望重的翩翩老者带来的美。我时而在想,普密蓬国王和炳上将之间的情谊,是否如同钟子期和俞伯牙呢?如果真是那样的话,炳·廷素拉暖上将这位毕生捍卫王室和国家的忠臣,又可以在天堂与他的知音普密蓬国王相会,高山流水,携手同行。

炳爸,一路走好!

二、王权交锋

1. 六月交锋：王权、军队与异见者[①]

2020年6月4日，一位名为万查伦的泰国反政府人士在柬埔寨首都金边寓所楼下被3名持械歹徒驾驶一辆黑色丰田车劫持。当时，万查伦正在与朋友通电话。据朋友口述，万查伦手机被挂掉前所说的最后一句话是"我没法呼吸了"。此后，他便杳无音讯。而泰国国内却因此爆发了一场两种思潮的大交锋。

2014年，万查伦因反对军方发动政变推翻英拉政府，在社交网络上开设反政府社交账号抨击军政府而被警方传唤，但他一直未前往警局接受调查。随后，万查伦逃离泰国，在老挝、越南等地流亡，最终辗转至柬埔寨金边，在做生意的同时，寻求政治避难。2015年，泰国伊萨拉新闻社披露泰安全部门内部文件，显示万查伦系29名被判触犯刑法第112条，即"蔑视君主罪"的政治异见者之一。2018年，泰国军政府又裁决万查伦违反《电脑法》。

在柬埔寨避难期间，万查伦并未停止对泰国军方的批评。就在

[①] 本文于2020年7月2日发表于澎湃新闻·外交学人，题为"泰国版'我无法呼吸'：王权、军队与异见者的交锋"。

被劫持的前一晚,他还在个人脸书账号上猛烈抨击泰国总理巴育。没想到,第二天便遭遇暴力劫持。万查伦被劫持的消息传至泰国后,立刻引发热议。从6月5日开始,"拯救万查伦"连续成为泰国社交网络上最受热议的话题。

由于近年来在泰国的邻国老挝、柬埔寨、越南等地已经发生多起泰国政治异见者遭劫持失踪乃至被杀事件,反政府团体立刻将此事与巴育政府联系在一起,发起对政府的口诛笔伐。一部分激进者甚至抨击泰国王室,要求取消刑法第112条。于是,继"拯救万查伦"之后,"取缔第112条"也成为泰国最热话题。与此同时,支持王室和军政府的媒体、众多社会知名人士对此展开激烈反击。这两股思潮在6月展开激烈交锋,乃至于整个泰国社会都加入这场交战,社会撕裂和对立达到新的高潮。

对万查伦事件的不同解读

一些反政府人士认为,万查伦被劫持一事系泰国当权者所为,其目的在于杀鸡儆猴。众所周知,泰国有不少"政治异见者"因触犯"蔑视君主罪"而逃离泰国,这些人散布在欧美等国以及泰国周边国家,仍然通过优兔、脸书等渠道抨击泰国君主制和军方,并且相互联系,编织"反王网络"。他们认为,泰国政府与周边国家政府一定暗中达成了某种秘密协议,由当地政府协助泰国当权者清除政治异见人士。这种"阴谋论"甚嚣尘上,令巴育政府成为众矢之的。

原泰国新未来党秘书长毕亚卜在个人脸书发帖称:"这种方式不是出路,这种方式不是解决问题的正确方法!"远进党秘书长猜塔瓦则发帖称:"不应该有谁因为政治观点不一致遭受劫持而消失。"远进党发言人威洛在推特账户发帖称:"没法呼吸!这句话的另一层意思就是,别说什么言论自由或者政治观点相左,即便是呼吸的权利,有时候都可能没有。"

面对反政府群体的集体指控,泰国政府坚决予以否认。而且,泰国政府并未立刻联系柬埔寨政府,积极追查万查伦被劫持后的去向,这种消极反应加剧了反政府人士的愤怒。泰国原新未来党党魁塔纳通第一时间在自己的脸书账号上发帖称:"政府根本没有要将行凶者绳之以法的努力,没有还被害者家庭以公平正义的努力,悲剧在不断发生,然后又悄无声息……这难道是我们所希望看到的社会吗?我们希望自己的子孙后代在这样一个社会中生活吗?我认为答案是否定的!万查伦事件涉及我们所有人!万查伦事件就是乔治·弗洛伊德事件!"

针对塔纳通等人将此事定性为"泰国的弗洛伊德事件",许多亲政府者纷纷予以还击。20世纪70年代泰国北部学生运动领袖之一、现今泰国社会最为知名的"保王派"政治家瓦隆医生在自己的脸书账号发表名为《谁从万查伦事件中获益?》的文章。他在文中质疑:这一事件背后有人故意在制造话题,非常明显,国际非政府组织、国内政治活动家以及议会中的反对党三方合力造势。此事明明发生在柬埔寨,但是反对者却将矛头指向泰国政府,要求泰国政府负责,事实上此事应由柬埔寨方面开展调查。

他认为,非常滑稽的一点是,在万查伦被劫持失踪事件中,造势者专门为万查伦加上了一句台词"没法呼吸",恰好与美国受虐致死的黑人弗洛伊德的话语完全一致。瓦隆医生表示,万查伦如果丧命,政府并没有得到任何好处。相反,塔纳通等人则必定会从中获益。1932年6月24日,"民团"推翻绝对君主制,在这一纪念日即将到来之际,塔纳通会以万查伦事件为工具,借此造势,发动民众攻击政府。

独立学者集迪塔在接受民族电视台采访时则表示,那些认为泰国政府设有秘密力量跨国执行绑架杀人任务的想法是无稽之谈,那种做法无异于将泰国凌驾于邻国主权之上,必定会影响国际关系。而且,在万查伦事件的版本中,特别强调他的最后一句话中的"没法呼吸"似乎也是为了引导民众将万查伦事件与美国弗洛伊德事件相比较而有意为之。他还援引柬埔寨方面有关人士的表态说，万查伦事件或许本身就是一个假新闻。

6月24日，再度交锋

6月，对于泰国政治而言，注定是不平凡的月份。88年前，由于受到世界经济大萧条的冲击，泰国政治和经济面临巨大压力。1932年6月24日，由114名中下层军官和文官组成的"民团"发动政变，推翻因袭已久的绝对君主制，建立"以国王为元首的民主政体"，即君主立宪制。

此后一段时期，以銮披汶为首的军人集团逐渐掌控政权，王权一落千丈。在拉玛九世普密蓬国王长达70年的励精图治下，王权在泰国政坛中的地位得以恢复。特别是在军队拥戴下，王室重新成为泰国国民的精神支柱。2014年，泰国军方发动政变，推翻英拉政府，成立以巴育上将为总理的军政府。2016年，普密蓬国王去世。2019年3月，军政府在执政5年后举行全国大选，巴育毫无悬念地连任总理。5月，哇集拉隆功正式加冕为拉玛十世国王，开启泰国王权政治新时代。

正当巴育集团试图通过民主程序实现向政党政治和民选政府的华丽转身之时，却遭遇了新冠肺炎疫情的全球暴发，新一轮经济危机随之袭来。尽管在《紧急状态法》的严控之下，泰国抗疫取得了重大胜利，同时也让巴育政府成功化解了2月份因解散新未来党事件引发的全国性的学生集会抗议活动所带来的危机，但疫情也让泰国面临经济衰退的巨大压力。巴育政府为纾解危机，安抚民心，不得不向银行申请了上万亿泰铢的巨额贷款。这种被反对派称为"饮鸩止渴"的做法，无疑会让近年来经济发展缓慢的泰国在未来十年甚至更长时间内背上沉重负担。一些认为国家前途黯淡的泰国民众，情绪变得尤其敏感与焦虑。

万查伦事件的发生让整个泰国社会敏感的神经受到了刺激,加上6月24日这个特殊时间点的临近,泰国社会的反政府力量决定在这一天让"民团"还魂。24日清晨5时,泰国全国学生联盟在民主纪念碑举行集会,有人身着88年前旧式军装,扮演成"民团"领导人披耶帕凤的模样,慷慨激昂地宣读"民团"的第一份宣言。扮演者惟妙惟肖地模仿着披耶帕凤的声音,加上他的打扮,让参加集会的民众仿佛回到1932年的那一天,绝对君主制被推翻,君主被请下神坛,与民众一样受到宪法的管束。尽管他们表面上纪念"民团"立宪革命的丰功伟绩,但是谁都知道,事实上他们是在借古讽今,感慨"君权的复兴和民主的倒退"。

当天,泰国陆军司令阿披叻上将委托副司令纳塔鹏上将在陆军总部主持了两场法事,分别纪念母旺绿亲王上将和披耶席西提颂堪上校。1932年改变政体后,1933年曾经爆发过一次复辟战役,历史学家将其命名为"母旺绿叛乱"。母旺绿亲王就是发动这场复辟战役的总指挥,披耶席西提颂堪则是复辟部队的司令。在泰国普通民众心目中,这二位是叛军军官,扮演着极不光彩的角色。谁也没有料到,2020年6月24日,泰国陆军总部亲自为他们二人举行法事,而且陆军发言人公开宣称:1932年"民团"的政变是颠覆君主政权的谋反之举,母旺绿亲王和披耶席西提颂堪则是忠君爱国之臣。对于历史的重新定义正在成为军方与反政府力量之间角逐的焦点。

阿披叻上将的一些做法尽管让很多人错愕,但是符合他一贯的立场与作风。早在2019年大选前夕,阿披叻便带领陆军军官们祭拜拉玛五世国王雕像,宣誓保卫王室,保卫王国。其后,他屡屡发声,向塔纳通等人发出警告。阿披叻今年9月即将退休,其后可能会步入政坛,从事政治活动。他将担任的职务在很大程度上将决定泰国未来政治的走向。

从万查伦事件到6月24日的交锋,泰国社会原先暗流涌动的两种思潮对立已经不可避免地公开化。年青一代希望泰国走出一条西式民主的道路,但精英阶层则希望继续维持现有政治格局。一场更大的交锋正在酝酿之中。究竟泰国王权能在泰国政治格局中扮演何种角色,需要我们密切跟踪观察。

2. 学生运动剑指王权：泰国政治路在何方？[①]

2020年2月，备受泰国年轻人支持的新未来党被宪法法院裁决违宪，被判解散。随后，全泰高校纷纷组织"快闪"集会，抨击巴育政府操纵司法程序打击异己。正当学生运动举国蔓延之时，突如其来的新冠肺炎疫情阻遏了这一势头。然而，进入8月以来，学生们急速掀起前所未有的集会新高潮，其诉求不仅针对2014年通过政变上台的军人政权，更将矛头指向泰国延续数百年的君主制。学生们惊世骇俗的举动令泰国社会裂痕愈深，也成为近期国际社会关注焦点。巴育政府会如何接招？泰国社会各方力量究竟能否寻求共识，实现和解？泰国政治未来将走向何方？

"一个梦想""两大立场"与"三大诉求"

据不完全统计，从年初的"齐跑驱赶大伯（即巴育）"集会活动至今，泰国共举行了171次反政府集会，但受新冠肺炎疫情影响，集会规模与影响平平，有些外府的集会甚至只有一二十人参与。这一切在最近两个月发生了急遽变化。

7月17日，一个名为"自由青年团"的年轻人组织在网络上号召次日在曼谷民主纪念碑举行集会。尽管泰国政府并未取消《紧急状态法》，但是短短一天时间，竟然有数千人到场，声势之浩大，出人意料。最令人吃惊的是，竟然有800万人次通过互联网社交平台观看了这次集会的现场直播。此后几天，全泰各府多所高校与"自由青年团"合作，举行反政府集会，燎原之势渐起。"自由青年团"提

[①] 本文于2020年8月25日、26日连载发表于澎湃新闻·外交学人，题为"泰国这场剑指王权的集会将如何收场？"。

出三大诉求:解散议会、停止恐吓威胁人民、修改 2017 版宪法。

随后,"自由青年团"更名为"自由人民团",旨在寻求更为广泛的统一战线。8 月 10 日,"自由人民团"在法政大学举行"法政不忍"集会,当天到场人数逾两千。主办方雇用专业文娱会展公司,搭建起类似于明星演唱会的大型舞台,配备高清晰度 LED 大屏,以及效果极佳的灯光音响设备。反政府人权律师阿侬,"自由人民团"骨干巴娜萨亚(昵称"彩虹")、帕里(昵称"企鹅")、帕努蓬(昵称"罗勇府迈克")等知名"人权斗士"先后上台演讲。他们在重申此前提出的"三大诉求"之外,冒天下之大不韪,将集会的矛头指向在泰国沿袭已久的君主制,并提出君主制改革十条诉求,包括取缔刑法第 6 款(禁止起诉君主)、第 112 款(蔑视君主罪)等,旨在迫使政府启动君主制改革,限制王权,让国王真正成为超然于政治的"虚君"。这十条诉求尺度之大,举世震惊。

当晚的集会活动上,主办方还播放了因冒犯君主而逃亡日本的前外交官巴温·查恰万蓬潘的录播发言。在 LED 大屏上,巴温的照片如同王室成员一般,被饰以金边相框,并在下方配以"圣寿无疆"的字样。由于巴温性别认同偏女性,现场集会学生还将他亲切地称呼为"巴温妈妈"。两天之后的 8 月 12 日是诗丽吉王太后寿辰,也是泰国法定的"母亲节",学生们对王室的戏谑嘲讽昭然可见。

主办方原本决定 8 月 12 日王太后生日当晚继续举行大型集会,但在社会舆论的强烈批评下,宣布暂时取消。但此前宣布的 8 月 16 日民主纪念碑广场集会活动将正常举行。8 月 16 日集会前,主办方在网上公布了他们"三大诉求""两大立场""一个梦想",其中"两大立场"指"反对军事政变"和"反对国家政府(即所有党派组成联合政府,议会中没有反对党)","一个梦想"则是"在泰国实行真正意义上的宪法下的以君主为元首的民主制度"。

由于集会者的"梦想"指向君主制,很多媒体人士都估计,可能不少民众不敢参与。出乎意料的是,民主纪念碑集会活动参与人数保守估计超过2万,创下2014年军方政变以来的最高纪录。不过,或许是顾及社会舆论,当晚集会发言中较少提及"一个梦想",而是突出强调"三大诉求"。

8月10日和8月16日的两场集会迅速波及全国,由此衍生出全国中小学"高举三指,佩戴白色蝴蝶结"的反独裁运动。多所中小学早间升国旗仪式时,学生们集体高举三指(这一动作来自好莱坞大片《饥饿游戏》),致敬国旗。不仅是学生,部分学校老师也参与到活动中,引发舆论热议。8月19日下午,自称为"坏孩子"的学生组织号召中小学生到教育部前集会,要求教育部部长纳塔鹏"下课"。当纳塔鹏部长要求上台发言时,学生们则让他到队伍最后去排队等候,令人啼笑皆非。除曼谷以外,东北重镇孔敬府以及呵叻府的年轻群体也都先后举行反政府集会。

本轮集会的三大特点和幕后力量

7月以来的历次反政府集会,与此前的集会活动相比,具有鲜明的特点。

一是政治诉求鲜明。2月塔纳通领导的新未来党被解散后,尽管学生集会此起彼伏,但并未提出非常明确的目标。而近两个月来学生们旗帜鲜明地提出"三大诉求",将矛头明确指向了2017年宪法中最受诟病之处——参议员的产生方法及其政治权力,并由此建立了广泛的统一战线,不少与塔纳通阵营格格不入的政治精英、社会贤达都表态支持学生的"修宪"主张。8月10日晚集会则突破"三大诉求",更是首次公开将改革君主制作为集会的最高政治诉求。尽管这一诉求遭到了泰国社会舆论很大程度的抨击,但是从某种程度上来说,也代表了一部分民众的心声。

二是影响范围广泛。近期的抗议集会依然以曼谷地区高校学生及部分人权运动人士为主体,但是影响所及远甚于此。不仅泰国其他地区高校学生遥相呼应,全国中小学生在很大程度上也深度参与,还有很多对当权者不满的社会民众也加入抗议大军,甚至当年支持他信的"红衫军"也"重现江湖",成为学生运动的同盟军。这一波抗议集会之所以在短时间内可以形成巨大社会影响,除"三大诉求"得到广泛响应与支持之外,推特、脸书等社交网络媒体对集会迅速蔓延也起了重要作用。强大传播力令网络直播的学生集会事实上有更为庞大的在线参与者。8月10日、16日两次集会,在线参与者均接近1000万人次。某日,示威骨干之一的阿依律师临时决定在国家体育馆人行天桥上举行集会,下午1点通过网络发布消息,仅3—4个小时候便有千余民众到场参加活动,其行动之迅速可见一斑。

三是幕后力量多元。尽管主办方反复宣称,所有集会活动均为学生自发组织,没有任何所谓的"幕后力量"。然而,种种迹象表明,学生集会背后有较大可能性得到了"神秘金主"的支持。8月10日"法政不忍"学生集会所搭建的舞台和使用的音响设备,租赁费用不低于200万泰铢(约合人民币43.9万元)。在新冠肺炎疫情导致泰国经济大幅衰退的情况下,普通学生很难募得如此大额资金用于集会。所以,泰国政府与部分主流媒体判断,有多股反泰国政府势力潜藏于学生背后,试图以学生为工具,操纵政治局势,旨在颠覆泰国现行政治体制。

根据泰国媒体猜测,其背后金主可能包括三类势力。其一,部分流亡海外的"反王派"人士。其二,西方势力。以美国为首的西方势力在东南亚地区一直持续开展"隐蔽行动"。冷战初期,艾森豪威尔政府便在泰国建立了印度支那隐蔽行动大本营,并于1953年加强对泰国佛教界的渗透,干涉泰国内政,以实现其政治目的。本次集会中,多个西方国家驻泰大使馆以及数十名西方记者都参与其中,与学生密切互动。本次学生运动背后很可能存在西方身影。其三,塔纳通等"政坛失意者"。塔纳通集团很早便在高校学生中建立影响,并与多个高校学生运动组织保持密切联系。尽管塔纳通本人在多档电视访谈节目中自证清白，坚决否认在幕后支持乃至操纵，但是泰国亲政府人士无一不将他视作反政府集会的幕后主谋。还有一些网站爆料，流亡海外的前总理他信为学生们提供了大量资金，但此事并无确凿证据。

"敌我矛盾"抑或"人民内部矛盾"？

正处于高潮中的学生集会不仅对巴育政府施加了强大压力，而且对整个泰国社会传统价值观产生了极大冲击。针对剑指王权的学生运动，泰国社会形成了观点极端对立的两派。

学生们提出王室改革"十大诉求"后，105名高校教师立刻公开签名表示支持。他们认为：学生们拥有宪法赋予的言论自由权，所提诉求均合情合理，应予以理解并支持。应该允许民众公开谈论王室事务，王权也应被限制于宪法之下。

原新未来党党魁塔纳通、秘书长毕亚卜以及现任远进党党魁皮塔等人均公开表示支持。塔纳通表示，泰国实行"以君主为元首的民主体制"，但社会各界对于这一体制的想象并不一致。他的潜台词是，当下泰国君主制的实质不符合他心目中的君主制。他表示为了避免学生被敌对势力指为"塔纳通的马仔"，他自己不能亲自上场，只能在道义上支持他们。他还表示，君主制不应该成为泰国社会的禁忌，而应该允许公开评论，而且现在这一趋势已经形成，越来越多的人加入"变革君主制"的阵营。即使自己被逮捕，也会有更多人前赴后继，继续扛起这面大旗，直至成功。

与此同时，塔纳通强调，政府别无选择，必须满足学生们提出的"三大诉求"，最终解散议会，在新宪法下公正地举行新一轮大选。

巴育政府的策略是将在台前集会的学生与幕后支持势力分别对待。将学生与政府之间的矛盾视为"人民内部矛盾"，对参与集会的学生以"绥靖安抚"为主，表示理解他们的"赤诚纯洁之心"。尽管新冠肺炎疫情形势仍然严峻，《紧急事态法》依然有效，但是政府允许学生在校园内正常举行集会,合理表达政治诉求。8月15日,刚刚走马上任的泰国高等教育与科研创新部部长阿奈教授召集全泰高校校长会议,要求高校允许学生们在校内举行集会,但是绝对禁止冒犯王室。

在安抚学生的同时,巴育总理和巴威副总理都公开指出,希望在幕后煽动学生的力量要好自为之。刚被任命为副总理兼外交部部长的敦则警告外国不要干涉泰国内部事务。他表示,泰国有能力处理好自己的事情,不需要外国指手画脚。民主党党魁朱林副总理、自豪泰党党魁阿努挺副总理也都在不同场合表达观点,支持学生"修宪"等合理诉求,但劝告学生们不要越界。

泰国军方此次表现总体较为克制。8月11日,此前在政治方面表态积极的泰国陆军司令阿披叻上将拒绝就前一日学生们针对王室的"十大诉求"发表观点,并且至今未作任何表态。8月12日,泰国海军司令乐猜上将则以长者姿态,呼吁勿将反政府学生视作敌对势力,他强调泰国是一个大家庭,学生就好像大家庭中少数"离经叛道"的孙辈,需要相互加强交流、寻求理解。

泰国议会方面,以远进党为代表的反对党阵营借助学生运动对政府形成巨大压力,不断向政府施压,要求立刻修改宪法。为泰党则分成两派。以战略委员会主席、获得贵夫人头衔的素达拉为代表的一派公开表示不支持学生们有关王室的过激诉求。但是也有部分议员出现在集会现场,对集会予以支持。而公民力量党、自豪泰党部分议员则要求政府"有法必依",对于有"蔑视君主"言行的集会骨干进行法律制裁。执政联盟中没有受到巴育政府眷顾的"1票小党"泰文明党党魁蒙空吉则公开要求巴育辞职,招致公民力量党巴威嫡系议员希拉针锋相对,二人在议会中差点拳脚相向,成为政坛笑话。

泰国警方则认为,广大学生是被幕后黑手当作枪使的无辜者,但是领头的骨干成员触犯法律,必须绳之以法。8月18日,泰国警方逮捕了巴娜萨亚等六名骨干成员。之后,又先后逮捕了十余名骨干成员。警方的高调抓捕行动,意在杀一儆百。

6月"万查伦事件"爆发之时,巴育曾公开表示,拉玛十世国王体恤民情,不允许官方以刑法第112条"蔑视君主罪"向"政治异见者"施加惩罚。对于8月10日活动上激进者们提出的针对王室的"十大诉求",王室并未做出任何回应。耐人寻味的是,8月13日,普密蓬国王长女乌汶叻公主在个人社交媒体表示:"全体民众都有表达观点和诉求之权利,因为人民是国家的主人"。

唯一能代表王室的态度的是8月16日现任枢密院主席素拉育上将代表国王亲临法政大学,为"泰国和平日75年暨比里·帕侬荣诞辰120年纪念会"主持开幕式。8月10日晚集会上,比里·帕侬荣被部分集会者作为"民主之父"与"独裁王权"两相对立。素拉育这一做法,某种程度上代表了国王试图平息纷乱的态度。

泰国政治路在何方?

泰国学生运动滥觞于20世纪70年代,1973年和1976年曾两次大规模与军政府对抗。1992年针对素金达(1992年4月7日至5月24日任泰国总理,1991年军事政变后由军方委任上台)的示威活动主体是城市中产阶级。21世纪以来,"黄衫军"和"红衫军"的本质是城市中产阶级与草根阶层民众。近半个世纪后,学生又重新成为街头政治的主力。

尽管可能有幕后势力潜藏,为了不可告人的政治目的而煽动学生对抗政府。但不可否认,参与集会的大多数学生的想法都较为单纯。他们所提出的"三大诉求"系出自对当前政治生态的厌恶以及对自身前途的担忧,具有其内在逻辑合理性。

让我们一起回顾学生运动逐步升级的过程。本轮学生运动的导火索是2020年2月新未来党被解散。当时学生们普遍认为巴育政府利用司法体系打击异己,行政与司法体系官官相护,是一种

"司法独裁行为"。3月初,朱拉隆功大学、法政大学等高校学生举行校园"快闪"运动,其势头因新冠肺炎疫情暴发而受阻。随后两个多月,巴育政府宣布实施《紧急状态法》,学生运动被迫偃旗息鼓。随着疫情逐步缓和,6月爆发的"万查伦事件"促发学生们再度举行反政府集会。尽管没有证据表明,流亡柬埔寨的政治异见者万查伦被突然绑架一事背后系由泰国当权者操纵,但学生们根据此前部分"政治异见者"的遭遇,依然将这笔账记在了泰国政府身上。

与之对应,泰国"保王派"代表人物陆军司令阿披叻上将,一直在各种场合批评塔纳通等人为"恨国党"。6月,陆军为1933年"母旺绿叛乱"正名,将"民团"1932年政变斥为颠覆君主政权的"叛乱"。7月,学生在陆军总部举行集会,声讨阿披叻,集会骨干帕里公然撕毁并焚烧阿披叻戎装照。8月5日,阿披叻在陆军尉官学院再度批评"恨国党",引发网络舆论猛烈抨击。

可以说,对立双方的矛盾已经尖锐到了无法调和的地步。加之疫情导致泰国经济大幅衰退,失业率不断攀升,很多大学生不仅父母双双失业,而且自己也可能"毕业即失业",前景一片黯淡。然而在经济形势如此恶化之际,执政联盟第一大党公民力量党非但没有积极寻求脱困出路,反而为争夺内阁席位而闹得天翻地覆,令人倍感厌烦。因此,学生们普遍认为,只要还是巴育集团掌权,只要军人势力仍然干预政治,他们便不会有光明的未来。因此,他们希望看到巴育集团倒台,通过民主程序选举可以带领泰国走出泥淖的政府。

但是,要想推翻巴育政府,首先遇到的"拦路虎"便是2017版宪法。2017年宪法规定总理无须是国会议员,250名参议员均由军政府任命,有权与众议员一起投票选举总理。而且,参议员每届任期为5年,这样便可确保巴育在任满4年后可继续担任总理。无怪乎去年大选期间,公民力量党一位重量级人物曾放言:"宪法就是我们写的!"

这样的制度设计,令学生们感到很不公平。近期曝出的"红牛太子撞死警察逃逸案"后续消息(2012年红牛能量饮料集团创始人之孙驾车撞死一名巡警并逃逸)更加深了学生们对于世道不公的哀叹。多年前发生的这起案件最近被曝出对当事人所有控诉全部取消,泰国社会为之震惊。其中疑点重重,人为掩饰痕迹明显,折射出泰国司法制度腐弊不堪。此事经过媒体报道后不断发酵,令包括学生在内的泰国民众怒不可遏。

佛教所谓的"众生平等"在泰国社会中并未得到贯彻,"庇护制"社会传统更是让新生代急于寻求变革。这也不难解释,为何部分激进人士会突破底线,将矛头指向王权。因为在他们看来,王权的庇护是军人集团得以长期干政的坚强后盾。所以,学生们提出,将宪法中不公之处全部删除,以平等之精神迎接下一次全国大选。

当然,潜藏于学生运动背后的力量究竟在想什么,我们不得而知。根据笔者观察,以美国为首的西方国家近年来频频在中俄周边地区掀起学潮,手法如出一辙。泰国是否是西方"颜色革命"的又一目标,是否意在将我周边搅乱,非常值得继续密切关注。

就目前形势来看,泰国政治未来有可能出现的走势主要有以下两点。

第一,巴育政府在修宪问题上进行妥协。巴育政府最初成立之时,执政联盟与反对党联盟议席所差无几,250名参议员是确保巴育担任总理的压舱石。当下,巴育政府参政党众议员总人数已多达270人,远超半数席位,参议员的存在基本上意义不大。2017年宪法制定时将参议员的任期设定为5年,意在确保巴育能够连任两届总理。但是,面临重重危机的巴育可能也对当初这一想法失去了兴趣。所以,修宪是对抗双方可以找到的最大共识。

然而,宪法是国家根本大法,修宪工作不可能一朝一夕完成。保守估计,从程序启动到最终完成,至少需要一年半时间。而且,巴育政府与学生们对于修宪的程序和重点存在不同认知,要想达成一致,恐怕还需要一段时间的拉锯。

第二,学生们仅坚守此前的"三大诉求",暂时搁置王室改革的要求。泰国社会自拉玛九世时期确立了王权至高无上的价值观,基本上形成社会共识。尽管拉玛十世与拉玛九世相比威望不足,但大多数民众无法认同"反王派"的要求。8月10日集会上学生们的表现以及提出的王室改革"十大诉求",如同一块巨石投入原本平静的池塘,立刻掀起巨大声响。原本支持"三大诉求"的很多知名人士纷纷指责学生行为过激。从8月16日集会情况来看,主要发言人并未提及王室改革问题,显示了学生们的让步。这也导致8月10日晚"法政不忍"活动上部分骨干非常不满,提前离场。社会舆论的激烈反应以及盟友的退却可能会让激进派学生暂时搁置这一议题,王室改革在本次较量中可能不会有实质性进展。

开弓没有回头箭,学生们已经拉开了要求改革的大幕,这样的诉求将会一直持续,直至未来某日实现重要目标。沿袭数百年的君主制尽管不会在一夜之间倾塌,但倘若执政者处理失当,则或多或少都会遭受冲击。泰国社会未来究竟能否重归和谐,考验着他们的智慧。

3. 泰国修宪陷入僵局，他信前妻觐见国王或带来转机？[①]

9月23—24日，泰国国会参众两院举行联席会议，就6份修宪提案进行辩论及投票。9月24日下午，泰国反政府组织"解放人民团体"组织大批民众聚集在议会附近，等待表决结果。

自7月以来，泰国年青一代发起反政府集会，提出"停止威胁人民、解散议会、修改2017版宪法"等"三大政治诉求"。远进党、为泰党等主要反对党乘势向政府施压，要求尽快启动修宪。8月初，在反政府集会与反对党的内外夹攻之下，巴育总理表态支持修宪，为朝野两派达成共识扫除了障碍。

然而，9月24日为修宪而举行的联席会议的结果却峰回路转，一项紧急提出的议案居然使修宪投票延期。此事引发了包括抗议者、反对党议员，乃至执政联盟议员的各方愤怒不已，泰国的政治僵局似乎愈发无解。就在同一天，一个身份特殊的女子觐见了泰国国王，又传递出局势可能还会出现出人意料转折的信号。

修宪提案投票被迫延期，各方政治力量怒不可遏

对于修宪，究竟是全盘废除现行的2017版宪法，重起炉灶，抑或是针对争议较大的某些条款进行修改，各党派之间看法并不一致。不仅2017版宪法最大的受益者、领衔执政联盟的公民力量党与其他党派立场不一，即便是反对党联盟各党派之间围绕修宪问题亦争论不已。

[①] 本文于2020年9月29日发表于澎湃新闻·外交学人。

最终,在各方妥协之下,执政联盟和反对党联盟各提交一份修宪提案,此外为泰党又单独针对宪法中的4项条款提交了4份修订提案。23—24日的联席会议就是讨论这6份修宪提案。

24日,就在两院议员充分表达观点并做总结陈词之后,公民力量党副党魁派汶突然提出一项紧急议案,以尚有多名议员对于修宪原则不甚清楚为理由,要求将修宪投票延期30天,并且成立专门委员会进行研究。此言一出,全场哗然。不仅反对党强烈反对,即便是民主党、自豪泰党等执政联盟成员也不认同这一提议。国会主席川·立派根据议事规则组织全体议员就派汶紧急提案进行投票。715名参会议员中,431人支持,全民关注的修宪方案投票被迫延期一个月。川·立派根据派汶提议,建议成立45人专门委员会,包括15名参议员和30名众议员。由于反对党的集体抵制,最终专门委员会由31名参议员与执政联盟议员(即众议院议员)组成。

经过长达两天的议会辩论,议员们本来就疲惫不堪,结果公民力量党剑走偏锋,令反对党议员和部分执政联盟议员都忍不住情绪激动,痛斥公民力量党公然欺骗其他党派议员与全体民众,故意拖延时间,意图阻止修宪。修养极好的国会主席川·立派也忍不住吐槽,表示自己本已做好充分准备组织议员如期投票,丝毫未预料会出现这种情况,自己也"上当受骗"。会后,反对党联盟召开记者招待会,就这一结果表达立场。为泰党党魁颂蓬表示,公民力量党的做法纯属故意拖延时间,反映了政府对修宪一事虚与委蛇。远进党党魁皮塔表示,推动修宪是解决当前政治困局的唯一出路,但是政府非但没有意识到这一点,反而将各党派投入巨大努力制订的修宪议案"撕毁投入湄南河中",自绝退路,火上浇油,恶化局势。远进党非常失望,但仍未绝望,将会继续推动修宪,直至成功。

由于议会会议现场均有在线直播,而且有部分媒体和反政府集会民众代表被允许进入会议现场观察,所以公民力量党提议延期投票方案提出后,场外集会民众和网络社交媒体立刻炸开了锅。"去议会驱赶封建奴才"和"建立泰共和国"两个热搜词迅速飙升至推特泰国趋势榜顶部。

24日集会的领导人阿侬律师发表现场演讲,怒斥政府"两面派"的做法,呼吁民众与政府斗争到底。集会者将国会大厦大门出口处包围,阻止参议员和执政联盟议员们离开。国会大厦另外一面临水,部分议员只能乘坐国会准备的船只从水路离开,反政府集会者竟然紧急调集长尾船,从水路包抄国会大厦后门。最终,在警察的介入和保护下,参议员和执政联盟议员们的车辆才得以驶离。当他们离开时,集会者群情激昂,高举三指,齐声咒骂。

随后,远进党党魁皮塔率领该党议员们高举三指,步行来到集会现场,如同英雄归来般受到现场集会者们的列队迎接。皮塔声泪俱下地表达了对公民力量党故意推迟修宪一事的愤慨,他表示远进党一定会尽最大努力,继续将修宪进行到底。

修宪究竟能否破解泰国政治困局?

泰国政治似乎进入了一个死胡同,声浪喧天的反政府(部分是反君主制)示威集会不断施压巴育政府,在他们所提出的"三大诉求"中,除修改宪法这一条具有可操作性之外,其余两条均没有实际意义。一是"停止威胁人民"。这种极为抽象的说辞似乎并不为泰国主流社会所接受,笔者的一位泰国学者朋友将这一条斥为"无稽之谈",他认为如果将政府的严格执法视为"对人民的威胁",那会导致泰国社会进入"无政府"的混乱状态,违法犯罪行为无法得到惩戒,才是对人民真正的威胁。而且,反政府者无休止地扰乱公共秩序,本身就是对政府和其他公众的一种威胁。二是解散议会。如果解散议会,那由谁来提出修宪方案?由谁来推进和监督修宪进程?因此,只有修宪才有可能成为朝野双方观点的最大公约数。

事实上,泰国政治发展史上几乎每一次政治斗争都伴随着修宪议程,泰国曾十多次修改宪法,有时甚至是全盘推翻,另起炉灶。一个政治集团掌控政权后,首先要做的事情就是修改宪法,使之符合本集团利益。然而,宪法乃一国之根本大法。即便泰国政治生态中废除原宪法、重修宪法是一种常态,但是修宪不可避免会触碰到各政治集团的根本利益,因此无疑会遭遇重重阻力。

2014年,军人集团执政后,便着手起草现行的2017版宪法,其根本目的在于维持以军人集团为主的泰国建制派利益集团执政地位,阻止他信集团再度执政。为了达成这一目的,2017版宪法专门制订了若干条款,确保建制派长期执政。

一是设置了250名参议员,80%由军政府成立的遴选委员会进行遴选,20%由选举委员会负责遴选,最终均由军政府进行任命。参议员任期为5年,且有权与众议员共同投票选举总理。这样的制度设计从根本上确保了建制派当选并且连任总理。

二是实行"双票"选举制度。为了避免再度出现类似于2001年泰爱泰党一党独大的局面,政党最终议席按照全国总票数比例分配。他信阵营的为泰党民意基础深厚,其选区议员候选人在很多选区都赢得选战,但是由于其选区议员总数在议会中的比例已达到该党总票数的全国占比,该党"政党名单制"议员候选人,比如战略委员会主席素达拉等重量级人物便无缘进入议会。这种选举制度的设计压制了为泰党这样的大党,却造就了多达11个"一票小党",以及"黑马"新未来党。

三是专门设置条款,增加修改宪法的难度。现行宪法第256条规定,修宪议案除了需要得到超过半数以上的众议员的同意以外,还需得到三分之一参议员的同意。也就是说,即使众议员半数通过,但是同意修宪的参议员人数达不到84人,则修宪进程也无法推进。

因此,尽管巴育政府表态同意修改宪法,但是最终能否通过修宪提案,还是一个未知数。就9月23—24日现场辩论情况来看,绝大多数参议员并不支持修宪，原因很简单，现行宪法正是他们存在于议会中的合法性来源。而且，多位参议员情绪激动地表示：现行宪法是1600万民众公投通过的，岂能随意修改？事实上，如果9月24日如期投票，很大的一种可能性便是同意修宪的参议员人数低于84人，而无法顺利通过。这就意味着修宪进程刚刚启动，便已夭折。

很多人不禁产生疑问，既然投票本就无法通过，而不通过的结果恰好也符合巴育政府利益，为何公民力量党派汶要提议延期投票呢？笔者认为，派汶提议延期投票主要是希望能够争取多点时间，为公民力量党协调执政联盟以及参议员群体内部立场留下空间，既要推动修宪，但是一定要确保公民力量党自身利益。派汶作为公民力量党党魁的亲信，既然敢于在当前形势下"冒天下之大不韪"，提议延期投票，一定是得到了党内的授权。这一立场宣示从某种程度上也可以解释为，公民力量党根本就没有把反政府集会活动视为对政府执政的严重挑战。派汶本人接受媒体采访，谈到反政府集会对政府施政的压力时，也表现得不屑一顾，可以作为印证。

所以，基于各方对于修宪的不同考虑，表面上看起来是目前唯一可行的破解泰国政局困境的方法，其实也难度极大。其本身是一项巨大工程，不可能"毕其功于一役"。等到朝野双方最终形成共识，或许是数年之后的事情。到那个时候，巴育第二任期可能已经如期结束，又要启动新一轮大选。

异常信号出现，泰国政治僵局或可解？

如上文所分析，若想指望通过修宪来实现泰国政治各方势力的和解，恐怕还是不太现实。公民力量党这次公然延期投票的做法无疑已经惹怒了反对党和场外的反政府集会者们，他们必然会组织更大的示威活动，进一步向政府施压。即将到来的10月，在泰国政治史上是政治事件最为频发的月份，泰国政治将不会太宁静。但是，一些异常的信号告诉我们,形势的发展也许没有想象的那么差,转机或许也会出现。

事实上,现在反政府集会者也分为两派,一派针对的是巴育政府,另一派则剑指王室。根据笔者观察,尽管在社交网络上"推翻王室,建立泰共和国"的提法甚嚣尘上,有人从故纸堆中翻出拉玛八世曾经说过的话来证明王室早就有逊位而让步于民众的想法,甚至有阴谋论者将拉玛八世的离奇被刺与他的逊位思想相联系,但是"反王"思想在泰国民众中市场并不大。大多数民众还没有做好沿袭数百年的君主制一夜之间分崩离析、由总统制取而代之的思想准备。

被保王派民众视为"反王派幕后指使者"的他信家族,一直以来在公开场合都对王室恭敬有加。去年泰王加冕之时,他信留在泰国的家人携企业员工齐齐跪在国王巨幅画像前的照片近期在网上广为流传。尤其值得关注的是,9月24日,他信前妻宝乍曼携女在西里叻医院院长的陪同下,觐见泰王拉玛十世哇集拉隆功和素提达王后,并进献一辆装备先进的移动医疗车。宝乍曼跪伏于国王脚下,国王面带微笑,躬身扶她起身,这张照片迅速在全网传遍。令人惊异的是,国王将她所进献的医疗车又赐给了西里叻医院。也就是说,宝乍曼觐见国王一事,进献车辆只是幌子,其所释放出的深层信号非常耐人寻味。它究竟意味着什么?他信作为二十年来最受争议的政治人物,和王室之间是否已经达成某种默契?接下来泰国政治会发生怎样的天翻地覆?泰国政治困境会因此而走向光明吗?一切都需要时间来证明。

4. 王权受辱，曼谷戒严，泰国政治再陷怪圈[①]

刚刚过去的2020年10月14日，必然会在泰国政治发展史上留下深深的印迹。大批反政府民众走上街头，包围总理府，要求巴育总理辞职、修改宪法、改革王室。而当日恰逢王室举行宗教仪式，代表泰王出席活动的素提达王后和提帮功王子的王家车队通过集会民众时，遭到在场民众高声抗议，并以"三指礼""致敬"王室。这是等级森严的泰国社会近几十年来首次出现集体性公然"犯上"的行为，令世人震惊。泰国政府除逮捕多名集会骨干成员外，还紧急宣布曼谷中心区域戒严，禁止5人以上的集会。出乎意料的是，10月15日下午，反政府集会者丝毫不顾政府戒严令，依然在曼谷市中心继续大型集会，并将政府的戒严令斥为"一张废纸"。"民不畏死，奈何以死惧之"，泰国政治似乎已经走到了穷途末路，究竟出路在何方？

反政府集会者高举三指，"致敬"王后

早在一个月前，泰国反政府团体已经高调宣布将在10月14日这个特殊的日子举行大型集会。之所以特殊，一是因为1973年10月14日泰国学生举行了历史上规模空前的反政府集会，导致他侬军政府下台，选择这个日子具有"向历史致敬"的含义；二是10月13日是泰国先王普密蓬逝世4周年纪念日，10月14日泰国王室将在多座寺院举行佛教仪式，反政府集会所在的民主纪念碑广场是王室车队行驶的必经之路，强烈呼吁改革王室的年青一代将与王室第

[①] 本文于2020年10月16日发表于澎湃新闻·外交学人，题为"曼谷戒严背后：泰国政治路在何方"。

一次如此近距离相遇。泰国政府和社会并不过分担心集会本身,但是对于反王群体在王室车队经过时会否做出僭越行为,心中充满担忧。

10月9日,"自由人民团""法政大学民主联合阵线""坏学生"等主要反政府团体联合召开新闻发布会,宣布所有团体合并为一个总团体,名字沿用1932年政变时的"民团"。"民团"核心领导人物阿侬·纳帕律师明确表示,集会者将不会阻拦王室车队经过,但是不会跪拜,而会站立两旁、高举三指。他的这番表态令泰国社会议论纷纷,政府如临大敌,安排了一万多名警力在现场维持秩序。而曾经在"红黄大战"中声名显赫的素贴·特素班、普塔伊萨拉高僧,以及瓦隆医生、连通医生等"保王派"知名人士纷纷号召自己的拥护者们10月14日身着黄衫,在王室车队行进路线两旁迎驾。

10月13日下午,来自泰国东北部的反政府群体在派·道丁的率领下,提前来到民主纪念碑附近"抢地盘"。但警方以其所占之处将妨碍拉玛十世国王当日下午出行为由,对他们的行为进行制止,派·道丁等人与警方发生冲突,并向警方泼洒蓝漆,最终他和其他20名示威者被警方逮捕。派·道丁的被捕提前引燃了"战火",许多民众当晚冒雨集会,要求警方释放被捕者。此前被一些反政府民众诟病"胆怯如鼠"的塔纳通也走上街头,身着雨衣,高举三指,参加集会。"民团"决定将原本定于次日下午两点开始的集会提前至上午八点开始。10月14日,各路人马按计划在曼谷各处集结,"民团"领导的反政府力量占领了民主纪念碑广场,黄衫"保王党"各派系则在王室车队行经的拉差丹能路两侧各自安营扎寨。尽管"保王党"与反政府集会者之间发生了一些小规模肢体冲突,但双方总体较为克制,绝大多数时间都相安无事。

当日的"高潮事件"大约发生在下午5点左右。反政府力量从民主纪念碑广场向总理府进军,行至彭世洛路时恰逢素提达王后和提帮功王子车队,令人意想不到的一幕上演。一部分反政府民众堵在车队前方，王后和王子乘坐的轿车被迫急速缓行，甚至一度停车。而被警察人墙隔离在后的大量反政府民众群情激昂，朝王室车队高举三指，有的口中高呼"老子的税""滚蛋"，有的则高呼"国家、宗教、人民"（泰国传统教育中，尊崇"国家、宗教、王室"是核心价值观）。不过值得赞赏的是，受到冒犯的素提达王后并未表现出任何不满，而是面带微笑，望向窗外。

随后，反政府力量占领总理府周边，搭建舞台，"民团"领导人物轮番上台发表演说，核心要义是要求巴育下台。由于当天不是周末，不少民众下班后前来参加集会，夜晚的集会人数不断增多。"民团"自称有30万民众集会，根据泰国媒体估计数据，约为一万多人。

巴育政府强拳还击，反对党强烈抨击

当夜在总理府外，警方始终严阵以待，多次要求集会终止，但阿侬、帕里等集会骨干并未予以配合，还表示要在总理府外集会三天三夜，与警方叫板。凌晨4点，一直关注局势进展的巴育总理紧急签署命令，宣布在曼谷中心区域实施戒严，禁止5人以上的集会活动。半小时后，阿侬宣布集会立刻结束，要求所有集会者离开现场回家。他和帕里随后被警方抓捕。5点30分，巴育总理再度签署命令，任命巴威副总理负责紧急状态下行动指挥。6点45分，"民团"宣布，下午4点在拉巴颂街区再度举行集会。7点，警方宣布"战果"，并表态严禁拉巴颂街区集会。尔后，"民团"另一位核心成员巴娜萨亚（昵称"彩虹"）在考山路一家酒店被警方逮捕。

15日中午时分，阿侬律师被警用直升机紧急送往清迈法庭羁押，不予保释。他通过脸书在网上公布了这一消息，再度引起反政府民众愤怒。当日下午4点，尽管警方派出大量警力在拉巴颂街区驻守，不允许任何人组织集会。但是，不少民众和学生们都冒着被逮捕的风险聚集此处，"漏网之鱼""民团"核心成员迈克·罗勇的出现再度令现场气氛急剧升温。这位曾经高呼"愿以一人生命换取大众民主"的"斗士"表示,"尽管知道前途一片黑暗,但依然愿以牺牲换取民主",并且呼吁"不要理会什么戒严令,将集会进行到底"。在警方的再三通牒下,集会最终于晚上10点结束。但是,集会骨干又约次日下午5点同一地点不见不散,这令巴育政府十分被动。

巴育政府除了逮捕多名集会核心骨干,还对"冒犯王后车队"事件中的反政府民众和执行任务不力的高级警官们"真刀真枪"地动起了真格。当天,警方以"危害王后自由"的罪名逮捕两名围堵王室车队的为首者。根据刑法第110条第2款,危害王室成员自由与安全者,将有可能被判处终身监禁。此外,巴育还下令撤销了3名直接负责王室车队安全的高级警官职务,分别为:首都警察局副局长、首都警察局第一分局局长和警察总署情报局要员保卫处处长。根据《紧急事态法》规定,巴育还将陆军第一军区三个营兵力调至曼谷,其中有一百名士兵进驻议会大厦,其他人员集结待命。

巴育政府的做法,引发了反对党的猛烈抨击。为泰党、远进党等7个反对党组成的反对党联盟发表联合声明,表达了对当前局势的担心,要求巴育立刻取消戒严令,并且释放所抓捕的"民团"骨干。塔纳通也代表"前进团"发表了类似的声明,他也呼吁巴育尽快辞职。至今,巴育政府尚未做出进一步回应。

泰国政治再陷怪圈

毋庸置疑,泰国政治又陷入了原有的怪圈。当前上演的一幕幕,都似乎是在重演历史:弱势一方的政治诉求无法通过议会斗争得到满足,转而诉诸街头政治,动员民众上街示威游行。紧接着政府一方民众也走上街头,双方对垒致使国家几乎瘫痪,法律形同虚设,政治无法和解,唯有军事政变。而军事政变只能短暂掩饰矛盾,对于深层次的矛盾不仅无法解决,反而会因军人集团的介入而变得更为尖锐而难以调解。政变之后,一地鸡毛,政治怪圈又重新开启,如此循环往复,直至下一次政变。

然而，就当前形势而言，军方还有可能发动政变吗？笔者认为，这种可能性微乎其微，或者说几乎为零。十天前，新任陆军司令纳隆潘上将在接受记者采访时已经明确表示，"政治的问题应该以政治方式解决，军队将不会介入政治争端"。泰军最高司令查棱蓬上将也表示，"政变并不在军队的词典之中"。尽管有人说，军方的这种表态并不可全信，但是时代的发展和局势的现状，的确不允许军方再次发生政变。即使发动了政变，拉玛十世国王恐怕也不会签署命令承认政变上台的军政府，毕竟反政府运动中针对王室改革的"十条主张"中有一条就是要求国王不能为政变上台的军政府背书。

军事政变既然不太可能，那么"政治的问题还应该政治解决"。巴育宣布实施戒严，戒得了一时，戒不了一世。何况反政府力量根本没有把戒严令放在眼中。戒严第一天，他们依然我行我素，在拉巴颂街区集会，令政府颜面扫地。倘若以违反《紧急事态法》为由逮捕集会者，人山人海，如何抓捕？倘若仅逮捕集会骨干，则正中其下怀。很多集会骨干就是奔着被逮捕的目的来的。据说，现在正是这些反政府力量骨干成员积攒政治资本的时候，未来如果他们这一派得势，则凡是进过监狱的人，在竞选中都是很大的加分项。

"民不畏死，奈何以死惧之？"，逮捕几个骨干成员也解决不了问题。那么，最终出路会是什么呢？正如1929年全球经济大萧条直接导致了1932年泰国的君主制改革，2019年新冠肺炎疫情也是当前泰国政治乱局的最直接影响因素。经济的问题是最根本的问题。要想走出政治斗争泥淖，最理想的情形就是国家经济复苏，迅速恢复至疫情前的水平，人民安居乐业，年轻人朝气蓬勃。但是，就眼下形势来分析，这种可能性极小。新冠肺炎疫情对全球经济的影响极大，泰国经济衰退严重，尽管巴育宣布将斥资上万亿泰铢修建跨泰国湾大桥等一系列大型基础设施项目，但是"远水解不了近渴"，不仅过长的论证建设周期会磨掉民众的耐心，而且债台高筑的泰国政府始终让民众感觉不太放心。

既然这条路没有可能,那还有什么方法呢?笔者大胆揣测,可能只有巴育总理做出自我牺牲,才有可能令局势恢复平静。毕竟,在"民团"的三大要求中,巴育总理辞职是第一条要求。相对于"改革王室"而言,"要求巴育辞职"更能令"民团"争取到广泛的统一战线。所以,只要巴育总理愿意辞职,则政治僵局可破,整盘棋都可以救活。反政府力量可借此机会就坡下驴,将"改革王室"的要求暂时收回。为泰党也因此可以放下与2014年军事政变领导人巴育之间的恩怨,而与公民力量党握手言和,最终或可联手治国。究竟形势会如何发展?我们还是密切关注,拭目以待!

5. "妥协之地"无法妥协，国家和解路漫漫其修远[①]

最近两周，泰国政局依然动荡不平，尽管巴育总理要求"各让一步"，但反政府团体依然坚持"巴育辞职、修改宪法、改革王室"三大政治诉求。值得关注的是，泰国拉玛十世国王哇集拉隆功及其他王室重要成员近来频频现身，亲近人民，释放妥协善意。在国王"妥协精神"指引下，泰国政府也做出相应举措，并积极推动在议会框架下成立"国家和解委员会"，试图通过和平谈判方式解决政治危机。然而，冲突各方疑虑重重，反应消极，尤其是反政府团体拒绝参与"和解谈判"，积重难返的泰国政治危局距离和解之路似乎仍然遥不可及。

"兼爱万民，泰国乃妥协之地"

2020年10月23日是被尊为"大帝"的泰国先王拉玛五世朱拉隆功逝世纪念日，也是"废奴日"。拉玛十世哇集拉隆功国王罕见地携素提达王后和两位公主走近人民、接受效忠王室的民众觐见朝拜。印象里这样的场景并不多见，除了登基大典巡游，去年国王和王后只有在唐人街接受泰国华人团体的觐见。23日当天，民众们身着黄衫，跪拜王室，展现忠诚，与激进的抗议者们变着花样讽刺和抨击王室形成了鲜明的对比。

有一件事情令人印象特别深刻。素提达王后认出一名戴眼镜

[①] 本文于2020年11月11日发表于澎湃新闻·外交学人，题为"国王说泰国是'妥协之地'，但和解仍路漫漫其修远"。

的男子正是前几天在某反政府集会中高举已故普密蓬国王和诗丽吉王后画像的人,她立刻禀告国王。国王听后"龙颜大悦",拍着这位男子的左肩,连声说:"真勇敢!真棒!谢谢你!"这名男子感激涕零,高呼"圣寿无疆"。而且,他还在个人脸书账号上传了照片,表示这是自己一生的尊荣。

国王和王室成员一改往日高高在上的威严,转而亲近人民,是最近政治生态中的一个重大变化。素提达王后俏皮地做出"胜利"的手势,两位公主在现场玩起了自拍,气氛非常和谐。

11月1日晚,哇集拉隆功国王在玉佛寺为玉佛更换冬季袈裟仪式结束后,携素提达王后、诗妮娜贵妃以及两位公主再次走进"黄衣军团"中间,接受他们的致敬。国王与瓦隆医生、普塔伊萨拉高僧等"保王派"领袖交谈,还当场在自己的画像上题词。素提达王后紧紧挽着国王的臂弯,与跪伏效忠的民众们热情互动。汗水浸湿了王后的衣衫,细心的民众赶忙递上水和纸巾,王室和民众之间的距离不断被拉近。现场的民众还将面圣时高呼"圣寿无疆"的传统改为"国王加油"!

哇集拉隆功国王打破41年来从不接受媒体采访的惯例,现场回答了美国有线电视新闻网(CNN)记者提出的问题。记者问他:"这里的人民都很爱您,但是您想对那些要求改革君主制的街头抗议者们说些什么?"国王回答:"我不想评论。我爱他们所有人。"并且将后一句又重复了两遍。记者再度发问:"有妥协的余地吗?"国王回答:"泰国乃妥协之地(the land of compromise)。"国王转身离去后,与思蕊梵娜瓦瑞公主轻声耳语。公主领会父意后,回到镜头前,大声告诉记者:"我们热爱泰国人民。泰国是一个和平的国度,我们很爱它。这是一种真爱!"

在反政府团体不断掀起集会浪潮、公开要求改革王室的背景下,王室的这番表态被各大媒体解读为向"反王派"释放出妥协的善意。

政府的妥协之举

事实上，泰国总理巴育早在国王表达"妥协精神"之前便已试图与反政府团体进行妥协。他在10月21日晚发表电视讲话，呼吁双方"各退一步"，但是并未得到正面回应。反政府团体强调巴育必须辞职，并且号召民众10月26日前往德国驻泰大使馆，向德国驻泰大使呈交请愿书，要求德国政府调查泰王在德期间是否违规使用王权，是否违反德国法律等，甚至要求德国政府禁止泰王居留德国，并将其宣布为"不受欢迎的人"。

即便如此，巴育政府并没有做出更为激烈的反应，而是在不少方面都做出让步和妥协，希望能够平息矛盾，重回正轨。首先，多个刑事法院撤销反政府集会骨干逮捕证或者取消起诉。10月29日，南曼谷法院驳回警方逮捕在德国大使馆前发表激进言论的25岁女子帕萨拉瓦迪（昵称"麦"）等5人的申请。拉查达法院驳回警方针对"辱王事件"中向王后车队手举三指表示藐视的颂由等人的拘留申请。巴吞万区法院则撤销了巴娜萨亚（昵称"彩虹"）的逮捕证。罗勇法院撤销了对于迈克·罗勇在巴育总理视察时举牌抗议的起诉。

其次，积极推动宪法修订。在10月26—27日举行的议会特别会议上，巴育总理表示，执政联盟已经召开会议，决定通过议会机制推进宪法修订工作，政府将在下周向议会提交《公投法》草案，一旦议会通过，便会就修宪事宜举行公投。11月4日，总理府发言人表示，巴育总理已经签署《公投法》草案并向国会主席川·立派提交，等候议会审议。

再次，尝试成立"国家和解委员会"，以和平谈判方式解决政治矛盾。民主党党魁、副总理兼商业部部长朱林在议会特别会议上首先提出这一方案，他认为该委员会应该包括七方代表，即政府代表、执政联盟议员代表、反对党议员代表、参议员代表、反政府团体代表、不同意反政府团体诉求者代表、其他(比如社会贤达等)。朱林的倡议得到了国会主席川·立派的力挺。他授权国会下属的七世王学院(King Prajadhipok's Institute,以泰王拉玛七世巴差提朴之名命名)专门就此倡议开展研究,并提出具体方案。

和解方案"曲高和寡"

七世王学院提出了两个方案。第一种方案由各方选派代表,成立多边委员会。代表可以是各方具有决策权的实际领导人,也可以是各方领导人所信任者。第二种方案则采取中间人模式,由各方提出建议人选,国会主席负责遴选委员会委员,并且任命委员会主席。

川·立派结合七世王学院提出的两种方案,提出了"川氏方案",即邀请四位前总理以及前国会主席成立和解委员会,再邀请各派代表入会,交流协商,共寻出路。川·立派做事雷厉风行,他在公布方案的同时,与阿南·班雅拉春、差瓦力·永猜裕、阿披实·威差奇瓦、颂猜·翁萨瓦等四位前总理联系,邀请他们加入国家和解委员会。除颂猜·翁萨瓦暂时保留意见之外,其他三位均有意向参与。自豪泰党党魁、副总理兼公共卫生部部长阿努挺对此方案表达了赞赏,他说:"如果国家的政坛耆宿能出山相助,是一件值得力挺的好事。"

但是,川·立派提出的方案遭到了执政联盟第一大党公民力量党的冷遇。公民力量党党魁、副总理巴威上将接受记者采访时,对此方案不予置评。而他的"左右护法",副党魁派汶和曼谷地区议员希拉则公开质疑这一方案的可行性。

11月3日,派汶公开表示,成立国家和解委员会不是解决当前矛盾冲突的良方,而川·立派所邀请的四位前总理均已有明确的预置政治立场,令人怀疑此委员会是否专门设立以施压巴育总理辞职?他还义正词严地指出,如果国家和解委员会胆敢讨论改革君主制的议题,他一定会拿起法律武器,起诉委员会。

希拉议员则毫不客气地质疑川·立派:"一个人凭什么做出邀请这几位前总理的决定?"希拉指出,阿南·班雅拉春前几日公开呼吁巴育总理听从学生们的要求,做出牺牲,主动辞职,他的立场非常明确,就是和反政府团体统一战线;阿披实在2019年大选时便宣称,坚决反对巴育上将担任总理,大选结束后他主动辞去议员一职,显示他对议会机制的不认同;而颂猜是泰国前总理他信的妹夫,他的立场不言而喻。同时,希拉还表示,这几位政坛老人大多年事已高,很难理解年轻人的思想与诉求,因此,绝对不能指望由他们来推动国家和解进程。希拉认为,川·立派应该更多地运用议会机制,少数服从多数,确定和解委员会委员人选。有评论称,国家和解委员会还没开张,执政联盟内部的矛盾又爆发了。

由为泰党、远进党等反对党组成的反对党联盟最初对这一方案反应消极,他们坚持强调巴育辞职是国家和解委员会成立的前提,而且必须待其他各方尤其是反政府团体"民团"都同意参加和解机制后再行决定是否参加。其后,反对党联盟态度有所软化,表示愿意接受四位前总理作为和解委员会委员的方案,但并未放弃巴育必须先辞职的条件。

矛盾的关键一方——反政府团体"民团"则直截了当地拒绝加入国家和解委员会。11月5日,"民团"在大王宫前举行新闻发布会,一众骨干齐声宣读拒绝声明,称国家和解委员会的成立无助于解决政治困局,巴育是国家政治经济社会发展的最大障碍,而且他的总理之位从始至终都缺乏合法性,和解委员会的成立除了为巴育政府续命拖延时间,别无益处。所以,"民团"拒绝参与国家和解委员会机制,并且强调"巴育及其同伙必须辞职、制订人民版宪法、王室必须真正置于宪法之下"三大诉求。

反政府团体寸步不让

回顾泰国政治发展历程,可以发现,泰国政治矛盾大多是以非暴力的军事政变形式暂时解决的,而这种畸形模式"治标不治本",既未能彻底解决矛盾,又埋下了新的矛盾种子,还导致政党制度和议会制度不能得到充分发展。仅有两三次政治矛盾是以非军事方式解决。一次是 1980—1988 年炳上将担任总理期间,出台 66/2523 号令和 65/2525 号令,以柔性方式对政治异见者进行"招安",尽管没有成立国家和解委员会,但是获得了较大成功。对此,时任陆军司令的差瓦立上将功不可没。另一次则是 1991 年占隆带领民众示威游行,反对素金达上将担任总理,军方对示威者进行镇压,已故拉玛九世普密蓬国王召见素金达与占隆,二人跪伏在国王面前,政治危机最终得到解决。

21 世纪以来,他信派系与反他信派系之间的矛盾不断激化,导致了 2006 和 2014 年两次军事政变。在两次政变之间,经历过沙玛、颂猜、阿披实等三位总理。阿披实担任总理之时,红衫军一度占领机场,甚至阻止芭堤雅东亚峰会召开,军方出面驱散红衫军集会。此后,阿披实政府先后成立三个国家和解委员会,商讨政治矛盾解决方法。前总理阿南·班雅拉春担任了其中一个委员会的主席。和解委员会向阿披实政府提议取消《紧急状态法》,但未被采纳。最终,阿披实提前解散议会,举行大选,被他信的妹妹英拉击败。

可见,国家和解委员会在泰国历史上并无成功先例,而阿南、阿披实等人尽管担任过总理,但在矛盾解决方面,似乎也未能证明他们拥有异于常人的能力。此次川·立派和朱林等民主党人积极推动的国家和解委员会方案没能得到各方积极响应,可能也有这方面的原因。

回到眼下的矛盾焦点,尽管王室和政府都释放出妥协信号,但是反政府团体"民团"一步都不愿退让,坚决要求巴育辞职、王室改革。这种决不妥协的态度,只能让政治和解的希望几近破灭。敢于在 2014 年发动政变上台的军事强人巴育上将岂会甘愿如此轻易便屈从于抗议者要求。况且,巴育本人尽管在国家经济发展方面可能做得不尽如人意，但是他有两大功绩，足以让他与抗议者周旋一段时间。

一是他被部分民众视为国家稳定的捍卫者。回望2014年，"红衫军"和"黄衫军"两军对垒，将泰国逼向分裂的边缘。巴育发动政变，事实上符合不少泰国民众的期望。二是他是抗击新冠肺炎疫情的英雄。此次新冠肺炎疫情，全球无一幸免，西方国家诸如美国、巴西、意大利等国已经深陷危机，东方国家诸如印度、缅甸也遭疫情痛击。但是泰国自始至终防控得当，效果明显。世界卫生组织多次表扬泰国防疫工作获得巨大成功，并且选择在泰国拍摄抗疫宣传片。这两大功绩尽管不受反政府示威者认同，但是大多数民众还是对此给予较高评价。所以，巴育应该不会轻易辞职。

王室改革这一诉求则更为敏感。最近王室的亲民表现极大地改善了公众形象，加之大多数泰国民众内心深处依然对王室顶礼膜拜，不认同激进者们改革王室的主张。所以，"民团"若希望在这一条诉求上获得成功，实属不易。但是，"民团"似乎没有放弃这一诉求的迹象。11月8日下午，"民团"从民主纪念碑出发前往王宫，推着四个大信箱，满装着"反王派"写给国王的信件，向哇集拉隆功国王"送信"。"民团"此举并非请愿，而是直接向国王下最后通牒，要求当局必须接受他们的"三大诉求"。显而易见，他们是不达目标誓不罢休，但就当前环境分析，如果不降低期望值，"民团"将不会获得成功，和解曙光也将遥不可及。

不过，最近有一事件需要引起关注。11月4日宪法法院披露，将于12月2日就反对党领袖向宪法法院提出的巴育总理退役后仍然居住在军官寓所，是否涉嫌利益冲突并违反宪法，导致总理失去任职资格一案做出裁定。

鉴于历史上曾经有过沙玛总理因在职期间主持电视烹饪节目而被判违宪下台的先例，此次巴育总理会否上演"十二月惊奇事件"，值得关注。万一巴育因此下野，或许会成为解开当前政治乱局的一把钥匙。

6. "刑法第112条"之争后,泰国政治能否重回正轨?[①]

2020年,对于泰国而言,"抗疫"与"抗议"无疑是最重要的两个关键词。

年初,因塔纳通领导的新未来党被泰宪法法院裁决解散,学生们开始组织各种形式的抗议活动,但因新冠肺炎疫情的暴发而被迫中断,抗议服从于抗疫。其后,随着抗疫的阶段性成功,6月"万查伦事件"成为新一轮抗议的导火索。7月以来,经济萧条、政党内斗、社会不公等种种因素,加之长期以来美西方势力在泰国的西式价值观传播,以及泰国内外反王势力对拉玛十世国王的负面渲染,多重因素相互交织与叠加,令泰国爆发了前所未有的反王室、反政府集会,泰国社会在"红黄对立"后进一步被撕裂,忠君者与反王派之间的矛盾急剧激化。

11月,两派之间激烈交锋的焦点,转移到了"刑法第112条"(即"蔑视君主罪")的存废之争。与此同时,某反政府集会骨干提出,应该以曼谷大街小巷为"战场",与政府"打游击",令人不禁担忧,一场内战是否正在酝酿之中。倒是身处矛盾漩涡的拉玛十世国王,最近频繁现身,并且罕见地敞开心扉,为泰国政治稳定增加了一些砝码。

而到了岁末年终,反政府运动出现式微之势,泰国政治能否于2021年重归正轨值得关注。

[①] 本文于2020年12月25日发表于澎湃新闻·外交学人。

政府动用"刑法第112条",反王派分化

2020年6月,泰国总理巴育上将曾经透露,拉玛十世国王禁止政府动用刑法第112条。当时他的出发点可能是希望民众们感受到国王的宽宏大量,进而更为尊重王室。

但事与愿违。尽管王室与政府总体上以理性态度对待学生集会,通过多种方式释放妥协善意以避免局势恶化,但反王派学生骨干们毫不妥协,言辞愈加激烈,行为不断出格。这样的做法不仅令王室蒙辱,也让长期接受忠君爱国教育的泰国民众们感到愤怒。

11月19日,巴育警告不断升级的反王室集会称,政府有必要使用所有法律武器。他说,之前一直对集会者保持克制,但是随着集会者的做法越来越过分,超过了绝大多数国民的容忍程度,因此必须要尊重大多数人的声音,执法者要依章办事。当记者问他,其中是否包括(动用)刑法第112条时,巴育反问道:"你们媒体明不明白所有法律意味着什么?难道听不懂泰语吗?"

两天后,"取缔第112条"一跃成为泰国推特趋势榜头条。其后,至少30人因在多个集会场合公开批评王室而被起诉,其中囊括了此次反政府集会活动的所有头面人物。

此后,出于对刑法第112条的忌惮,不少此前活动积极的反王派骨干出现了噤声之势。但已经官司缠身的反王派急先锋们,诸如帕里·奇瓦拉(即"企鹅")、巴娜萨亚(即"彩虹"),则选择一条路走到黑,继续高举反王大旗,不断在国际国内造势,试图引导多方施压政府,从而达到自我营救的目的。

他们一方面继续在社交媒体上对王室和政府进行强烈批判并试图离间二者,同时还组织集会施压泰国当权者。12月10日是泰国"宪法日",也是国际人权日。当天,帕里和巴娜萨亚率"第112条受控诉人群体"发表联合宣言,要求即刻废除刑法第112条,停止对反政府集会者使用此条款,还其政治清白,并对曾经因为这

条"野蛮落后"的法律条款而获罪的人们给予补偿,还社会以公正。

同日,一个名为"民主6·24"的组织也向联合国驻曼谷办事处提交请愿信,希望联合国人权机构能向泰国政府施压,终止对反政府学生和民众们立案,并且要求泰国政府废止刑法第112条。

此外,12月10日下午,原新未来党秘书长、法政大学法学教师毕亚卜在一个学术研讨会上就刑法第112条发声。毕亚卜指出,刑法第112条"不是普通法律",而是"政策性法律",由国家机关控制对其进行运用。毕亚卜称,使用法律仅为停止批评是不可能的,停止批评最好的方法是自我改革以适应时代、适应民主。

联合国人权机构谴责,泰政府立场明确

12月18日,联合国人权事务高级专员办事处发表声明,表达对当前泰国局势的担忧,尤其是对35名异见者以违反刑法第112条提出控诉,其中包括一名16岁的青少年。声明表示,在过去两年间没有人因违反此条法律而获罪,然而近期在如此短暂的时间内,泰国政府密集动用此条款起诉反政府者,令人极度失望。该人权机构还呼吁泰国官方停止使用此条款,因为这是对公民自由表达政治观点和和平集会的打压,建议泰国政府修改刑法第112条。

这份声明中提到的16岁少年,曾于10月29日晚曼谷是隆路时装秀反政府集会上,着泰国传统贵族服饰模仿王室成员接受"民众朝觐"。有保王派人士认为,此人行为明显具有暗讽甚至丑化王室成员的目的,因此应以违反刑法第112条对其起诉。

针对联合国人权机构的指责,泰国政府立刻做出回应。12月19日,泰国总理府发言人阿努查表示,泰国刑法第112条并非旨在限制人民政治主张表达自由,这条法律在很多国家都有,只是形式有所不同。其目的在于保护国王、王后、王子或者摄政王的权利与声誉。而且近期不少涉及刑法第112条的案件,国王已经开恩给予赦免。对于16岁青少年被以此条控诉一事,泰国青少年法院已经

受理此案，但是驳回了监禁该名青少年的请求，同时允许有条件保释。

阿努查还强调，过去两三个月内，没有抗议者仅仅因为行使政治主张表达的自由权利和参与和平集会而被拘捕，他们被捕是因为违反了泰国其他法律。而其中绝大多数都已经得到释放。阿努查还补充道，泰国政府没有限制公民的政治主张表达自由，以及他们的和平集会权利，这些都是民主制度的重要基础。但不管怎样，行使上述权利都必须在法律框架之下，必须尊重其他人的权利与自由，不能影响国家安全与社会稳定。

数日前，巴育政府常驻部长助理素蓬·阿塔翁曾公开表示，刑法第112条是泰国现行法律，只有严格执行此法律，才是对法律的尊重。

泰国陆军司令表态忠君，保王团体坚定支持"执法必严"

在这关键时期，近期较少露面的新任陆军司令纳隆潘12月18日公开表示：军队的天职便是尊崇王室，因为自建国起，军队与王室便相互交融，不可分割。"君主是泰国军队最高统帅，在历史上，君主率领军队抵挡强敌入侵，保国平安，我们才有今日之幸福。因此，泰国军队必须效忠君主，军人必须效忠国家，捍卫国土安全，维护人民安居乐业，这便是军人之职责。"有记者问他，是否支持启动刑法第112条。他拒绝回答此问题。他说，自己是一名军人，不懂法律，法律的事情已经交给专业人士来回答。

而知名"保王派"政治家瓦隆医生领导的"泰忠诚"团体则坚定支持动用第112条对冒犯天威者给予制裁。瓦隆医生认为，反王派试图混淆黑白，将第112条妖魔化，把它描述为欺凌人民、压榨人民、恐吓人民的野蛮律条，如果了解真相的民众不站出来，则反王派的目的一定会达成。瓦隆医生称，第112条是保护国家元首正当权利的法律，如果没有冒犯君主的恶念，便不会如此痛恨它。反王派之所以要"去之而后快",就是为了最终要推翻泰国人民景仰的君主制。

另一位保王派领袖阿侬博士强烈呼吁要严格而公正地使用第112条,他指出,巴育总理6月份所说的拉玛十世国王禁止政府对人民使用第112条应该是巴育理解错了圣意。巴育的表述让反王派们肆无忌惮地污蔑王室,对整个泰国社会形成威胁,甚至于当忠君者去举报反王派违反第112条时,反而被反王派指责是违抗圣旨。因此,阿侬博士认为,国王的意思应该是不能滥用第112条,不能用于政治迫害,应该公正地使用法律武器。

拉玛十世敞开心扉:"人不知而不愠"

当泰国保王派和反王派双方争吵得不可开交之际,真正处于矛盾旋涡中心的拉玛十世哇集拉隆功国王并未表现出不安,不过,发生在他身上的变化也是显而易见的。

过去三个月,国王马不停蹄地前往泰国各地,出席各种仪式,既有王家典礼、宗教仪式,也有民生工程落成仪式,更多的还是走近人民,接受朝觐,以及为高校毕业生颁发学位证书。此外,他还罕见地接受了西方媒体记者的临时采访,表达了自己兼爱万民的思想。鲜少面对大众媒体的他在镜头前显得十分拘谨。

更难得的是,12月12日晚,国王和王后身着情侣装,出席在御卫11团举行的志愿者青少年领袖训练营开训仪式时,首次敞开心扉,与青少年们共话人生。这个训练营的主要目的是培养青少年对拉玛九世普密蓬国王"适足经济"思想的领悟与践行,热爱泰国文化,传承先王理念。

拉玛十世面对朝气蓬勃的优秀青少年们,感慨自己年近七旬,人生中有许多缺憾,有很多想做未做之事,他发自肺腑地表达了对逝去青春的缅怀。他勉励学子们多研读历史,了解过往,方能勇敢走向未来。他希望学子们能够明辨是非,在纷繁复杂的现实世界中找寻真相,不为谣言所惑。

尔后,拉玛十世回答了青少年代表们提出的一些问题。其中,有两个问题相对隐私,可以从中窥得不轻易表露思想的拉玛十世的真实内心。一是,曾于11月1日在王家田广场请求与国王王后自拍留念的一位学生提问:"为何随着社交网络的发达,网上有很多新闻都在说国王的不好?甚至我本人也曾经产生过负面的想法。"国王回答道:"说好说坏都是很正常的,我们要学会如何去辨别是非。我从来没有宣传过自己,究竟是好是坏,在于所有人自己内心去评判。我从王子时代便有不少负面新闻。有人说好,有人说坏,是非常正常的一件事,我们无须在所有事情上都去证明自己。"

另外一个问题是:"国王平时会心生气馁,或者身心疲倦吗?"国王答道:"我也与普通人无异,有时会气馁,有时会伤心,有时甚至不想去与错误之事做斗争。这些都是很正常的。但是我们不要让这种气馁成为拽着我们下行的恶魔。只要有理想,行正道,明职责,我们便能继续前行。"

反政府运动日益式微,政治将会重归正轨?

12月以来,尽管反政府集会活动依然不断,但是与8月至11月的持续大规模集会相比,当前明显处于势衰状态。之所以如此,笔者认为有以下几点原因。

一是反政府组织意见相左,内讧不断。这一迹象其实在8月份的集会中便已显露,各个组织所提政治诉求五花八门,高低不一。此后多个组织之间达成妥协,于10月起以"2020民团"的名义统一组织活动,但是事实上各个组织在政治运动目标的设定上看法不一,政治主张也大不相同。

此外,各类自发组建的"保卫队"或者"纠察队"在多次集会上发生暴力冲突,甚至有一次还造成流血事件。帕里以"运动主帅"的身份发表声明,要求所有保卫队终止行动,由集会组织者自行组织专业防卫人员,但此举被揭穿其中存在利益输送关系,因为帕里的朋友经营保安公司,这其中的奥秘,一眼便可望透。

二是拉玛十世国王的勤政形象得到民众肯定,反王派种种出格言行令人敬而远之。正如前文所述,拉玛十世国王驻跸国内数月,足迹踏遍泰国各区,北至清迈,南至北大年,渐有其父之风。而素提达王后陪伴左右,气质高雅,展示王室团结亲善,亦为王室形象改善贡献良多。

反观反王派的言行举止,不断对国王进行人身攻击和诋毁,有时甚至不择手段,以极其卑劣的方式去故意冒犯国王,令大多数泰国国民倍感失望。比如,12月20日,帕里和巴娜萨亚号召民众前往曼谷市中心百丽宫商场,模仿网络上广为流传的国王所着奇装异服,企图在大庭广众之下,让国王颜面扫地。结果,除他俩及两名随从之外,没有一人响应号召。

再如,另外一位反王派急先锋迈克·罗勇在一次集会上提出另外的政治诉求,要求僧王和陆军司令等职务都要由民众公投产生。僧王是泰国佛教的核心人物,反王派将矛头指向僧王,令许多信教民众极为不满。

12月12日,Wevo卫队首领比亚拉·中太通过脸书账号发帖,呼吁以曼谷小巷作为"新的战场"进行地道战。他的说法在泰国网络上引起了广泛的争议。一位名为Chin Lawanont的网友愤怒地说:"你们真是穷途之犬……为你们这些叛国之人感到羞耻!"瓦隆医生则批评这种做法无异于挑动内战。

三是泰国新冠肺炎疫情卷土重来,民众尽量避免参与集会活动。进入12月以来,泰国多地暴发新冠肺炎疫情,尤其是泰缅边境地区,由于缅甸务工人员的大量回流,境外输入型病例大幅增加。12月21日,泰国新增新冠肺炎确诊病例382例,其中360例为龙仔厝府玛哈猜海鲜市场缅甸劳工,而曼谷地区亦有多起病例。曼谷吞武里区一家知名蟹店的老板确诊。同日法政大学兰实校区附近的国家科技发展署一名工作人员确诊。泰国政府如临大敌,有人提议重新采取封城措施,并在玛哈猜市场附近设方舱医院收治中度以上症状的缅甸劳工。原新未来党党魁塔纳通因为此前曾经去过该市场为地方选举造势拉票,也宣布自我隔离14天。

当前,学生们的抗议行动暂时告一段落,巴育政府本可松一口气,迎接新年的到来。但是,随着疫情的反扑,巴育政府又将再度面对公共卫生危机和经济危机。

还有一周就是新年了。泰国又会迎来一个怎样的2021年呢?

7. "御赐疫苗"风波：政府的苦心还是惊天的阴谋？[①]

截至2021年1月27日，全球新冠肺炎病毒感染病例数累计突破1亿，死亡人数超215万。尽管国际疫苗研发已经取得较大进展，但是囿于多种因素，世界各国在疫苗接种方面的动作似乎普遍较为缓慢。倘若无法尽快为民众接种疫苗，疫情的进一步扩散势必在所难免。作为东南亚抗疫"优等生"的泰国，近期也面临着疫情升级的严峻挑战。缅甸非法劳工、罗勇地下赌场等灰色产业导致疫情加剧扩散。

截至1月29日，泰国累计确诊新冠肺炎病例数达16221例。面对不断恶化的局势，尚未获得疫苗的泰国政府，除运用行政手段加强防范之外别无他法。这为反对派攻评政府提供了口实。原新未来党党魁塔纳通借此猛烈抨击政府在疫苗政策上的不作为，并言之凿凿地揭发泰国政府利用与英国阿斯利康公司合作之机，用人民缴纳的税收为王室控股企业输送利益。塔纳通的"揭秘"不啻石破天惊，在泰迅速发酵，引发朝野激烈反应，支持者众，反对者益众，反映了泰国社会的两极撕裂。

塔纳通：巴育政府"明修栈道，暗度陈仓"

自疫情暴发以来，泰国政府抗疫成绩可圈可点，曾保持感染病例数月零增长。乃至于即使反对派持续举行大规模集会，亦安稳无事。然而，自2020年11月底以来，第二波疫情突然来袭，多地接连

[①] 本文于2021年1月29日发表于澎湃新闻·外交学人。

出现确诊病例,尽管泰政府及时采取措施,但其所暴露的公务人员知法犯法、官商勾结等问题令政府公信力遭到质疑。为挽回民众信任,稳固执政地位,巴育总理、阿努挺副总理等政府高层均在不同场合向民众通报政府在新冠疫苗方面的各项举措及重要进展,为不断陷入焦虑的民众打气鼓劲。

2020年11月,泰国政府高调宣布,已与国际生物产业巨头英国阿斯利康公司达成协议,采用剑桥大学新冠肺炎疫苗最新技术,在泰建立疫苗生产基地,规划年产量2亿支,以低价供应泰国政府的同时,辐射整个东南亚地区。而具体与阿斯利康公司开展合作的企业是一家名为暹罗生物科技公司(Siam BioSci)的药企。根据泰国政府2021年1月初披露,该公司目前的生产正有序推进,泰政府所预定的2600万支疫苗拟于5月交付。

然而,在民众中极具影响力的反政府政客、原新未来党党魁塔纳通在1月18日举行的网络直播演讲中直指政府所谓的泰英疫苗合作隐藏着惊天秘密,举国震惊。当日,塔纳通以前进团主席身份,通过个人脸书账号进行了一场名为"御赐疫苗:谁获利?谁吃亏?"的直播。

他指出:疫苗对于泰国恢复经济增长和社会稳定具有极为重要的意义,如果能为民众尽早接种疫苗,则便可早日打开国门迎接游客,经济便可迅速企稳回升。但是,与以色列、阿联酋、巴林、英国、美国以及东南亚地区的马来西亚、菲律宾、印尼相比,泰国政府在疫苗方面存在两大问题。一是动作迟缓。由于新冠肺炎疫苗的极度稀缺性,许多国家早在2020年上半年便着手洽谈疫苗采购事宜,全球各大厂商疫苗早已被预订一空。尽管泰国政府保证将为民众免费接种疫苗,但是至今并未获得任何疫苗,即便紧急采购了200万支中国科兴公司疫苗,也仅能覆盖100万人,而且最快也要3月才能开始为民众接种。阿斯利康的2600万支疫苗交付时间则更晚。泰国政府的动作迟缓直接影响了泰国经济的恢复进程。

二是孤注一掷。泰国政府一直以来都把新冠肺炎疫苗的希望寄托于与阿斯利康的合作,几乎没有考虑过其他国家的疫苗。这与其他国家的做法形成了鲜明对比。比如,马来西亚与美国辉瑞、莫德纳,英国阿斯利康、中国北京科兴等疫苗供应商都有合作,目前采购疫苗总数可覆盖71%的民众;菲律宾则分别向阿斯利康、北京科兴采购了足以覆盖45.1%人群的疫苗。塔纳通认为,世界上绝大多数国家都不会将鸡蛋放在同一个篮子里,而是会采取多元化措施寻求疫苗,以降低风险,泰国政府这种孤注一掷的做法极度危险。

尔后,塔纳通向听众们解释了泰国政府这一危险行为背后隐藏的真正动机,将本场直播演讲推向高潮。他认为,泰国政府之所以不考虑其他国家疫苗,是要借此机会,对暹罗生物科技公司这一私营企业进行巨额利益输送。为何政府要力挺一家私营企业与英国阿斯利康公司这样的国际生物产业巨头开展合作?为何政府不仅在政策上坚定支持这家企业,而且还拨款6亿泰铢(约合人民币1.29亿元)用于该企业改善生产条件以满足英方要求?

塔纳通称,归根到底,这一切最合理的解释只有一个:暹罗生物科技公司是拉玛十世国王全资控股企业,政府的所作所为完全是公权私用,对王室进行利益输送。

根据前进团的调查,暹罗生物科技公司成立于2009年,注册资本为48亿泰铢(约合人民币10.32亿元),是一家医药公司,从未涉足疫苗研发生产。暹罗生物科技公司负责承接英国阿斯利康公司的技术转让,并在英方指导下开展生产。另一家名为APEXCELA的公司则专司销售。这两家公司办公场所均位于曼谷西尊拉萨大厦。最为关键的一点是,暹罗生物科技公司、APEXCELA公司以及西尊拉萨大厦的实际控股人均为泰王拉玛十世哇集拉隆功。经调查,塔纳通还发现,自从成立以来,暹罗生物科技公司包括其多家子公司均连年亏损,从未盈利。仅暹罗生物科技公司累计亏损额高达5.81亿泰铢(约合人民币1.25亿元)。

塔纳通据此断言,这家公司的经营由始至终都是失败的,泰国政府则试图通过这次疫情危机,利用与英国企业合作的机会,帮助它"咸鱼翻身"。很显然,暹罗生物科技公司不仅可以获得阿斯利康公司的技术转让,而且可以作为疫苗生产商享誉全球。此外,每年生产销售2亿支疫苗,获利丰厚的同时,还从泰政府获得巨额资金支持,可谓一石多鸟,好处占尽。而人民却因接种时间迟滞,每日只能生活在惊恐之中,国家经济停顿,民众生活困苦。

塔纳通在演讲最后质问巴育政府,如果暹罗生物科技公司生产的疫苗出现问题,无法达标量产,而泰国政府又没有其他可供选择的替代方案,巴育政府能否承担这个责任?

泰政府猛烈回击,控诉塔纳通"蔑视君主"

塔纳通炮轰王室与政府,在泰国社会引发强烈反响。1月19日,泰国总理巴育怒言:"塔纳通所说的'御赐疫苗',完全是在歪曲事实!"他当天还参加了高等教育与科技创新部主办的科技创新成果展,在垃圾分类科技展台前,巴育一语双关地对现场媒体说:"现在新冠病毒导致的垃圾已经够多了,千万不要制造其他垃圾,比如'社会垃圾'"。在场诸人均心领神会,含笑不语。

直接负责疫苗工作的副总理兼公共卫生部部长阿努挺的反应则更为强烈。他在接受采访时,脸色铁青地表示:塔纳通在没有了解事实真相之前,不应该信口雌黄。国王一心为民,劳苦功高,为国家贡献了大量抗疫物资,但是塔纳通却丝毫没有感恩之心,反而将疫苗与政治联系在一起,借题发挥。他还引用泰国传统俗语"(划船时)手不划水,但勿以脚阻水",批评塔纳通不仅没有做出贡献,反而还从中生乱。

泰国公共卫生部下属的国家疫苗研究院院长纳空·班西医生则从专业角度出发,向公众解释泰国暹罗生物科技公司与英国阿斯利康公司合作的来龙去脉。他说,同属王室产业的泰国暹罗水泥集团（SCG）与剑桥大学一直以来都有合作关系,当得知阿斯利康公司采用剑桥大学疫苗技术生产疫苗后,暹罗水泥集团力促阿斯利康公司与泰国政府之间达成合作。阿斯利康公司为实现在全球各重要地区实现疫苗本土化生产的目的,对泰国多家药企进行了资质调研。由于新冠肺炎疫苗的特殊性,生产条件极为苛刻,而且阿斯利康公司要求合作厂商有年产两亿支疫苗的能力,才予以考虑。在众多企业之中,只有暹罗生物满足其要求。因此,并非泰国政府规定暹罗生物科技与阿斯利康合作,而是其他企业不符合条件,即便是泰国卫生部下属的药企,也不足以承担如此重要的任务。此外,东南亚也有其他疫苗生产厂商希望获得阿斯利康公司地区合作伙伴资格。但是,在泰国政府的强力支持下,阿斯利康公司认为暹罗生物的实力更高一筹。

泰国政府猛烈回击塔纳通的同时,还采取法律手段对他进行起诉。1月20日,泰国社会经济电子信息部部长普提蓬委派该部部长助理奈温、总理府常驻部长助理托萨蓬和苏鹏就塔纳通所谓"御赐疫苗"的直播演讲向警方提出起诉,控诉塔纳通违反刑法第112条（即"蔑视君主罪"）和《电脑法》。托萨鹏表示,塔纳通的演讲中有11处导致人民接收错误信息,从而对王室产生误解,必将产生不可估量的负面影响,导致民众对政府的抗疫工作产生不信任感。今后,泰国政府将会对那些在网络上发布类似不实信息者动用法律武器。

塔纳通继续抨击政府,但社会反应两极分化

尽管泰国政府反应强烈,且以刑法第112条起诉塔纳通,但塔纳通不依不饶,公开回应政府的批评,并继续抨击政府。

1月21日,他在前进团总部举行记者招待会,并在线直播。他强调,巴育政府在新冠疫苗工作上的失误和低效是显而易见、无法否认的事实。疫苗如同"隧道出口的一缕亮光",由于政府的不作

为，国家经济恢复无望，泰国人民仍将生活在暗黑的隧道之中。

除批评政府低效无能之外，他又重申了自己对于政府公权私用，对国王控股的暹罗生物科技公司进行利益输送的强烈质疑。他要求政府立刻公开有关暹罗生物科技公司与英国阿斯利康公司合作的所有合同协议，接受审查监督。对于自己的遭遇，他则表示，回望过去，巴育总是拿王室当作挡箭牌，凡是有人批评政府，巴育一定会以忠于王室、捍卫王室为名，指责其对王室不敬，试图掩饰自己的失误和低效。正因如此，人们越来越多地对王室产生了疑问。他最后还向泰国社会提出一个问题，对巴育政府提出质疑和批评，是否就意味着对王室不忠、与王室为敌？

塔纳通的搭档、原新未来党秘书长毕亚卜则坚定支持塔纳通的言论，他还提出一个观点：为了保持国王至高无上的地位，绝对不能让国王真正管理国家，也不能允许国王经商。因为一旦有了实权，便要接受检查监督，有可能会被批评。如果经商的话，则会以商业原因而被起诉。因此，一定要坚持一个原则，那就是："王无过错"（The king can do no wrong），因为"王无作为"（The king can do nothing）。如果政府的总理或者部长总是拿国王当挡箭牌，遭到批评便斥批评者为"对王不忠"，那么为什么还需要成立民选政府？这些总理或者部长究竟是民主政府的官员还是绝对君主制下的大臣？

但是，塔纳通的言论也引发了社会各界的批评。原阿披实政府时期的财政部部长、现勇敢党党魁空·乍滴甲瓦尼认为，泰国暹罗生物科技公司能成为英国阿斯利康公司的合作伙伴，成为东南亚地区生产基地，是一件非常值得骄傲自豪的事情，这一切都要感谢暹罗生物的创始人拉玛九世普密蓬国王以及将其发扬光大的拉玛十世国王。在当前危机时刻，塔纳通将疫苗问题与政治相连，非常不合时宜，会打击身处一线的医生等群体的积极性。

而国家情报办公室前副主任南提瓦则在个人脸书账号上连续

两天发帖抨击塔纳通,他指出:如果塔纳通只是希望批评政府疫苗采购措施的种种不力,就直接批评政府,为何一定要牵扯王室?而且,暹罗生物公司是普密蓬国王在世时高瞻远瞩所建立,其目的是为泰国民众研发药物,而不需要依靠外国。暹罗生物科技公司与谁合作并不重要,重要的是泰国人有疫苗可以用,是东盟地区唯一可以生产疫苗的国家。而且,塔纳通所谓的连年亏损,其实是暹罗生物科技公司主动让利。普密蓬国王说过,暹罗生物科技公司亏损就是赚钱,公司所亏的钱,都是民众的利润。暹罗生物科技公司条件非常之好,英国公司耳聪目明,绝不会去选那种没有足够生产能力供应东盟地区疫苗的公司。

此外,不少著名医生、知名媒体人也纷纷发言,批评塔纳通借题发挥,借疫苗话题玩弄政治,为自己谋求政治利益。比如,著名媒体人颂提·林通衮便引用朱拉隆功大学医学院勇·普沃拉宛教授的观点,批评塔纳通"秀蠢"。他指出,泰国抗疫成绩显著,疫情并不严重,因此在全球疫苗效果尚未得到确认之前,可以冷静观察一段时间,无需对标别国,急于为民众接种。而且,他认为,暹罗生物科技公司与阿斯利康合作,对于泰国民众而言,有百利而无一害。

泰国政府疫苗单一方案的多重考虑

截至笔者撰写本文之时,塔纳通炮轰疫苗事件已经发酵十天。在这十天中,塔纳通一直通过网络对政府口诛笔伐,坚持要求政府公开相关合同文件。而正摩拳擦掌准备对内阁成员进行不信任辩论的远进党也在议会斗争中积极配合塔纳通,将以政府在疫苗方面的低效无能为由,抨击巴育总理。而主管疫苗工作的阿努挺副总理也毫不示弱,在个人社交媒体上接连发表文章,阐述政府行为的合理性,自证清白。

与此同时,或许是由于塔纳通在舆论上加大了对政府疫苗方案迟滞的抨击,泰国政府加速对阿斯利康疫苗开展认证,并从阿斯利康紧急采购15万支疫苗优先用于高风险人群。而且,巴育总理还表示,将考虑放开由私人医疗机构自行进口疫苗的可能性。

笔者认为,泰国政府在疫苗采购方面将所有希望寄托于暹罗生物科技公司与阿斯利康合作之上,确实存在一定风险。近日,阿斯利康公司宣布由于某一生产基地产能下降,首季供应给欧盟的疫苗数量由原本承诺的8000万剂大幅减少至3100万剂,交货量足足减少60%。当下疫苗市场为卖方市场,不提前预订根本无法购得疫苗。而新冠疫苗生产过程中存在诸多不确定因素,暹罗生物科技公司生产链条一旦出现问题,导致无法正常生产,则泰国政府将面临非常尴尬而且危险的局面。

但是,反过来说,也应该理解泰国政府的良苦用心。泰国政府在过去一年,遭遇重重危机,既要组织抗疫,又要防范抗议,还要解决民众温饱问题。因此,在疫苗方面,泰国政府希望能借此机会扭转形势,一石多鸟。比如,可以借助疫苗工程提升政府形象。与阿斯利康公司合作开展疫苗生产本土化,并将其作为疫苗来源主渠道,可以降低疫苗成本,以较低价格购入后为全民免费接种,创下政绩。泰国作为东南亚区域唯一本土疫苗生产供应国,在满足本国民众接种需求同时,还可向周边国家出售疫苗,提升在东南亚区域影响力,还可以提升王室形象。近半年中,王室形象在反王派抗议活动的影响下大为受损,急需一些十分突出的政绩来提振民众对王室的尊重与信任。如果王室全资控股企业能够成为全体民众的"大救星",王室口碑和形象自然便会得到改善提振。

不管怎样,疫苗是一项民生工程,更是民心工程,对于因公务人员参与灰色利益链条而备受诘难的巴育政府而言,只许胜不许败。不知道"抗疫英雄"巴育总理此次能否顺利解决疫苗问题,渡过眼前难关,我们且拭目以待。

# 第四部分
执政臧否

一、疫情中的政治危机

1. 泰国疫情反扑牵出权力寻租问题[①]

2020年对于所有国家而言,都不是一个好年份,泰国尤其如此。由于高度依赖出口贸易和旅游服务业,泰国经济大幅衰退,失业率不断攀升。与此同时,以大学生为主体的反政府团体不断组织大规模集会。直至官方祭出"刑法第112条"(即"蔑视君主罪")大旗,喧嚣了大半年的反政府集会终于暂时画上了休止符,学生们一边继续放出狠话,一边高高挂起免战牌,蓄力来年再战。

巴育政府本来准备松一口气,好好庆祝新年,孰料却被新冠肺炎疫情杀了一个回马枪,全国大半省份亮起了红灯。截至1月17日上午,泰国第二波疫情已蔓延60府(泰国共有77府),累计确诊病例达11680例,泰国再度面临新冠危机。与2020年年初暴发的第一波疫情不同,此轮疫情的导火索,均来自地下赌场、非法劳工等灰色产业链条。当事实展现在世人眼前时,泰国民众对官僚体系的信任度下降,巴育政府此前成功抗疫的形象也大为折损。如何挽

[①] 本文于2021年1月17日发表于澎湃新闻·外交学人,题为"泰国疫情反扑牵出权力寻租问题,巴育政府再陷危机"。

回民众信心,阻止新冠肺炎疫情蔓延,成为巴育政府在新年伊始面临的头等要事。

灰色产业四连击,引爆新冠定时炸弹

2021年年初蔓延的第二波疫情,经历了四次"震中"的转变。第一次是2020年11月底,多名在缅甸大其力娱乐场所工作的泰国女性通过非法渠道返回泰北清迈、清莱地区,不仅未被隔离,而且四处游走,几乎致使泰北首府清迈城瘫痪。

第二次则是2020年12月中旬,在龙仔厝府玛哈猜海鲜市场发现非法入境的缅甸劳工确诊感染。龙仔厝地区近邻曼谷,是海鲜产业聚集地。泰国是全球前十大对虾出口国,其中三成以上来自龙仔厝府。由于工厂企业众多,劳动力短缺,当地企业主大量引入缅甸劳工从事相关体力工作。因此,龙仔厝府聚集了数十万缅甸劳工。泰国人常开玩笑:"除了仰光之外,世界上缅甸人最多的城市就是龙仔厝"。

去年疫情暴发后,大部分缅甸劳工因为无工可做,纷纷返乡。其后,随着疫情逐渐缓解,不少工厂复产复工,但外劳政策始终未放开,部分企业主便通过地下途径帮助缅甸劳工偷渡入境。而缅甸近几个月新冠肺炎疫情蔓延,一些劳工感染后,通过非法途径进入泰国,致使龙仔厝成为疫情重灾区。

由于海鲜市场爆出新冠感染病例,很多消费者不敢食用龙仔厝府的海鲜产品。为避免海鲜业成为"受殃池鱼",泰国政府多位高官前往龙仔厝,以直播集体吃虾的方式证明虾蟹无辜。泰国副总理兼卫生部部长阿努挺还专门在媒体面前展示厨艺,并与龙仔厝府府尹维拉猜一起吃虾。但不幸的是,维拉猜随即被查出确诊新冠肺炎。阿努挺和维拉猜二人的距离最多不超过半米,好在当时维拉猜戴着口罩,阿努挺才幸免感染。不过,阿努挺还是主动要求隔离了14天。

一波未平一波又起。正当泰国政府和龙仔厝民众因为缅甸劳工之事焦头烂额之际,2020年12月24日—26日,位于泰国东部沿海地区的罗勇府突然新增37例确诊病例,12月27日又新增近50例,此后均逐日攀升。经调查,确诊者几乎都曾去过一家名为"龙珠"(音译)的地下赌场,"龙珠"成为疫情第三个"震中"。而且,罗勇一名45岁的男子确诊新冠肺炎后去世,据称系该赌场停车场工作人员。与此同时,同样位于泰国东部地区的尖竹汶府、达叻府以及春武里府也陆续爆出民众因聚集于地下赌场而感染新冠肺炎疫情的消息,"泰国东部经济走廊"全线沦陷,成为新冠重灾区。

2021年1月10日左右,泰国北部来兴府湄索县也爆出聚赌感染疫情的事件,成为本轮疫情的第四个震中。不过,导致疫情传播的赌场并不在泰国境内,而是位于湄索对岸缅甸克伦邦妙瓦底地区。不少泰国人热衷于从湄索出境,前往缅甸境内参赌,没想到成为新冠肺炎疫情的又一引爆点。截至1月14日,偷渡出境参赌、主动投案自首要求回国的125名泰国人分四批回到湄索,经过核酸检测,共有65人确诊。

连续四波次的新冠肺炎疫情传播,令泰国政府应对不暇。缅甸劳工尽管人数众多,检测成本高,隔离难度大,但他们一旦进入龙仔厝府开始务工后,行动轨迹相对简单,接触人群也可回溯。目前,拥有数万家工厂的龙仔厝府海鲜行业协会已经组织雇用缅甸劳工的各大厂商开展了众筹自救工作,在空旷场地搭建方舱医院,与泰国劳工部和卫生部合作,对缅甸劳工做到应检尽检,及时救治,力争尽可能将损失降低到最小。

而在大其力工作的泰籍女子回国后,未加隔离,四处游荡,对于其行动轨迹、接触人群,回溯追踪难度则较大。更为关键的问题在于,许多赌徒避重就轻,否认自己去过赌场,而且对于自己的行动轨迹瞎编乱造,为政府及时采取防控措施增加了不小难度。泰国政府成立多个调查委员会,针对泰缅边境暴露出的管控疏漏开展调查,并且加派军事力量,强化边境管控,试图亡羊补牢。对于罗勇地下赌场等问题,巴育政府也对相关涉案人员进行了处理。但是,此轮疫情暴露出的种种乱象,无疑对巴育政府的形象产生了巨大负面影响。

巴育政府面临信任危机

2020年三四月份,泰国第一波新冠肺炎疫情防控之所以卓有成效,皆因政府举措坚强有力:宣布实施《紧急事态法》,禁止民众聚集;封锁陆海边境,切断周边邻国病例输入的可能性;各府公务部门与志愿者网络密切协作,民众积极配合,国内感染者行动轨迹有据可查,密接者悉数隔离。在政府的强势管控下,泰国一度被视作东南亚疫情治理的"优等生"。

然而,第二轮疫情的强势反扑,令尚未接种疫苗的泰国民众日益恐慌的同时,也使其对政府治理能力的质疑和愤怒不断升级。而这一轮依次袭来的四个波次均与灰色产业密切相关。除罗勇地下赌场外,其余三波疫情,将泰缅边境管控薄弱的真相暴露得一览无余。在大其力风月场所上班的泰籍女子、来龙仔厝务工的缅甸劳工、前往妙瓦底聚众赌博的泰国赌徒,在泰缅之间来去自如,如越无人之境。究竟是何方神圣,有如此巨大的能量,能居中操作安排,将泰缅边境变为自家后院?

泰国超级民调(Super Poll)民调显示,97.3%的民众相信,泰缅边境关卡形同虚设,非法越境事件频发,致使疫情反扑,其中必有政府公务人员知法犯法,从中牟利。根据1月12日泰国警察总署公布的调查结果,有33名政府工作人员参与协助缅甸劳工从北碧府非法入境,其中20人为警察。

而纯属国内事务的罗勇地下赌场事件,在许多细节被披露出来之后,更是令泰国政府尤其是警察系统成为众矢之的,受到举国声讨。2020年12月26日,罗勇府尹主动披露"龙珠"赌场系新冠肺炎疫情超级传播地,但却遭到罗勇府警方矢口否认。警方坚决否认罗勇府有地下赌场,他们给出的解释是,当地民众私下聚赌,导致疫情传播。而且,还组织警力对被举报的"龙珠"赌场进行现场搜查,试图证明警方并未撒谎。结果不出所料,警方到场时,赌场内所有涉赌设施和赌具,包括墙上的摄像头都已被搬撤一空,墙上非常明显新换了墙布。

事实上,"龙珠"赌场在罗勇府早就是"公开的秘密"。2020年6月曾遭举报,关门歇业了一段时间,不知道何时又重新开业。虽说是地下赌场,但在泰国博彩界却非常有名,尤其是东部各府,好赌者无人不知无人不晓,乃至于谷歌地图都能搜索到它的准确坐标。更夸张的是,芭堤雅、尖竹汶等地均有赌场安排的班车,来往运送赌客。

罗勇警方这种掩耳盗铃、公然包庇的做法激怒了泰国各界。泰国卫生部助理部长萨迪·比杜德查直接通过个人脸书账号发文,指出警方与赌场老板蛇鼠一窝的事实真相,并且直接@巴育总理,请求总理严肃处理此案。

泰国著名媒体人颂提·林通衮披露,自2014年军方执政以来,尽管赌博业在泰国属于违禁行业,但是罗勇府早已是"泰国赌城",而且采用的是"特许经营模式"。赌场从业者必须得到警方许可,在确定与警方分成比例后,才可进行公开的"地下经营"。"龙珠"赌场老板名为颂猜·朱迪德查,在一位警察中将(前任某警区司令、现国会参议员)的庇护下,成功获得赌场"特许经营权"。

不仅如此,颂猜·朱迪德查还通过政界关系,安排自己的儿子塔纳·朱迪德查进入现任泰国国会副主席素察·丹查棱的工作团队,可以自由进出议会大厦。罗勇地下赌场曝光后,塔纳直接进入议会某会议室参加"国外网络博彩对泰国社会影响分委员会"的讨论会,之后便被确诊新冠肺炎。事情披露后,泰国朝野震惊,赌场老板的儿子竟然以国会工作人员的身份专门去听有关博彩业的研讨,这难道就是传说中的"无间道"?国会副主席素察·丹查棱被此事弄得灰头土脸，不得不承认用人失察，立即将塔纳从团队中除名。

泰国国家警察总署在一片批评声中，不得不采取行动，以玩忽职守为由将罗勇府警察局长调离岗位，他此前言之凿凿所说的"罗勇府内无赌场"成为泰国政坛"金句"，被媒体反复揶揄。之后，春武里府、尖竹汶府警察局长也未能幸免，相继被撤。

除警察等公务人员之外，巴育政府广遭质疑，还因为在本次出台防控措施过程中，不止一次出现官方表态大相径庭甚至相互矛盾的现象。比如，2021年1月4日，卫生部助理部长萨迪·比杜德查表示巴育总理同意对龙仔厝、春武里、罗勇、尖竹汶和达叻5府实施"封城"措施。但次日便被泰国疫情防控中心发言人塔威信所否认。1月7日，塔威信宣布，一旦感染新冠肺炎疫情者被发现未下载"医生胜利"App，可能构成犯罪，面临罚款或者监禁。疫情防控中心的官方推特账号也发帖强调这一点。但是，此规定存在不少不合理之处，因而遭到民间广泛抵制。副总理兼卫生部部长阿努挺在个人脸书账号发文澄清，否认这一规定。当日下午，泰国总理府发言人正式宣布，不下载"医生胜利"App将不会构成犯罪。凡此种种，亦导致泰国政府的公信力和执政能力受到质疑。

巴育焦头烂额，抗议又将卷土重来？

作为泰国抗疫总指挥的巴育总理，这段时间自然焦头烂额。抗疫成功本是他上任以来的最大政绩，但在近一个月内几乎前功尽弃。为了尽快堵住漏洞，保存抗疫成果，维持自己"抗疫英雄"的清明形象，巴育一面安抚民心，公开表示抗疫物资和经费储备充足，民众无须担忧，一面四处奔走，现场指导抗疫工作，试图将第二轮疫情带来的恶劣影响降至最低。与此同时，他还详细通报了政府在疫苗采购与注射方面的工作安排，给民众以信心。

尽管巴育总理非常努力地挽回政府形象，但是种种乱象在很大程度上动摇了民众对政府的信任。为泰党、远进党等反对党也乘机对巴育政府进行猛烈抨击。远进党党魁皮塔通过个人脸书账号进行直播,指出巴育政府治理能力低下,而且公务人员无视法纪,导致边境失控,非法入境问题严重,致使抗疫工作濒临失败。

即便是诸如颂提·林通衮这样坚定的保王派,也在批评巴育政府内部存在的问题上与远进党罕见地持有一致立场。颂提痛心疾首地表示,假若自己是警察总监,一定会预见泰缅边境管控存在漏洞可能会导致新冠肺炎疫情反扑,进而提前介入,严密安排,确保边境无事故。但是,巴育政府各部门尤其是警察部门的表现,令人大失所望。颂提承认"巴育总理是好人",但是他认为,在泰国传统政治文化的制约下,巴育没有能力彻底解决眼下出现的问题。

冰冻三尺非一日之寒。想要在短时间内消除泰国社会长久以来形成的积弊沉疴,绝非易事。从2014年政变上台后誓言要改革警察体制的巴育总理,至今都没有任何实质性行动。并非他不想,而是阻力确实太大。尽管巴育高呼要严格执法,但是在泰国社会的"妥协文化"之下,法律规定往往只是一纸空文。尤其是灰色地带,更是权钱交易、权力寻租的天堂。巴育总理倘若再不斩钉截铁,对治吏出重拳,今年的日子恐怕不会比去年过得好。

2. 风月场引爆泰国第三波疫情，
　　巴育政府再陷危机[①]

2021年4月13日，又是一年一度的泰历新年宋干节（泼水节）。由于新冠肺炎疫情的影响，去年的宋干节被迫取消。天性喜乐的泰国民众憋屈了一年，终于熬到了今年的宋干节。本该是万民共庆、普天同乐的时刻，然而，泰国第三波疫情猛然来袭，其烈度远超前两波。4月12日，泰国新增新冠肺炎确诊病例985例，境内感染980例，境外输入5例，累计确诊33610例。其中，曼谷和清迈两大城市沦为重灾区，感染人数分别为137人和246人，62个府有新增病例。截至当前，仅有4府未发现新冠肺炎疫情病例。感染病例猛增导致医疗单位床位告急，加之宋干节假期因素叠加，专家预计，节后泰国新增新冠肺炎病例将迎来"井喷期"，极有可能"日破万例"。新冠肺炎疫情再度猛烈暴发，为宋干节欢乐气氛蒙上了一层巨大的阴影。

自从2月以来，泰国政坛各方力量也进入了博弈关键时期，议会不信任辩论、修改宪法、"刑法第112条"存废、红衫军黄衫军联手反政府、地区自治机构选举、区议员补选，以及执政联盟和各政党内部矛盾的公开化，令人眼花缭乱，目不暇接。此轮疫情的暴发，无疑将催化加速泰国政治斗争。

高档风月场所成"疫情新震中"，政商界风声鹤唳

泰国在疫情控制方面一直被视为国际社会的"优等生"，自任

[①] 本文于2021年4月15日发表于澎湃新闻·外交学人，题为"风月场引爆泰国第三波疫情，反巴育力量正在汇聚"。

国家疫情防控总指挥的巴育总理凭借"抗疫英雄"的良好战绩不断夯实自己的政治根基,成功抵挡来自议会反对派和民间反政府团体的数次猛攻。负责公共卫生事务的自豪泰党党魁阿努挺副总理也一直引以为傲,借助"抗疫胜利"和"大麻政策"两轮驱动战略,不断扩展本党影响力。不过,此轮疫情的暴发,出现了不少巴育和阿努挺都始料未及的戏剧性因素,对政府威信形成了严峻挑战。

与此前两轮疫情发源地不同,位于曼谷铜锣区的多家娱乐场所成为第三轮疫情的"始作俑者"。自4月初起,铜锣区多家夜场酒吧接连出现集中感染情况,随即,曼谷周边巴吞塔尼等地也出现铜锣夜店的关联病例。根据泰国疾控中心公布的信息,确诊患者先后光顾铜锣地区克丽丝塔俱乐部和巴拉巴拉酒吧等知名高档娱乐场所,形成交叉传播,连锁反应。而4月5日,克丽丝塔俱乐部知名女公关法赛通过个人社交账号发帖称,她被确诊感染新冠,并公布了自己十日行程,希望近期与她密接者尽快接受新冠检查。在她公布的行程中,包括多家高端会所,除了常驻的克丽丝塔外,还有 Snail Bar 和 Babyface Topone 等会所。鉴于泰国特有的政商文化,高端娱乐会所沦陷意味着什么,不言而喻。一时之下,整个泰国政商界风声鹤唳。

正在民众纷纷指责政府监管不力、《紧急事态法》"双重标准"之时,另外一条新闻冲上了泰国各大媒体的热搜头条。4月7日,泰国交通部部长、自豪泰党秘书长萨撒扬·奇初确诊感染新冠,成为首位感染新冠病毒的内阁成员。尽管萨撒扬表示,自己有可能是受去过铜锣区娱乐场所的身旁工作人员感染,但是坊间却大肆流传着有关萨撒扬夜店寻欢的花边新闻,甚至于在社交媒体上还有人上传疑似萨撒扬在夜店看秀时的照片。而四天前,日本外务省透露,日本驻泰大使梨田和确诊新冠,而且大方承认在铜锣区娱乐场所被感染。于是,一些媒体又自行脑补,言之凿凿,"大使部长夜店寻欢,双双感染新冠"。

萨撒扬一边在医院接受治疗，一边矢口否认不利舆论，并且表示要起诉那些捏造事实诬陷他的媒体。根据萨撒扬公布的个人行程，他从未去过铜锣区。另一位内阁成员、副总理素帕塔纳蓬也被一些媒体报道，曾与日本驻泰大使在铜锣夜店晤面，但未有证据支持。素帕塔纳蓬则在个人社交账号上公开自己的新冠检查结果，自证清白。

内阁、议会全线"瘫痪"，政府成为众矢之的

萨撒扬确诊新冠肺炎前一天，恰逢自豪泰党建党纪念日庆祝活动。包括党魁阿努挺在内的多位内阁成员以及数十位议员均欢聚一堂，民主党等友党亦派出代表前往道贺，共襄盛举。随着萨撒扬确诊，当天参加活动的众多政要立刻检查新冠，并自我隔离。加之其他多位内阁成员也接触过新冠感染者，导致4月8日内阁会议有十名部长请假，改为线上视频会。而众议院则有68名议员请假，绝大多数都是自豪泰党议员，以及少部分参与自豪泰党庆贺活动的民主党议员。原本议会拟就公投法草案进行表决，但由于缺席议员人数过多，且议会无权通过视频方式表决，议长川·立派无奈将表决推迟至5月。

第三轮新冠疫情暴发后，泰国政府并未采取类似去年4月"全面封城"的严苛举措，更未叫停宋干节放假，民众依然可以自由出行，返乡过节或外出度假。不过，出于对疫情蔓延的顾虑，泰国政府勒令41个府从4月9日起关闭娱乐场所14天，并将是否进行局部封城防控疫情的权力授予了各府府尹。对于内阁成员感染新冠，巴育总理表现得较为淡定，他回答记者提问时表示："感染就感染了呗！像普通人一样去医院医治就可以了！"在各方施压下，4月12日泰国铜锣区警察局局长被撤职，其他多个职位负责人也被撤换。而针对涉事场所的处罚，泰国警方仅对两家夜店经理提起诉讼，法院判决二人监禁两个月。

泰国政府的表现遭到了来自各方的严厉抨击。最近较为吸人眼球的是,前"桑拿大亨"、前爱泰国党党魁初威接连爆料,向世人揭秘铜锣区娱乐场所背后的政商勾连、一掷千金。他透露,克丽丝塔俱乐部不乏副总理、部长、议员、警察光顾,因此他为克丽丝塔俱乐部另取一名为"泰库发俱乐部"("泰库发"是泰国总理府主楼的名字)。巴育得知此事后,立刻表示要法务部门寻找法律依据,起诉初威。

而泰国反对党为泰党、远进党则抓住机会,猛批政府。4月12日,为泰党发言人阿鲁妮表示,一些公务人员违反防疫规定,前往防疫措施形同虚设、超时营业的夜店寻欢,导致疫情再度暴发,陷人民百姓于水深火热。政府不敢揪出这几家夜店真正的幕后老板,也不敢对违反政治人士、公务员道德准则和行为规范的涉事者施以惩处,一些惩罚措施纯属蜻蜓点水,避实就虚,是真正的"双重标准"。

原新未来党党魁、前进团领导人塔纳通前不久公开批评泰国政府在疫苗政策上毫不作为,并揭发政府利用与英国阿斯利康公司合作之机,为王室控股企业输送利益。塔纳通批评政府"动作迟缓、孤注一掷",将新冠疫苗希望寄托于与阿斯利康的合作,几乎没有考虑过其他国家的疫苗。因塔纳通将疫苗与王室相联系,遭政府以"刑法112条"起诉。此次第三轮新冠肺炎疫情暴发之时,泰国政府疫苗注射工作刚刚启动不久。由于阿斯利康与暹罗生物医药公司合作生产的疫苗要6月以后才会上市,泰国主要注射中国北京科兴公司研发的新冠疫苗。鉴于疫苗数量较少,接种人数比例很低,这似乎验证了塔纳通之前对政府的批评。不少媒体人也承认塔纳通所指问题确实是"一语中的"。塔纳通在最新接受采访时表示,政府坐失良机,没有在此轮新冠疫情暴发前,加快疫苗采购进程,导致陷入被动局面。在这样的情况下,政府被迫允许私人机构进口疫苗,但为时已晚,且容易导致社会不公现象加剧。塔纳通还批评政府在建设方舱医院、控制宋干节出行人数等方面的政策迟滞无效。

兼任公共卫生部部长的泰国副总理阿努挺也遭到反对党的批评。泰国远进党议员阿蒙拉在个人社交账号发文，抨击副总理兼卫生部部长阿努挺称："此前凡事都要出来嚷上几句，这次本党秘书长和议员感染新冠，却只字不提。"阿努挺回应自己仍处于隔离状态。总理府秘书塔纳功则劝诫反对党不要借题发挥，用新冠疫情攻击政府。

不仅是政党人士攻击政府，其他界别的知名人士也对政府提出了批评意见。4月12日，"西巫拉帕"文学奖得主、著名作家万才·丹迪威塔亚披塔在个人脸书账号上发文，抨击巴育政府："感谢新冠肺炎疫情，将那些掌权者的凌驾于法律之上的灰色产业都挖掘出来，不管是泰拳、非法劳工、地下赌场，还是声色场所，都堆积一处，臭不可闻。全国百姓水深火热，但是那些当权之人，作奸犯科，导致新冠肺炎疫情蔓延，却无一人出来承认错误。"

疫情令巴育政府再度面临危机

随着疫情的蔓延，泰国政治形势正在朝着更为微妙的方向发展。巴育执政至今已经七年，加上此前长期担任泰国军方领导，在泰国军界、政界的根基可谓极为深厚。因此，无论是反政府团体掀起多么声势浩大的示威游行活动，也无论议会反对党如何对他进行抨击，也难撼动其总理宝座。除了在军政系统根深蒂固之外，巴育也凭借"维护社会稳定"和"抗击新冠肺炎疫情"两大功劳，得到许多民众的支持。然而，本轮新冠疫情来势凶猛，配合刚刚兴起的"红衫军、黄衫军合力驱赶巴育"运动，未来政局发展或许会出现一定变数。

2020年，反政府学生运动提出"三大诉求"，将王室改革与巴育辞职、修改宪法相提并论，应者寥寥。而且，大多数骨干均被控触犯"刑法第112条"收监且不予保释。或许是吸取了学生运动"操之过急"的教训，一些前红衫军领袖最近表现积极，出面召集旧部，组织集会。他们将学生们的"三大诉求"减少至一个，就是要求巴育辞职。

就目前观察情况来看,这一诉求的改变确实扩大了支持者的范围。4月10日,红衫军以纪念2010年"4·10事件"[①]11周年为由举行集会,纳塔武等多位当年的骨干发表演讲,表示要与反政府的学生们一起,推翻巴育政权。与此同时,多位当年属于对立阵营、反对英拉政府的医生也登台演讲,要求巴育辞职下台,显示反巴育力量正在"忘记历史、不分界别、求同存异、凝聚共识"。红衫军领袖乍杜蓬表示,只有巴育下台,更换根基无法与巴育相提并论的新人,其为巩固政权,才会真正听取民众呼声,推动宪法修订和民主进程。

倘若宋干节后泰国疫情未能缓解,反而愈演愈烈,则政府将会再度面临巨大困境。巴育政府既不愿无休止地借款发放生活救济金,也不愿继续"封城"导致经济发展停滞。在疫苗无法保证的情况下,只能半开半闭,放任自流。饱受疫情影响的中下层民众极有可能会响应前红衫军、黄衫军领袖们的号召,走上街头,届时巴育政府又将如何接招,我们密切关注。

[①] 2010年4月10日,泰国安全部队试图强行驱散示威的红衫军失败,造成逾20人死亡800人受伤。

3. 疫情失控，四面楚歌的巴育能靠"拖字诀"过关吗？[①]

近 3 个月来，泰国新冠肺炎疫情形势日益严峻，最近一周每日新增感染病例持续超过 2 万例，截至 8 月 19 日，累计确诊近 97 万例，累计死亡人数 8000 多例。根据泰国新冠肺炎疫情防控指挥部预计，如果封控措施不够严格果断，9 月份泰国日增感染病例可能会高达 7 万例；即便封控措施较好，新增感染病例也将达到每日 4.5 万例。照此速度，累计感染病例将很快突破 100 万例。

泰国无疑已经从疫情暴发之初"抗疫优等生"的神坛上摔了下来，疫情失控也令巴育政府的民众支持率一泻千里。尽管巴育总理表面上仍气定神闲，"稳坐钓鱼台"，但疫情迅速蔓延、感染人数急剧攀升却是不争的事实，随之而来的经济大萧条无疑正反复冲击泰国社会以及巴育政府的稳定性。腹背受敌之下，巴育政府究竟能否带领泰国脱离险境，继续执政？

黑色七月，四面楚歌

整个 7 月，对于巴育政府而言，可谓四面楚歌。要求巴育下台的声音此起彼伏，除了铁杆反对巴育政府的塔纳通派系（远进党＋前进团）以及以青年学生为主体的反政府民间团体，一些此前持中间立场甚至曾经支持巴育政府的社会知名人士也开始倒戈，巴育再次面临自去年民间大规模反政府运动以来的又一次重大政治危机。

2020 年 8 月，反政府团体掀起街头抗议示威高潮之时，在泰国

[①] 本文于 2021 年 8 月 19 日发表于澎湃新闻·外交学人。

社会享有盛名、曾获"拉蒙·麦格塞塞"奖（Ramon Magsaysay Award）的泰国王家研究院院士、国家公共卫生基金会顾问巴卫·瓦西教授公开表示，尽管自己并不赞同巴育的政变行为，但新冠肺炎疫情暴发后，军人出身的巴育敢于担当，管控果敢，成功抗疫，赢得举世称赞。然而，一年之后，巴卫教授对巴育政府的表现大为失望。7月8日，他撰文指出，当前国家正处于危机状态，巴育政府执政能力不足，导致国家在危机中越陷越深。目前的情况，依靠议会政治也无法破解难题。建议巴育政府放弃集团利益，组建"特别政府"，用一年半到两年的时间来治理危机，可能会有所改善。

泰国朱拉隆功大学政治学院素拉查·班隆素教授是1988年联名上书时任总理炳·廷素拉暖上将，要求其辞职下台的99名社会精英之一，曾被前总理他信任命为国家安全事务咨询专家。今年7月中旬，他接受某电视台采访时，借古讽今，建议巴育总理向炳总理学习，认清形势，主动下野。

除巴卫教授和素拉查教授等精英知识分子之外，许多知名影视明星也都一改此前的缄口不言，大胆发声，指责巴育政府抗疫不力。大多数影视明星为了个人演艺事业，一般都不介入政治斗争，很少表露政治立场。然而，疫情下经济每况愈下直接导致许多演艺明星失业，无法忍受现状的明星们通过个人社交媒体账号，毫无保留地批评巴育政府。7月22日，"明星call out"成为泰国推特第一热搜话题。在年轻人群体中享有超高人气的娱乐明星们的这番举动，无疑让政府处于更为被动的局面。

不仅如此，被视为与泰王拉玛十世关系密切的朱拉真·育坤亲王7月23日在个人脸书账号发文，直言不讳地批评政府抗疫失败，治理能力低下，理应被人民驱逐下台。他义愤填膺地表示："倘若街头示威游行不触碰王室，我都想加入示威活动，一起把巴育政府赶下台！"或许是因为朱拉真亲王的发帖，很多人臆断，他极有可能是受到了国王的暗示或者明示，发出更换总理的信号。很快，这一信号便被社交媒体捕捉并放大,"巴育即将下野,巴威副总理将接任总理","拉玛十世国王即将钦点前陆军司令阿披叻担任总理"等消息很快传开,网民们开始抵制"钦点总理",社交媒体上"不接受钦点总理"的话题如火如荼。

巴育否认下野,陆军政变谣言再起

7月28日是拉玛十世哇集拉隆功国王69岁诞辰,巴育原本计划率内阁成员入宫觐见国王并贺寿,但鉴于疫情严峻,宫务处通知取消觐见活动,改为在总理府国王圣像前举行贺寿仪式。不过,当日下午,拉玛十世单独召巴育入宫面谈。

次日,泰国总理府网站上传了一段巴育接受政府发言人办公室主任娜丽雅采访的视频。面对镜头和主持人的提问,巴育以极为自信的语气侃侃而谈。他坚定地表示,政府依然牢牢掌控着局势,将会继续执政,眼下尚未到需要离开之时,自己不会解散议会。他批评了某些政客故意混淆是非,夸大其词,以虚假消息贬损政府抗疫实绩,攫取个人政治利益。他还对一线医护人员的辛勤付出表示了感谢,并对政府下一步有关进口疫苗与分发接种计划做了简要说明。

就在这段视频上传前,国家政府公报网站公布了一份巴育总理签署的根据2006年《紧急状态法》第9条制订的法规。该法规规定,禁止传统媒体或者社交媒体发布"有可能导致人民恐惧"或"引发人民产生误解"的虚假消息,违者将被"断网、封号"乃至刑事追责。此前,泰国网站和社交媒体上流传着多段"底层人民因患新冠肺炎而惨死路边"的视频,一些娱乐明星和意见领袖在社交媒体上转发,民众紧张情绪迅速蔓延。

或许是因巴育公开否认下野传言,且以强硬手段打压传播负面舆情的社交媒体。7月30日,泰国社会舆情再度反弹,军方将发动政变的传言甚嚣尘上。有传言说,陆军司令纳隆潘上将已从华富里府调来300名特战队员,包围了巴育官邸所在处——第一御卫步兵团营区,另外还有48个营的军力正在赶赴曼谷的路上。而且,政变部队还将请回已经担任王宫副秘书长的前陆军司令阿披叻上将担任总理。还有传言称,巴育已经被政变部队逮捕关押。鉴于泰国政治发展史上的"军事政变传统",加之巴育的支持率处于历史低谷,许多人宁可信其有,甚至很多军方人士也四处打探消息是否真实。

当晚,陆军不得不出面公开辟谣。陆军发言人善迪蓬·塔玛比亚中将表示,陆军通过调查发现,有人在社交网络上发布不实消息,妄称陆军司令已经发动政变,带领军队控制了政府要员。上述消息纯属谣言,造谣者希望扰乱社会,是违法行为,对陆军以及政府声誉造成了很坏的影响。目前,陆军相关部门已经通过法律途径起诉造谣者。即便如此,坊间流言蜚语并未消失,北柳府一位教师在个人脸书账号上分享了这一消息,被别人截屏后到处发送,最后这位教师受到法律制裁。

事实上,对泰国政治和军事情况长期关注的人都应该能轻易判断这一消息的真伪。首先,泰国历史上大多数政变者基本上都是接近退休年龄时发动政变,比如1992年推翻差猜政府的顺通·空颂蓬(前陆军司令阿披叻·空颂蓬的父亲,时任泰军最高司令)、2006年推翻他信的颂提·汶雅叻格林(时任陆军司令)、2014年推翻英拉的巴育(时任陆军司令),发动政变时距离退休均不满一年。而现任陆军司令纳隆潘距离退休还有两年多时间,与其被政客们当作枪使,还不如安心工作,或许还有其他更好的机遇。

其次,军事政变风险极大,成由密败因漏,政变团主要成员间需要绝对信任,才有可能成事。一般而言,发动政变者都是预备军事学校和陆军尉官学校的同期生。而纳隆潘仕途进步快,他的几位副手都是陆军尉官学校的师兄,对于他们这位年少得志的师弟上司,谈不上有什么过命交情。倘若纳隆潘真要发动政变,很有可能会被师兄们提前搅局。

最后，巴育尽管已经退役多年，但毕竟是由陆军司令政变上台，军内基础深厚，附庸众多，且近两年兼任国防部部长，所提拔将领大多为心腹爱将，纳隆潘能出任陆军司令，也是拜巴育提携，他根本没有理由对巴育发动政变。况且，纳隆潘曾多次公开表示，在他担任陆军司令期间，政变的可能性不仅为零，而且为负数。不过，泰国民众对陆军司令这样的表态基本上不相信。颂提、巴育等前陆军司令都曾信誓旦旦如是表态，但都食言而肥。但纳隆潘性格与他的前任阿披叻不同，截至目前从未对政治指手画脚，发表言论，展示出任何觊觎。

巴育面临三大难题

如上所述，七月以来，巴育政府包括其本人遭受巨大的信任危机，越来越多的人选择站到了政府的对立面。即便是"陆军司令发动军事政变推翻巴育政府"这样不合逻辑的传言，也能令许多人深信不疑。7月8日，泰国最有影响力的媒体《泰叻报》在推特上进行了一项民意调查，主题为"你（还）信任巴育政府吗？"在参与投票的十多万民众中，87.3%选择了"从未信任"，10.9%选择了"不信任了"，仅有1.8%选择"信任"。虽然样本采集不能反映全貌，但如此悬殊的比例，从某种程度上反映了泰国社会对于巴育政府的失望情绪已经占据了主导。

泰国自2020年3月起，先后遭遇四波疫情，令本就增长缓慢的国民经济雪上加霜。尽管今年上半年制造业和出口业反弹强劲，但旅游业与服务业却一蹶不振。截至6月，泰国有两万多家与旅游业相关的企业、商店被迫关闭。泰国财政部7月28日发布的《2021年度经济评估报告》预计泰国全年GDP增长1.3%，泰国大城银行研究中心8月3日发布的报告，将全年GDP增长率从2%下调至1.2%。但一些大学和研究机构却悲观地认为，今年泰国经济将延续去年的负增长趋势。

6月16日，巴育曾发表电视讲话，要求各部门全力抗疫，120天后打开国门，恢复对外正常交往。当时，泰国全国日增新冠感染病例大约两三千例，且正值政府采购的阿斯利康疫苗交付之月。巴育政府无疑低估了疫情蔓延速度，也高估了疫苗的供应交付以及接种速度，为提振信心，巩固政权，才在那个当口夸下120天打开国门的海口。而且，巴育政府还提出了"普吉沙盒"（Phuket sandbox）计划，允许国外游客在符合条件的情况下前往泰国南部普吉岛旅游观光，以减少疫情对旅游业的冲击。然而，8月初发生的瑞士女游客在普吉岛被劫杀事件却令这一计划蒙上阴影。

在社会反对力量的强大压力下，巴育要想继续坐稳总理宝座，只能使出"拖字诀"，对那些要求他下野的声音置若罔闻，毫不在意外界的抨击与指摘，每天依然正常开工。与此同时，加快推进疫苗采购和分发、注射，寄希望于每日新增病例的拐点尽快出现。根据泰国政府计划，年内采购各品牌疫苗总数应达1亿剂，而且年底将增加泰国民众眼中的"神药"——辉瑞疫苗的采购量，以实现绝大多数人接种疫苗的目标。届时，批评政府的声音或许会小一些。

但是，巴育还必须面对三个残酷的现实。一是，近期泰国街头反政府示威游行密集且趋于暴力化，不仅对政府形成巨大压力，而且可能会危及社会安全稳定，疫情形势或进一步恶化。

8月以来，泰国各反政府团体已举行多次游行示威，最近的一次是8月15日由刚出狱不久的前红衫军领袖纳塔武所领导的"Car Park"示威活动。几乎所有示威活动的诉求均指向巴育政府，要求巴育辞职的声音不绝于耳。8月7日，有示威者开枪袭击防暴警察，导致多名警察受伤。据观察，反政府团体还将进一步扩大集会规模，安全形势恐将每况愈下。

二是，8月13日，他信阵营得力女将、原为泰党战略委员会主席素达拉新组建的"泰建泰党"携70万民众联署签名向曼谷刑事法庭起诉巴育政府，指控政府管理新冠疫情事务，违反刑法第157条和

165条，刑事法院接受起诉文件后，正在进行初步审查，并将于8月30日公布结果。这样的操作在泰国历史上实属罕见。而且，从泰国法院近期裁决巴育签署的根据《紧急状态法》第9条所制订的法规系违规操作，勒令其暂时中止施行一事来看，司法体系对于巴育的态度似乎也有所变化。刑事法庭会如何裁决，值得高度关注。

三是，泰国议会反对党拟于近期对巴育等政府高层进行议会不信任辩论，以控制疫情失败为由要求巴育内阁辞职。目前，反对党确定的不信任辩论对象包括巴育总理、阿努挺副总理、交通部部长萨撒扬、劳工部部长素察、农业部部长查棱猜，以及被视为巴育集团打击政治对手的悍将——就任数字经济与社会部部长才四个月的才武也入选名单。据悉，此次不信任辩论将会针对政府抗疫失责，着重对巴育、阿努挺进行问责。尽管巴育、阿努挺等政府高官都会顺利通过最终的不信任投票环节，但是反对党在议会里的严词拷问将以直播形式在全国播放，也会在很大程度上影响民众心理，进而影响其在下一次大选中的投票。

8月11日，巴育-巴威-阿努蓬集团的"老大哥"、刚刚度过76周岁生日的巴威副总理许下了两个生日愿望：一是新冠肺炎疫情赶紧结束，国家经济社会恢复正常秩序；二是泰国社会尽快结束分裂对立状态，全国人民团结一心。或许，第一个愿望在不久的将来会实现，但是第二个愿望实现起来应该很难。不过，如果第一个愿望实现得快的话，巴育-巴威-阿努蓬集团应该还能继续长期执政，但至于巴育是否继续担任总理，就要打一个大大的问号了。

二、巴育 8 年执政案

1. "危险 8 月"已经来临,巴育如何应对?[①]

2022 年 7 月中旬,泰国议会举行了巴育执政第二任期内最后一次不信任辩论。尽管包括巴育总理、巴威副总理和阿努蓬内阁部长在内的 11 位内阁成员均通过最后的不信任辩论投票环节,但是投票结果所展现的政治内涵耐人寻味。进入 8 月以来,泰国政坛各派力量博弈更趋激烈。首当其冲的是泰国议会上下两院对新一轮大选规则的三读,究竟采取何种规则,至今无一定论。而随着 8 月 23 日的日趋临近,巴育是否符合宪法规定的"8 年总理任期"而届满离职,也成为一颗随时可能爆炸的"定时炸弹",对泰国政治进程产生着深远的影响。

不信任辩论投票结果意味深长

本次不信任辩论共持续了 4 天,反对党联盟对 11 位阁员发起了共约 30 小时的猛烈攻击,既有旧有议题的再度挖掘,如远进党就

[①] 本文于 2022 年 8 月 12 日发表于澎湃新闻·外交学人,题为"挺过 7 月不信任投票,巴育又面临 8 月'定时炸弹'"。

巴威拥有多块豪华手表、对警察系统卖官鬻爵的贪腐现状等提出新证据；为泰党对巴育政府任命蓬披蒙担任泰国缅甸问题特使提出质疑；反对党联盟还指责自豪泰党的"自由大麻"政策违反联合国相关国际条约；此外，巴育政府的能源政策、俄乌冲突以来的物价攀升、阿卡拉金矿事件、泰军大宗军购事件、数字经济与社会部部长才武的私生活与道德操守等问题，都成为反对党联盟发起进攻的"重磅弹药"。

应该说，反对党联盟为了实现最大限度打击巴育政府，在内幕挖掘和材料组织上下足了功夫，获得了预期的效果。多位内阁成员因事先未能预料反对党辩论指涉议题而无法现场回应，只得请求次日再予答辩。此次不信任辩论，泰国各大主流电视台全程直播，最令人印象深刻也哭笑不得的情节是：当巴威副总理就反对党抨击他是2014年政变幕后主使一事进行解释时，他一脸无辜地表示，自己根本没有参与政变，阿努蓬也没有参与，发动政变的只有一人，就是坐在自己身旁的巴育总理。滑稽的是，巴育听闻此言，立刻举手示意，意为承认本人为唯一主谋，引发议会全场哄堂大笑。

根据宪法规定，被辩论阁员在投票环节得票数量需超过现有众议员总数（477人）的半数即239票，方可视为通过。在最终投票环节，11人得票均过半数，巴育政府经受住了反对党联盟的最后猛攻。投票结束后，获得256张信任票的巴育总理公开向执政联盟所有投以信任票的议员们表示感谢，表示这就是民主制度，是议会制的正常运行，强调还没有考虑内阁调整之事。通过对投票结果的分析，笔者认为，本次不信任辩论有以下几点值得关注。

第一点是"巴育-巴威-阿努蓬"核心集团得票数量分化严重，巴威副总理以268张信任票在11人中名列榜首，而内务部部长阿努蓬上将则以212张不信任票在全体阁员中垫底。巴威所得信任票数最高，执政联盟所有议员、小党集团（G16团）以及塔玛纳派系均为巴威贡献了自己的信任票，彰显了巴威作为当前泰国政坛最有影响力人物的地位不可撼动。

而阿努蓬作为权势遮天的内务部部长,却获最多不信任票,与巴威形成极大反差,显示了执政联盟的部分职业政客对于阿努蓬的极度不满,迫切希望通过此次投票逼迫巴育总理撤换阿努蓬。在正式投票之前,执政联盟将投票"推翻阿努蓬"的消息甚嚣尘上,阿努蓬在公民力量党执委才武的引荐下,专程前往议会大厦与公民力量党议员们恳谈,希望获得他们的理解。阿努蓬主动放低身段向议员们示好,为他挽回了部分信任票。但是,之所以他最终还是获最多不信任票,主要有两点原因:一是鉴于泰国经济党党魁塔玛纳将此前在南邦府第四选区补选中的失利归咎于阿努蓬的"背后一刀",该党的13名议员在投票时给予阿努蓬沉重一击;二是北榄府6名议员(5名选区议员、1名政党名单制议员,合称"阿萨瓦亨姆团队")因此前阿努蓬未批准该府部分工程项目而怀恨在心,置巴威党魁指令于不顾,集体为阿努蓬投了不信任票。值得注意的是,此6人曾在公民力量党大会上公开要求巴威出任内务部部长,取代阿努蓬。

第二点是民主党党魁朱林出人意料地以241票成为所有阁员中获得最少信任票者。这一结果确实令人震惊,大多数人都认为同为民主党人的阁员朱迪因为党内议员公开揭露其担任秘书长期间索贿一事,而成为众矢之的。没想到,朱林作为党魁竟然遭此一劫。根据分析,执政联盟盟友泰国发展党有3人给朱林投了反对票,而民主党北大年议员安华则公开表示给朱林投了不信任票。同为执政联盟三强的自豪泰党较之民主党则有天壤之别。党魁阿努挺和秘书长萨撒扬得票名列前三,显示了该党强劲的实力。众所周知,自豪泰党在反对党阵营里潜伏了众多"眼镜蛇议员"(即"身在曹营心在汉"的议员),此次投票"眼镜蛇议员"们不负所望,关键时刻力保自豪泰党顺利过关。

第三点是塔玛纳集团及其盟友内部分裂严重。塔玛纳在不信任辩论前被视为最大的不确定因素,他麾下的泰国经济党以及"同盟军"小党集团(G16团)近40票足以令朝野两派天平向任意一方倾斜。然而,此次小党集团与塔玛纳视为"眼中钉"的巴育、阿努蓬实现妥协,为其二人投信任票,令塔玛纳极度不满。泰国经济党内部在投票时也产生分歧,4名议员为巴育投信任票,2名议员在为阿努蓬投票时选择弃权,也让塔玛纳怒不可遏。塔玛纳不仅公开抨击小党毫无政治节操,而且暗讽其为"政治妓女"。为报复不听从自己号令的小党集团,塔玛纳派人在网上公开小党自2019—2020年在巴威府邸每月领取10万泰铢月薪的视频,令巴威被推上风口浪尖。尽管很多人劝塔玛纳要谨慎行事,以免前程尽毁,但塔玛纳一意孤行,意气用事,此事已无法挽回。而小党集团(G16团)在巴威的要求下解散,塔玛纳联手小党制衡巴育的计划彻底完结。

不信任辩论结果蕴含的政治意涵丰富多元,其所带来的政治影响也是多元化的。首先,阿努蓬是否仍将继续担任内务部部长成为众人瞩目的焦点。鉴于阿努蓬所获不信任票高居榜首,公民力量党内关于撤换内务部部长的呼声再度高扬。不信任辩论结束后三天,公民力量党党魁、副总理巴威前往北榄府视察,该府议员全部到场恭候,而功西威莱议员直接跪伏在地,因未遵守政党决议投阿努蓬、素察二人不信任票向巴威请罪。巴威随后与议员们召开闭门会议以了解实情,他表示,北榄府6名议员,竟然没有一个内阁席位,实属委屈,待下次调整内阁时他会与总理沟通。此外,当议员们强烈要求他代替阿努蓬出任内务部部长时,他也表示自己随时可以出任。

巴威在北榄府的讲话释放出重磅信息:一是新一轮内阁调整在即,二是他本人不拒绝出任内务部长。次日,很少公开表态的阿努蓬接受记者采访时表示:巴育总理对于内阁调整具有绝对权力,自己是否担任内务部部长,悉听总理安排。同时,他强调,无论内阁职位如何调整,都绝对不会影响"巴育-巴威-阿努蓬"手足之情。

巴育的政治处境

接下来，巴育作为泰国政坛核心人物，将会选择何种因应策略，成为众人关注的焦点。当下，巴育所处政治环境极其复杂严峻。一是敌军虎视眈眈，恨不得让他直接垮台。为泰党、远进党、自由合泰党，包括塔玛纳的泰国经济党，哪个党不希望在不信任辩论投票时巴育得票低于半数，颜面扫地，被迫辞职？但巴育凭借执政联盟和小党联盟的支持，成功度过此劫。然而，即将到来的 8 月 23 日对他而言，又是一个危机四伏的日子。反对党们正酝酿着通过选举委员会向宪法法院递交诉状，要求宪法法院判其已任总理 8 年，即刻下台。不仅议会反对党紧盯不放，民间要求他主动辞职的声音也此起彼伏。7 月 31 日，由大学教师、退役军官、独立学者、医生、NGO 组织成员组成的 99 人团发出联合声明，要求巴育在总理任满 8 年前辞职。他们此举是仿效 1988 年大选后，99 位精英人士联合签名致函炳上将，要求他不要再续任总理，炳在强大的社会压力下，放弃再度执政。眼下，巴育面临着同样的境况，他是否应该主动下野？还是等待宪法法院的裁决？

二是友军真假难辨，很难说清楚谁是自己的铁杆盟友。与巴育最为亲近的人只有两个：巴威和阿努蓬，这两位大哥是巴育从军从政路上的"贵人"，三人都是同一战壕的战友，说好同生共死，永不分离。然而，当三人处于政治权力巅峰之上，情形似乎正在悄无声息地变化。2019 年，新组建的公民力量党挟巴育之威名，一举成为议会第二大党，并领衔组阁。随后，党内政客不断发难，将公民力量党搅得天翻地覆，最终只能由巴威亲自出马担任党魁，安抚一众政客，平衡各派豪强。然而，与职业政客相处越久，巴威也越发倚重他们。于是，塔玛纳、纳勒蒙等人成为巴威的左膀右臂，却公然向巴育总理和阿努蓬内务部长发难，反被巴育制服。巴威非但没有与塔玛纳划清界限，还帮助他另立山头，自立门户，继续搅乱巴育的节奏。

同时，巴威麾下的公民力量党是否依然提名巴育为唯一总理候选人，始终没有确切的消息。与巴威相比，阿努蓬主动与政客们保持距离，始终与巴育站在同一战线，是巴育更为信任的兄长。北榄府6名议员给阿努蓬投不信任票，巴育极为光火，直言公民力量党应予以惩戒。

而执政联盟其他政治力量，包括自豪泰党、民主党、泰国发展党、合力党，以及其他一众小党，都是政治利益团体，一旦失去共同利益基础，随时都可能倒戈。以公民力量党为例，前几个月，在公民力量党民意支持率走弱，自豪泰党不断走强的形势下，本就不属于任何政党的巴育格外器重自豪泰党。不仅在大麻政策上为自豪泰党大开绿灯，推波助澜，而且还专门前往东北部大麻种植基地视察，以显示对自豪泰党的支持。他内心或许是希望凭借自豪泰党不断攀升的势头，为自己下一届大选连任总理奠定基础。但是，自豪泰党已今非昔比，下一轮大选超过公民力量党的可能性极大。8月7日，自豪泰党党魁阿努挺在华富里放出豪言：下一轮大选自豪泰党要执掌6个政府部门，如果选民们给力，自己也可直接出任总理。可见，阿努挺并不满足于担任巴育的副手，他的目标是问鼎总理宝座。

三是亲信难堪大任，不足与大党并驾齐驱。巴育尽管与政客们距离较远，但最近几年他身边也聚集了一批政治人士，比如：前民主党副党魁披拉潘、"东北兰博"赛萨功、政府发言人塔纳功等等。此外，一直在其背后给予政治支持的还有前"黄衫军"领袖素贴。素贴近年来把自己的政治资源悉数引荐给巴育总理，希望能够助力巴育巩固总理宝座，同时凭借巴育实力恢复"黄衫军"往日盛景。但是，客观地说，巴育身边的政治精英们在泰国政坛上难成大器。这一点从赛萨功身上便可看得一清二楚。而素贴派系尽管实力雄厚，但世易时移，黄衫军当年的一呼百应已成明日黄花。2019年，素贴麾下政党民众合力党仅获得5个议席便是明证。

巴育的因应策略

作为泰国政坛的核心人物,经过8年总理职位的历练,巴育已经逐步实现了从一名高级军官向高级政客的转化。尤其是2019年大选以来的4年,对于巴育而言,既是与职业政客们的较量,也与自己的较量。前一种较量主要是力量的较量、手段的较量、言语的较量,而后一种较量则是心智的较量。在政治环境晦暗不明之时,巴育所能做的事情极其有限,大致有以下几点。

一是对内阁调整一事避而不谈,继续支持阿努蓬担任内务部部长职位。此前,巴威释放下一步需调整内阁的明确信号,阿努蓬也表态随时接受职位变动,但巴育一直未予接招。笔者认为,巴育对巴威内心始终有一定疑虑,这种心态令巴育不愿让巴威担任此一要职。内务部在泰国有"小国务院"之称,地方性选举以及府县行政长官的任免大权均在内务部部长手中,可谓大权在握。阿努蓬担任此职长达8年之久,鉴于他与巴育之间的密切关系,巴育与地方政府行政体系的联系较为顺畅。倘若巴威担任此职,塔玛纳、纳勒蒙等亲信以及公民力量党内豪强势必介入地方行政事务,名为巴威分担重任,实则为己谋私。最为关键的是,巴育可能从此被架空,对地方行政事务的掌控能力将大为削弱。倘若公民力量党最终不提名巴育为唯一总理候选人,则巴育连任总理的梦想将很难实现。有鉴于此,巴育不仅没有推动内阁调整一事,反而让政府发言人塔纳功多次点名表扬内务部,在治理水患方面成果彰著。

二是积极推动选举规则转向"500基数制",为中小党派争取最大利益。年初,公民力量党与为泰党携手推动修订宪法,将众议员选举制度由2019年大选1票制改为2票制,选区议员数量和政党名单制数量分别由350人、150人调整为400人、100人。此后,对于相关细则修订的焦点集中于在计算各党众议员人数时究竟是以100人为基数,还是以500人为基数。根据选举委员会的意见,以

500人为基数将与宪法多项条款相悖,建议以100人为基数。而公民力量党、为泰党、民主党等大党出于对本党实力的自信,均认为以100人为基数更加符合自身战略。然而,7月初,巴育总理主动释放信号,强力推动以500人为基数,最终众议院在进行二读过程中,巴育总理意见占据上风。这表明,巴育在近几年的政治博弈中,认为小党的存在可以有效避免自己为大党所操纵,为自己提供了转圜的余地,对于自己的执政更为有利。目前,参众两院将对"500基数制"方案进行三读表决,尔后将提交选举委员会审读。值得关注的是,8月3日,为泰党与公民力量党采取策略,令麾下众议员不参会进而拖延两院会议议程,试图阻止"500基数制"在180天限期内(8月15日前)通过三读,从而被迫作废,转而采用"100基数制"方案。这是否是巴威与巴育之间的又一矛盾点?最终将采取何种算法?笔者将密切关注。

三是由亲信出面组建"合泰建国党",作为自己的嫡系政党。巴育派系去年起筹备组建"合泰建国党",因"东北兰博"赛萨功彩票丑闻而不了了之。近期,巴育亲信披拉潘等人紧锣密鼓,继续推进这一计划。8月3日,支持巴育的政客团体在曼谷举行了合泰建国党党员大会,并选举了首届执委会。不出所料,该党党魁由巴育总理顾问披拉潘出任,秘书长则由素贴的螟蛉之子、原民主党曼谷市议员艾咖纳出任秘书长。该党的成立目的有二:一是作为巴育嫡系政党,在下一届大选公民力量党不提名巴育为唯一总理候选人的情况下,提名巴育担任总理。作为巴育而言,首选依然是公民力量党,毕竟该党经过4年运营,其实力仍算上乘。而合泰建国党作为一个新党,在大选中能获得多少席位尚属未知,一旦大选败北,达不到25个众议员席位,则无权在议会提名总理候选人参与最终角逐,这里是一个风险点。二是进一步夺取民主党在泰南的议席,为最终与公民力量党一道组建更为紧密的执政联盟奠定基础。

8月份,泰国政治进入高度风险期。一是8月15日前,如果

"500 基数制"众议员选举计算规则未能如期通过三读,按照宪法规定,该方案将自动失效,需将最初 4 个方案中的首要方案重新提交参众两院联合审议。倘若如此,则至少要到 11 月才能最终通过选举细则。二是 8 月 23 日,巴育事实上担任总理届满 8 年。自 8 月 24 日始,如其继续担任总理,是否违反宪法"任何人不得担任总理超过 8 年"的明文规定,将引发泰国社会的密切关注。至于形势如何发展,我们拭目以待!

2. "8年大限"如期而至,巴育政治生涯会否"全剧终"?[①]

2022年7月中旬,泰国巴育内阁顺利通过反对党联盟举行的最后一次不信任辩论。然而,进入8月以来,巴育总理"8年大限"越来越近,泰国政局显示出前所未有的吊诡之势。

众所周知,巴育自2014年5月发动政变,8月24日被拉玛九世普密蓬国王任命为总理。2017年修订颁布新宪法,修改大选规则;2019年3月举行大选,巴育在公民力量党的支持下蝉联总理,领导史上党派最为众多的执政联盟。本届政府上台迄今已逾3年,即将于明年3月届满。根据2017年颁布的宪法,无论是连续任职,还是分段任职,任何人不得担任总理超过八年。若照字面意思看,巴育的总理任期应于2022年8月23日24时到期。

有关"8年大限"问题,此前泰国舆论界几乎毫无杂音,大多数人都认为巴育总理会如"侵占军营公寓案"一样,轻松过关。但是,最近一段时间,无论是法律界,还是主流媒体和社交媒体,乃至于普通民众的茶余饭后,此事都被炒得沸沸扬扬、甚嚣尘上。在笔者动笔撰写此文时,距离巴育总理任满8年之期仅剩下30小时。巴育政治生涯会否就此终结? 笔者试做简要分析。

"8年任期"到底怎么算?

尽管巴育事实上已经担任了8年总理,而且他本人在多个场合

[①] 本文于2022年8月23日发表于澎湃新闻·外交学人,题为"巴育'八年任期'今日届满,政治生涯还能延续吗?"。

也亲口承认自己已经担任了8年总理。但是,巴育至今丝毫没有表现出要辞职的意思,在记者们屡次三番地追问下,他总是顾左右而言他,表示"让宪法法院去决定吧""我有什么可以担心的"……

根据笔者对巴育的观察与理解,他绝对不会主动辞职。他内心应该认为自己度过此次危机的可能性较大,辞职便是主动放弃,是战场上的逃兵,作为一名将军,他不愿意选择这条路。虽然民间一致认为,他如果仿效前总理炳·廷素拉暖主动辞职,将会彰显他的风格,对他在历史上的政声有利。而巴育不辞职也有自己的逻辑,那就是,王室和人民赋予他的使命尚未完成,他此时退出,是对王室的辜负。当然,他的追随者们更加不希望他辞职,一旦领袖倒台,属下们的利益无疑便会受到巨大影响。

前几天,泰国媒体一度热炒巴育可能会在8月23日之前解散议会。尽管解散议会某种程度上可以暂时避免"8年之困",冻结此案。但笔者当时就判断这种可能性微乎其微,原因如下:一是,如果巴育还想继续担任总理,8年大限始终是悬在头顶之剑,随时可能落地。即便巴育解散议会,待他下次上台时,此事立刻重启,"躲得过初一,躲不过十五";二是,2017版宪法规定,解散议会后两月之内要举行大选。巴育的政党合泰建国党刚成立不久,很多工作还没铺开,提前大选无疑对他不利;三是,巴育心心念念要主持今年11月举行的亚太经合组织会议(APEC),在国际舞台上展示风采。但如果他是以看守总理身份主持,显然荣光黯淡,不符合他的真实意愿;四是他的盟友们也不希望提前进入大选状态。当然,另外还有一个容易被忽视的细节,他的亲信、政府发言人塔纳功前几天辞职,递补成为公民力量党的政党名单制议员,这一点也足以证明巴育不会解散议会,如果要解散议会,又何必去做任期只有数日的议员呢?

那么,对于巴育的"8年大限",最终宪法法院究竟会以何种形式来裁定呢?此事若非宪法法院内部核心人士,恐怕无法提前获知。笔者在此,简单地将各种观点做一梳理。目前,唯一对巴育的任期做出较为肯定性结论的是副总理巴威上将,他在一次接受记者采访时脱口而出:"总理这次没问题,他还能干两年!"巴威此言一出,众人都在琢磨,究竟他是已经获得确切情报,还是只是自己的个人判断?但以巴威在泰国政界的巨大影响力,他既然敢这样说,便宁可信其有,不可信其无。也就是说,巴育在本届任期届满后,还能再干两年,至2025年才满8年。往前倒推,便可得知,他的总理任期是从2017年宪法颁布实施之时起算。

这种算法得到了泰国不少亲巴育的法律界专家以及政界人士的支持。他们从法律条款字里行间寻找可能对巴育有利的表述。比如,2017版宪法第158款指出,总理应由议会议员投票选举产生,但巴育2014年担任总理时并非由两院议员共同选举产生,而是由政变上台的"维持和平稳定委员会"推荐,经国王任命而任职,因此2014—2017年任职期间不适用于宪法所谓的8年之期。

除此以外,不少支持巴育的人士还提出,应该从2019年大选后巴育担任总理之日起算,因为巴育从当年起才是真正意义上的"民选总理",适合宪法规定相关条款。倘若如此,巴育可以担任总理至2027年,恰好可以再干一届总理。巴育内心无疑最为期盼这种计算方法。

但是,更多的声音还是认为巴育8年之期已至,理应立刻去职。他们主要的依据是,宪法起草者之所以做出这一规定,其目的是"防止某些人士担任总理时间过长而引发对权力的垄断,从而可能引起政治矛盾"。而巴育如果继续担任总理,必然会引起国家权力垄断,政治矛盾将更为激烈。

巴育的总理生涯还剩多少时间?

具有"控诉家"之称的西素万·詹亚8月5日向国家巡查总署提交诉状,并提请巡查总署向宪法法院起诉巴育8年任期将满,应于8月23日终止履行总理职责,直至宪法法院做出最终裁定。但巡查总署8月17日驳回他的控诉,理由是:西素万希望国家巡查总署就政治人士的资格问题进行审查,而2017年宪法第170条第3款授权选举委员会或者参众两院中任何一院十分之一议员联名提请本院议长向宪法法院提交诉状,因此该事宜并非本机构之职责。

8月17日,反对党联盟171名议员联名上书议长川·立派,通过他向宪法法院就巴育8年大限一事提起诉讼。8月22日,川·立派签名后遣人将诉状呈递至宪法法院,宪法法院已经受理此案。

8月20至21日,泰国8所知名大学联合8家主流媒体开展了名为"人民之声"的民意调查,共有374063人参加了投票,其中93.17%的民众投票表达了"巴育不应该再担任总理"的观点,仅有6.83%的民众认为"巴育应该继续担任总理"。

此外,反政府年轻团体领袖"彩虹"、原红衫军领袖乍都蓬等人分别举行了声势浩大的活动,号召选民们走上街头,以实际行动反对巴育继续担任总理,要求他立刻下台。他们表示,一旦宪法法院做出不公裁决,判巴育可继续任职,他们将发动民众,坚决抵制。他们向宪法法院提出明确要求,不管需要多长时间用于案件审查与内部商讨,但应该第一时间要求巴育停止履行总理职责。

吊诡的是,2017年宪法起草委员会副主席素珀在2018年9月7日召开的第500次宪法研讨会上明确表示,巴育的8年任期应该从2014年起算。最近当该次会议记录被公之于世后,素珀反而公开否认,当时表示只是自己个人意见,并非会议最终决议,因此不具有法律效应。此事令世人哗然。

宪法法院作为泰国最高司法机构,其行事风格向来令人捉摸不定。此前,2019年2月,前总理他信派系泰卫国党提名乌汶叻公主为总理候选人,宪法法院接到相关起诉后,非常迅速地做出裁决,解散泰卫国党。其后,原新未来党党魁塔纳通违规持股被告,宪法法院也是迅即做出裁决,要求塔纳通暂停履行议员职责,以免对公务造成不良影响。但是,在其他一些案件侦查裁定方面,宪法法院又相对较为缓慢。至于对于巴育"8年大限"如此重要的问题,宪法法院多久能够做出裁决,还需耐心等待。

笔者个人判断,巴育此次大概率可以顺利度过危机,其政治生命不至于就此终结。但是,其总理任期从2017年起算的可能性偏大。如此一来,下一轮大选,巴育即便可蝉联总理宝座,但只能"半途而废",2025年必须下台。因此,尽管巴育名义上还可以继续出任下一届政府总理,但那也只能是理论上存在可能。事实上,巴育本人应该意识到,2025年8年之期届满之时,他的总理生涯便将告终。因此,他极有可能在风风光光地主持完疫情后亚太主要经济体领袖首次线下峰会(APEC)后,便谢幕离场。这对于巴育而言,或许也是一个意料之中的美好结局。当然,倘若宪法法院裁决巴育2027年才满8年,巴育必将使尽浑身解数,投身大选之中,力争再度连任。究竟宪法法院会做出何种裁决,我们拭目以待!

3. 巴育暂停履职后泰国政治的发展前景[①]

2022年8月中旬,泰国议会反对党联盟根据2017版宪法第158条第4款和第170条第3款,通过议长川·立派提请宪法法院裁决巴育已任总理之职期满8年,并请求宪法法院在最终裁决结果宣布之前命令巴育暂停履职。8月24日,宪法法院9位法官一致同意接受议会反对党联盟的诉讼,并以5票对4票的表决结果暂时停止巴育总理职务,直至法院做出最终裁决。宪法法院的这项决定无疑将泰国政治带入了一个极其关键的节点,由于诸多不确定性因素的存在,当下形势尤为晦暗不明、扑朔迷离。

宪法法院为何出现一票之差的裁决?

笔者认为,宪法法院所有大法官一致同意接受反对党联盟提出的诉讼,完全在情理之中。而以5:4的微弱优势要求巴育暂时停止履行总理职责,尽管在某种程度上出乎众人意料,但也逻辑自洽。

首先,有效避免8月24日起巴育的"非法执政"。巴育的"八年大限"究竟从何年起算,宪法法院并未给出定论,2014、2017、2019年三种可能性并存。一旦宪法法院最终裁决巴育的8年任期从2014年起算,则2022年8月23日便成为巴育总理生涯最后一日。如果不叫停巴育,让他在8月24日之后仍然正常履职,直至宪法法院宣布他8年任期已满,则中间这段时间巴育作为总理所做的一切决策均非法无效。为了避免出现上述情况,宪法法院让巴育暂停履职,是对国家事务负责任的做法。

[①] 本文于2022年9月1日发表于澎湃新闻·外交学人,题为"巴育暂停总理职务后,泰国的权力转移正在酝酿?"。

其次，有效平息国内民众"倒巴浪潮"。鉴于巴育事实上已经任职满8年，此前泰国国内多地爆发大规模示威游行，要求巴育立刻辞职。网络上也出现了名为"非法总理"的热搜词，民间反对巴育继续担任总理的声音此起彼伏、不绝于耳。宪法法院此时按下"暂停键"，有效地安抚了群情激奋的"倒巴"民意，至少延宕了大规模示威游行的爆发时间。

第三，有效树立了宪法法院中立公正的形象。泰国宪法法院自成立以来，一直被视为"王室-军方"保守阵营用于党同伐异的工具，在解散泰爱泰党、泰卫国党、新未来党等对立阵营政党中发挥了重要作用。此前，多数民众根据以往经验判断，宪法法院一定会直接裁决巴育任期不满足宪法所规定的8年期限条件，从而延长巴育的政治生命。此次宪法法院决定暂停巴育履职，将有效树立宪法法院公平正义的形象。

巴育、巴威之间自然、默契的权力切换

宪法法院做出裁决后，巴育第一时间通过政府发言人表示：本人尊重宪法法院的裁决结果，将从即日起暂停履行总理职责，但将继续担任国防部部长一职。希望人民尊重法院的决定，不要妄议宪法法院的裁决。

根据2020年8月13日内阁决议，一旦总理无法履职，巴威副总理是第一顺位继承人，威萨努副总理次之，之后是阿努挺、朱林、敦、素帕塔纳蓬副总理。因此，巴育暂停履职后，巴威副总理出任代总理。

此前，泰国媒体一直炒作巴育和巴威之间的矛盾，传言巴威希望取代巴育，登上总理宝座，此次巴威以这种方式"取代"巴育，再度引发舆论热议。巴育目前只是暂停履职，他将以何种姿态来与巴威代总理相处？会否以国防部部长身份参加内阁会议？巴威代理总理期间，会否借机改组内阁，让被巴育革职的塔玛纳和纳勒蒙官

复原职？巴威会否提前解散议会，举行大选？诸如此类的问题，占据了近期泰国媒体的主要板块。

事实上，巴育和巴威二人的权力切换非常自然顺畅，完全没有媒体所想象的那么复杂。巴育暂停履行总理职责后，立刻切换至国防部部长身份。8月29日，他以防长身份主持2022年度防务装备展览会开幕式，并饶有兴致地参观了展览，在多家展厅前驻足试枪。而巴威则以代理总理身份接见了来访的马来西亚客人，并且主动致电曼谷市长查恰和阿瑜陀耶府府尹，询问他们有关水患的问题，安排军队为地方政府提供援助。查恰就此公开给予了赞赏，表示减少了很多冗长公务程序，坊间对巴威此举也给予了很高评价。

最值得关注的是8月30日巴育停职后的首次内阁会议。在此次会议上，威萨努副总理提议，赋予巴威代理总理全权履职权限。根据《1991年国家公务管理规则》第48条规定，代总理与其所代者权力一致。2020年总理府第237/26号令明确规定，代总理有权对总理职权范围内的人事任命以及预算进行调配管理，但必须先征得总理同意。考虑到巴育暂停履职，上述规定不具备操作性。因此，内阁会议对此做出调整，巴威代总理拥有与巴育总理完全一致的权限，且可回溯至8月24日，确保不出现"权力真空"。此外，内阁还决定由副总理兼外长敦代替巴育前往纽约参加联合国一般性辩论。

此外，有一些细节很值得玩味。一是巴威专车抵达时，巴育的亲信、劳工部部长素察带领大队人马恭候车畔。二是腿脚不便、平时走路颤颤巍巍，上下车、上下楼梯都需要年轻人搀扶的巴威，破天荒地自己独立行走，且步伐矫健。他向记者们解释："运心生力"，媒体则大多解读为"人逢喜事精神爽"，另外就是巴威试图向公众展示健康的形象，为当前及今后担任总理奠定基础。三是巴威主持内阁会议时，并未如外界猜测那般，坐到巴育的位置上，而是依然坐在自己平时所坐的副总理座席。这反映了巴威不希望让外界认为自己急于担任总理，同时也为巴育留足了面子。四是巴育本人没有亲临会场，而是以国防部部长身份视频参会，但全程未发一言。

总之，巴育和巴威二人的表现极为默契，增加了外界对于二人关系及下一步泰国政治走向的评估难度。

"剑走偏锋"的宪法法院会如何裁决？

宪法法院要求巴育在8月24日起的15天内就8年任期问题做出书面澄清说明。目前，以维拉·洛乍纳瓦少将为首的巴育法律团队正在紧锣密鼓地起草文件。笔者认为，巴育可能会用足15日时间，以避免被外界视为他急于加速宪法法院法律流程。待宪法法院收到巴育书面澄清文件后，还有可能会传唤其他相关人士共同研析。目前不确定的是，2017年宪法起草委员会主席密猜是否在传唤之列，他的意见对于本案的最终裁决应该具有极其重要的参考价值。因此，做出最终裁决需要周密流程，连法律权威人士威萨努副总理也表示自己无法估计宪法法院何时会公布结果，但相信应该不会特别漫长，估计在两个月之内便可见分晓。

据说，巴育的亲信们8月23日之前便通过多种途径打听宪法法院的裁决结果，得到的消息是巴育无虞，令巴育本人信心满满。孰料宪法法院9名大法官中，有5名认为巴育应该暂停履职，打乱了巴育的阵脚。"倒巴派"认为，这一事实充分说明，超过半数的大法官认为，巴育自2014年出任总理至今，可能已经满足了"8年任期"的条件，有理由怀疑8月24日起巴育继续担任总理属于违宪行为，巴育前景非常不妙。但是支持巴育者却乐观地表示，至少有4名法官认为巴育根本不存在任何问题，无须中止履职，之后最终投票环节中，只要有1名法官倒向4人阵营，巴育便可顺利过关。结合此前宪法法院对巴育多个案件的裁决，这种可能性不是不存在。

事实上，巴育确实已经担任了8年总理。而且，自2014年申报资产后巴育再未申报，皆因肃贪委员会认为，巴育是连续任职，无须重复申报。也就是说,肃贪委员会将巴育担任总理的时间确定为2014年。

但是,泰国宪法法院的行事风格向来剑走偏锋,不一定按常理出牌。2019年5月,原新未来党被诉涉嫌"颠覆君主制"。宪法法院受理此案后,坊间传言新未来党"必废无疑"。但2020年1月21日,宪法法院宣读裁决结果,认为新未来党管理层言行不构成"颠覆君主制"罪名。然而,时隔一月之后,宪法法院以新未来党党魁塔纳通违规持股为由,决定解散该党。因此,巴育被暂时停止履行职责并不代表他未来一定会被判违宪,绝对不能与下台画上等号。

此外,宪法法院作为"国之重器",在裁决如此重要案件时,除了对案件本身是非曲直进行分析,还需研判此案裁决结果对国家未来所产生的利弊影响,而王室、军方对于此案究竟持何态度,外人也无从知晓。因此,最终结果如何,我们无从预测,还需等待各派力量的博弈和宪法法院的裁决。

不过,据泰国法律专家表示,宪法法院最终裁决结果并不会明确指出巴育总理任职年限从何年起算,而只是根据反对党联盟的要求,做出"巴育应该立刻终止总理职务"和"巴育无须终止总理职务"的是非判断。

未来的两种场景与正浮出水面的矛盾

鉴于宪法法院裁决结果无从预测,关于泰国政治下一步走向,我们也只能根据不同的场景分别进行分析。

第一种情形,如宪法法院判巴育任职时间已满8年,必须立刻终止总理职务,则巴育可直接回归,但身份由总理变为"看守总理",内阁性质也变为"看守内阁"。根据2017年宪法规定,需"尽快"从2019年大选各政党提名总理候选人中选举新一任总理,任期至本届议会期满。但宪法并未规定"尽快"的确切期限。若无候选人得票超过参众两院一半以上,则参众两院半数以上议员可向议长提出申请,待两院超过三分之二议员同意后,众议院议员可提名"外人"担任总理并在参众两院进行投票,得票数超过半数者担任总理。

目前,2019年大选时政党提名总理候选人还有5人,分别是:为泰党的猜甲森、原为泰党的素达拉和查恰、民主党的阿披实和自豪泰党的阿努挺。素达拉和查恰都已经离开为泰党,前者组建了泰建泰党,后者以独立身份当选曼谷市长,相信二位不会来凑这个热闹。猜甲森在政坛存在感极低,而且为泰党候选人本身就无法得到250名参议员的支持,所以也基本上可以忽略不计。前总理阿披实2019年因民主党大选败北而辞去党魁之职,并放弃议员身份,近年来民主党内政治生态较为混乱,估计阿披实没有心情临危受命。

自豪泰党党魁、现任副总理阿努挺是目前候选人中最有希望者,一是源于自豪泰党近年的成功扩张,不仅本党力量势头迅猛,甚至公开在为泰党内建立了"第五纵队";二是阿努挺本人与巴育、巴威关系都较为融洽,且交游极广,与参议员们私下也建立了不错的关系。如若巴育-巴威愿意成全阿努挺,力促麾下250名参议员投票给他,则阿努挺获得参众两院半数以上票数希望极大。但是,如果巴威不愿意让阿努挺上位,则阿努挺就算有翻天的本领也无法上台。不过,话又说回来,阿努挺对下一届大选信心满满,本届政府最后的收尾工作,他或许也不见得有太大兴趣。

因此,上述候选人可能都无法继巴育之后,成为本届政府的总理。那么,参众两院必须启动特殊程序,选举"外人"担任总理,巴威便成为呼声最高的不二人选。250名参议员是他的底牌,公民力量党是他的前锋,光凭借这两支力量他便可如愿以偿荣登总理大位。而他一旦正式担任总理,他的亲信们应该会借此千载良机,推动于己有利的议程。巴威将有可能利用执掌大权之机,在剩下的几个月时间内,理顺公民力量党内的复杂关系,同时刺激经济发展作为本党政绩,以挽回该党的颓势,在下一轮大选中重拾声势。

第二种情形,如宪法法院裁决"巴育无须终止总理职务",则将会带来新的矛盾问题。巴育总理任职时间究竟从 2017 年还是从 2019 年起算,如果是前者,则巴育充其量只能干到 2025 年,无法再完整担任一届总理,明年的大选公民力量党或合泰建国党还会提名他作为总理吗?如果是后者,则巴育还能再干一届总理。但是,没有任何人有权对他的任职起算时间进行权威裁判,只有巴育任职至 2025 年,宪法法院才会做出新的裁决。

因此,在这种情形下,巴育想要再次成为总理候选人的愿望可能会破灭。毕竟,当前泰国社会反对巴育连任的声音越来越大,如果巴育强行参选,极有可能引发新一轮的游行示威,令社会秩序陷入瘫痪状态。

如此,公民力量党便无需纠结,直接提名巴威作为唯一总理候选人即可。而合泰建国党则失去了其建党的初衷,极有可能推荐党魁披拉潘作为总理候选人。这里就涉及一个核心问题:究竟巴威和巴育(包括阿努蓬)之间是什么关系?

若为盟友关系,则权力依然掌握在同盟手中,并未旁落,谁当总理事实上关系并不大。但倘若为竞争关系,各自为所属的利益集团奋斗,则巴育派系失去了巴育这棵大树,将会如坐针毡。

这里必须要提一下一直以来在泰国甚嚣尘上的公民力量党与为泰党之间的"惊天密谋"。泰国朝野近期热炒的一个话题是,巴威已经与流亡海外的前总理他信达成协议,下一轮大选后,公民力量党与为泰党联合组阁,但总理由巴威出任。巴威上台后,会积极促成政治特赦,帮助他信返回泰国。8 月上旬,公民力量党和为泰党不约而同地都采取了不参加议会投票的策略,阻止了参众两院对于"以 500 为基数"计算政党名单制议员产生方法的三读进程,导致该方案遭遇流产,被视为两党之间已经开展了实质性合作。

今年宋干节期间,巴威去了一趟英国,被传与他信会面密谋合作事宜,传得有鼻子有眼,但巴威一直矢口否认。而塔玛纳也一直往返于泰国与新加坡、瑞士等地，据传也是在双方之间搭建桥梁。此外，巴威的胞弟、原警察总监帕查拉瓦上将是他信在警校时期的师兄，与他信关系密切，据说2003年他信任命巴威为陆军司令便是帕查拉瓦的杰作。所以，双方的合作似乎有着坚实的基础。但是，最近他信在社交平台Clubhouse辟谣，说自己与巴威根本就不熟，而且完全没有合作的可能。尽管巴威也一直否认这一点，但是巴育的亲信们包括巴育自己似乎都对此笃信不疑。所以，巴威担任代理总理后，如何推动议员产生办法也是接下来要关注的重点。

  最后再提一件事情。8月中旬，合泰建国党党魁披拉潘在脸书上不点名地批评巴威纵容手下破坏议会议程，招致公民力量党副党魁派汶的反击，并且公开表示要去起诉披拉潘。披拉潘非但没有服软，反而在网上回应："不服来战，尽管去告！"可见，巴育和巴威阵营的矛盾也正在逐渐公开化。究竟二人关系如何，或许通过这件事情可略见端倪。泰国政局接下来会走哪一条路，我们无法准确预测，只能等待宪法法院的最终裁决，相信应该快了。

4. 巴育总理的顺利过关与新困境[①]

2022年10月3日,已暂停职务一个多月的泰国总理巴育重返岗位。泰国宪法法院9月30日公布了有关巴育总理任期一案的裁决结果——巴育的总理任期自2017年4月6日,即2017版宪法颁布实施之日起算。如此,巴育担任总理时间尚不足8年,理论上他可以任职至2025年。

自8月17日泰国反对党联盟171名议员联名上书议长川·立派,要求就巴育"8年任期"一事向宪法法院提起诉讼;到8月24日宪法法院暂停巴育总理职务,内阁决议由副总理巴威代行其职;再到宪法法院经过一个多月审议后,以6∶3的投票结果作出上述裁决,围绕巴育总理任期的纷扰终于尘埃落定。

裁决符合泰国社会主流期待

宪法法院的这一裁决主要依据是现行宪法第158条第4款相关规定:总理必须由议会参众两院共同选举产生。而2014年巴育担任总理是国王根据立法议会决议进行任命,不符合2017版宪法总理的产生方法,因此不计入其总理任期。

然而,泰国社会对此结果非议甚多。8月起,互联网上流传2017版宪法起草委员会第500次会议的会议记录,极其清晰地显示,委员会主席密猜和副主席素珀均认为,巴育2014年至2017年的执政时间也应一并计算。但9月份网上又出现一份真伪莫辨、署名为密猜的法律意见书,改变了其此前的观点,认为巴育2014年至

[①] 本文于2022年10月4日发表于澎湃新闻·外交学人,题为"巴育重返岗位后,谁将是泰国下一任总理成最大谜团"。

2017年的执政经历不应计算在内。

为了对宪法法院施加影响，自由合泰党战略委员会主席、原选举委员会委员颂猜9月28日在个人脸书上发文，讲述了他在国会图书馆里找到了2017版宪法起草委员会召开的第500次会议的会议记录。通过对会议记录的分析，他认为，起草者的初衷是希望避免权力被垄断，而巴育2014年政变上台后至2017年的经历也应该被计算在总理任期内。但是宪法法院明确表示，宪法起草委员会的上述讨论意见，是在宪法颁布一年多后才进行的，没有太多参考价值和分量。尽管泰国法律界专家对此颇有非议，但鉴于宪法法院不容置疑的权威性，此事至此算是有了定论。

裁决结果公布后，巴育很快就通过个人脸书写道："我谨向宪法法院的裁决表达崇高的敬意，对每一位怀着良好祝愿、一直以来支持我的人民表达衷心的感谢！"他还表示，在暂停履职的这一个多月内，自己做了认真的反思，更加坚定地认为，应该利用本届政府所剩无几的时间加快推进重要的工程项目，尤其是提升基础设施建设。代表巴育出席宣判的法务顾问威拉少将也承认，按照宪法法院裁决，巴育最多任职至2025年。而代理总理巴威则公开表示，自己每天都在鼓励巴育，给他信心。

对于这一裁决结果，泰国社会总体上认为可以接受。毕竟宪法法院没有将巴育的任期从2019年起算，那样的话，巴育可以理直气壮地再担任一届总理。至于从2014年起算，从宪法法院自身立场考虑，则明显不太可能。但是，也有部分反巴育团体，如"民团""人民熔铸团""红衫军反独裁组织"等，在宣判当日举行了声势不算浩大的示威游行，表达对宪法法院裁决结果的不满。

总体来说，宪法法院的裁决结果符合泰国社会主流期待。"巴育八年案"，既是法律战，更是政治战和心理战，这一结果反映了保守阵营在政治斗争中仍然占据上风，从某种程度上说，也证明巴育在国家政治生活中依然具有很高的价值。

巴育面临新的尴尬

接下来一段时间,需要重点关注的问题主要是,巴育在确知自己任职年限仅剩两年的情况下,会做出何种政治上的安排?

笔者认为,巴育内心应该还是希望继续执政,不愿就此退出舞台。他在任期间推动制订国家 20 年发展战略,证明了他对于长期执政的渴望。从更深层次上说,这也是支持巴育的政商集团的共同意愿。倘若巴育不想继续从政,他可能早在 8 月 14 日之前就宣布解散议会,辞去总理之职。在他停职的一个多月内,他不仅没有消极应对,反而是积极地履行国防部长之职。9 月 30 日,宪法法院宣判的当天上午,他还前往国防部,为即将退休的官员举行欢送仪式。而且,巴育还经常外出视察,体察民情。从公开视频资料来看,他举止淡定,没有表现出任何异常,可谓"每临大事有静气"。

但是,如今宪法法院裁决他总理任期始于 2017 年,将巴育及其支持者推到了极其尴尬的境地之中。按照选举委员会制定的路线图,2023 年 5 月将举行新一届大选(这届大选选出的议会以及由此产生的政府的任期将到 2027 年),无论是公民力量党抑或是合泰建国党,倘若继续推选巴育担任总理,又将如何说服选民们将选票投给一个必须"半途而废"的总理候选人?

不过,泰国政治的魅力之处在于其善于妥协和灵活变通。很多专家半开玩笑半当真地预测,或许在不久的将来,巴育阵营推动修改宪法,取消有关 8 年总理任期的条款,那么巴育便可实现长期执政。

当然,对于这一难题一时之间很难做出决定。影响最终决策的还有一个重要因素,那就是即将在泰国召开的亚太经合组织(APEC)领导人峰会。巴育一直心心念念希望主持此重大国际多边外交活动,提升个人国际形象,进而加强对选民的吸引力,为下一步继续长期执政做好铺垫。但是,鉴于美国总统拜登已经明确表态不能亲自赴泰参会,将在印尼参加完 G20 峰会后直接回国参加亲戚婚礼,泰国国内对于此次峰会成果的预期已经大为降低。对于巴育阵营而言,究竟是否应该推荐巴育参加明年的大选,确实令人头痛。

三、社会积弊

1. "三座大山"令泰航折翼[①]

最近,世界十大国际航空公司之一的泰国国际航空公司面临巨额亏损,资不抵债,即将债务重组的消息不仅在泰国国内引发热议,在国际上也备受关注。这家成立于1960年的老牌国际航空公司在"花甲之年"面临生死抉择,令人唏嘘感慨。2020年5月19日,泰国总理巴育宣布,泰国政府将不会注资泰航为其"续命",决定批准泰航在中央破产法庭监督下进行资产重组。这将是泰航自成立以来面临的最大一次"外科手术"。究竟是何原因,让曾经名列世界十大航司的泰航落得如此下场?

表面的荣光

在泰国,"爱君如天"这句经典广告语,可谓家喻户晓、妇孺皆知。成立于1960年的泰航,一直都是泰国民众出行的首选。乘坐泰航,既是身份的象征,更是泰国专属的民族自豪。一袭紫衫、合十

[①] 本文于2020年5月27日发表于澎湃新闻·外交学人,题为"瞎指挥、裙带风和贪腐:'三座大山'令泰航折翼"。

微笑的泰航空姐,无论走在哪里都是最靓丽的一道风景线,她们的高雅气质、周到服务,成为国家的一张"名片",令泰国温婉迷人的形象举世闻名。

1960年,泰国航空有限公司与斯堪的纳维亚航空公司签订协议,共同组建泰国国际航空公司(简称"泰航"),并于当年5月1日首飞香港。1977年,协议期满后,斯堪的纳维亚航空公司将所持股份售予泰国财政部。1994年,泰航成功上市。1997年,泰航与汉莎航空、加拿大航空、联合航空等公司,共同组建"星空联盟"。

泰航在亚洲各大国际航空公司中率先进行全球航线网络布局,其开通航线覆盖欧洲、北美和亚洲32个国家、62个机场。21世纪初,泰航开通了曼谷至伦敦直航航线。同时,也是东南亚地区最早将波音747大型客机投入国内航线的航空公司,开通航线包括廊曼机场至清莱皇太后机场、素万那普机场至清迈机场、素万那普机场至普吉机场等。

在历次权威国际航空公司排名中,泰航均名列前茅,在国际上享有盛名。比如,英国航空顾问公司Skytrax发布的2019年度"世界最佳航空公司奖",将泰航列为全球第十,在东南亚地区仅次于新加坡航空公司和印尼鹰航。该奖项被称为航空公司界"奥斯卡奖",泰航的国际声誉可见一斑。同时,泰航还被评为"2018年度最佳经济舱航空公司"。

可能很少有人会知道,泰航是为数不多几家对于空乘人员的服装有着近乎严苛规定的国际航空公司之一。泰航规定空姐在机舱外迎接乘客时着紫色西装,但在机舱内服务时必须更换泰式民族服装。World Top Most网站公布的2017年全球最美空姐航空公司排行榜中,泰航空姐排名第九。

然而,令人震惊的是,在这美好景象的掩盖之下,却是连年亏损。

巨额的亏损

2008年,泰航拉开巨额亏损的序幕,当年亏损额高达213.8亿泰铢(1泰铢约合人民币0.22元),其后更是一泻千里,每况愈下。曾经骄人的业绩不再,取而代之的则是债台高筑。及至2020年,在踏入第60个年头之际,泰航亏损总额达2000多亿泰铢。而且,突如其来肆虐全球的新冠肺炎疫情,致使全球航空业都遭遇料峭寒冬。早已步履蹒跚左支右绌的泰航,再也无法维系庞大且病入膏肓的身躯,轰然倒下,命悬一线。

打开泰航近5年的营收数据,用触目惊心来形容一点都不过分。除2016年盈利4700万泰铢外,其余年份均大幅亏损:2015年亏损130.4亿泰铢,2017年207.2亿泰铢,2018年115.7亿泰铢,2019年120.1亿泰铢。匪夷所思的是,这几年赴泰旅游观光的外国游客人数持续增多,2019年甚至超过4000万人次,泰航作为泰国承运量最大的国际航空公司,在上座率并不算低的情况下,于情于理绝不至于亏损,但泰航确实陷入了一种"越飞越亏"的怪圈之中。

泰国交通部助理部长塔旺·社辇在最近一次接受采访时表示:2019年泰航亏损线路多达60条,盈利线路仅39条。当年曼谷至伦敦航线往返共1434次航班,乘客上座率82.9%,营收总额为85.46亿泰铢,但是该航线全年亏损总额却高达13.13亿泰铢,相当于每次航班亏损超过90万泰铢。当年曼谷至莫斯科航线往返共416次航班,乘客上座率76.9%,营收总额为11.54亿泰铢,但亏损5.39亿泰铢,相当于每次航班亏损额129万泰铢。

"三座大山"

那么,泰航巨额亏损究竟出自哪些原因呢?客观上说,近些年来,航空业竞争日趋激烈,廉价航空公司来势凶猛,无疑对泰航的业务开展形成制约。但是,泰航的亏损更多应归咎于泰国政治对泰航业务的干涉，泰航自身发展战略的失误，泰航自身腐弊与低效的企业文化，等等。而这些因素亦非独自存在，而是盘根错节，相互交织。总体来说，有"三座大山"最终压垮了泰航。

其一，泰国政界对泰航业务的干涉是导致泰航巨额亏损的罪魁祸首，或者说是"第一座大山"。泰航自1977年便具有国有企业性质。在泰国58家国有企业中，泰航甚至可以说是"政府的长子"。因此，泰国历届政府，无论是民选政府，还是凭借政变上台的军政府，无一不将泰航视为谋求政党或者军方利益的"自留地"。

泰国政府更迭频繁，大多数政客考虑的是抓紧时间攫取私利，在高层人事调整与安排、企业发展战略制定、飞机及零部件采购等方面，或公开介入，或暗箱操作，极少有人关心泰航盈利或者亏损。以人事安排为例，《亚洲时报》一篇分析文章认为，泰航的问题在于，管事的人太多，但真正精通航空业的人太少。泰国历届政府的交通部和军方的空军在泰航高官任命中发挥着重要作用，一些并不善于企业经营的政府官员或者空军高官经常"空降"泰航董事会，位高权重，却丝毫发挥不了作用。而且，每当政府更迭，董事会以及泰航管理层便会随之调整，朝令夕改是常有之事，这导致泰航发展缺乏长远战略。

他信担任总理时期，曾经直接指示泰航斥巨资购买多架空客A340-500、A340-600飞机，开辟曼谷至美国纽约的直航航线。空客A340-500采用4台涡轮风扇发动机，耗油量极大。随着国际油价的上涨，曼谷至纽约航线一直处于亏本运营状态。不久之后，泰航决定停飞空客A340-500、A340-600，并将其停放于廊曼机场和乌塔堡机场。泰航每年需为这些飞机支付大额维护费用、保险费用以及停放费用，飞机本身的折损费用也拖累着泰航财务。尽管飞机本身状况较好，但由于二手市场转手不易，也没有管理层敢拍板低于市场价出售，所以这些飞机只能继续作为泰航沉重的负担而存在。

其二，人浮于事、管理低效、裙带关系是造成泰航亏损的"第二座大山"。泰航目前在飞飞机约为 80 架,但其工作人员总数多达 22000 人,其中飞行员 1700 余人,空乘人员 5600 余人。也就是说,每架飞机配备飞行员 20 人,空乘人员 70 人。而泰国亚洲航空在飞飞机约为 40 架,工作人员总数仅为 3000 人。泰航工作人员数量之多,令人咋舌。

2018 年,泰航运营费用中,人工支出约占 25.3%,远高于泰国曼谷航空的 20.8%和泰国亚洲航空的 15%。一位已经离职的泰航前人事主管在接受电视采访时,曾经这样吐槽泰航的人事工作:"泰航是国有企业,福利待遇高,只要是有点关系的人都想进泰航,吃空饷的人不计其数。即使是公开招聘,很多岗位也已内定,甚至不需要任何资质,只要领导一句话,便可随意招入。"

裙带关系在泰航是"公开的秘密"。他信的死对头颂提·林通衮在他的个人脱口秀节目中披露,泰航中存在着"世袭制",很多家族都在泰航内部根深蒂固,代代传承。泰航的高层每年都有若干国内外旅行的免费机票名额,甚至于高层子女在年满 35 岁之前也能享受免费机票。吃空饷、内定招聘、免费机票,而这些本不应由泰航承担运营费用。

其三,贪腐成风、层层盘剥、中饱私囊是泰航"折翼"的"第三座大山"。2017 年,英国反贪部门公布的世界豪华轿车厂商劳斯莱斯(Rolls-Royce)海外行贿和腐败指控案中,泰国国家航空公司和泰国国家石油公司(PTT)也牵涉其中。英国方面透露,1991 年至 2005 年间,劳斯莱斯持续向泰航有关人员行贿,以出售 T800 涡轮轴发动机。依据国际航空采购惯例,机身和发动机往往不是一起购买,而是分别招标。劳斯莱斯、通用动力和普拉特·惠特尼作为全球最著名的三大航空发动机制造商,在争取客户时竞争极为激烈。劳斯莱斯和通用动力一般给予购买方3%的返点,并且在境外支付,保证受贿方安全。颂提·林通衮披露,2005 年正是他信领导的泰爱泰党准备第二次大选之时,需要募集竞选经费。因此,购买空客飞机和劳斯莱斯发动机，极有可能是为政党募集资金而推动。

除了购买飞机、发动机以及机舱内的娱乐、通信设备存在大量贪腐行为，泰航本身的售票体系也是猫腻极多。与一般航空公司不同，泰航线上售票仅占其总售票的20%左右，绝大多数机票都是通过代理机构出售。泰航在各大地区都派驻总销售代表，负责招募销售代理和市场推广。销售代理以低成本从总销售代表处获得票源，以较高票价售出，其中的高额利润有相当一部分需返还总销售代表。而总销售代表则与泰航高层关系密切，不仅将所获提成向上"纳贡"，而且还随时在国外等候"接驾"，支付泰航高层及其家庭的国际旅行开支。曾有一次，泰航放出消息，准备开辟曼谷至印度某地区的一条航线，引发当地销售代理机构对机票代理权的激烈竞争，有人甚至愿意返还50%的利润给总销售代表，可见利润之丰厚。这样的腐弊，肥了个人，却使泰航利益受到极大损害。

在这"三座大山"的压迫之下，泰航事实上已经破产。但出于种种考虑，泰国政府最终没有选择任其破产，而是帮助泰航进行债务重组。真是应了那句老话："看他起高楼，看他宴宾客，看他楼塌了"。究竟这次债务重组，是"洗心革面，重新起航"，还是"改头换面，旧瓶新酒"？现在一切都是未知数。可以肯定的是，在泰国独特的政治文化和泰航根深蒂固的企业文化双重"加持"下，泰航重组之路依然充满极大的风险与挑战。

2. 佛诞日枪击案：究竟是谁让一名军人变成恶魔？[①]

2020年2月8日，素有"黄袍佛国""微笑国度"之美誉的泰国，爆发了一起惨绝人寰、令人发指的疯狂枪击案，案件共造成30人死亡，58人受伤。

最具讽刺意味的有两点。一是，凶手是一名现役军人，军人的天职本是捍卫国家主权和人民安全，然而，他却丧心病狂地将枪口对准了本应属于自己保护对象的平民。二是，作为佛教徒的凶手选择在重要佛教节日"佛诞节"这一天制造惨案，公然无饰地实施杀人行为，这不仅仅是对传统伦理的公然挑衅，更是对生命尊严的严重亵渎。泰国民众向来乐天知命、崇尚和平、排斥暴力，这次极端恶性杀人事件在泰国历史上尚属首次，对整个社会造成了极大恐慌，事发当日成功逃亡的民众至今仍心有余悸。惊魂甫定之际，人们开始反思与拷问，究竟是谁，让一名军人变成了恶魔？

佛诞日上演疯狂大屠杀

当天下午3时许，在泰国陆军第二军区司令部驻地——东北部呵叻府，一位名叫乍格潘·托玛的陆军上士开枪杀害自己的上司阿南达洛·加萨上校及其岳母阿侬·米占之后，逃回军营，从枪火库中劫夺大量枪支弹药。随后，乍格潘驾驶着军用悍马车，前往呵叻市中心的一座大型商场。他一路肆意虐杀前来阻截的警员与路旁

[①] 本文于2020年2月15日发表于澎湃新闻·外交学人，题为"泰国枪击案曝军中腐败'冰山一角'：利益盘根错节，改革艰难"。

行人，造成多人丧生。到达商场后，他先是引爆商场前的燃气罐，尔后进入商场，大开杀戒，并利用商场内的顾客作为人质，与警方对峙。

乍格潘在引爆燃气罐后，自拍上传社交媒体。泰国总理兼国防部部长巴育·占奥差上将密切关注事件进展，敦促泰国军警尽快解救被困民众，缉拿凶手。泰国警察总署警监乍提警察上将亲自担任现场行动总指挥，指挥泰国哈奴曼特警队以及边境巡逻警察部队第261纳黎萱分队等警察精锐力量包围商场。泰国副总理阿努挺、陆军司令阿披叻上将等都先后赶到案发现场进行指导。双方对峙一直持续了15个小时，第二天上午，凶手终于被警方击毙。

导火索折射军中大腐弊

究竟是谁让一名军人成为恶魔？

毋庸置疑，作为一名具有完全行为责任能力的成人，乍格潘本人应该负最大责任。由于对于他的成长经历并不知晓，所以家庭的因素究竟占有多大比重，很难说清。但是，从他个人社交媒体账号上传内容以及行凶过程中的表现来分析，我们至少可以得出以下两点结论。

第一，他本身具有很强的暴力倾向。这一点，可以从他的脸书记录中找到答案。他是枪械爱好者，更是一名神枪手，其个人脸书账号中不乏个人射击训练的动态展示。而且，他本人持有5支枪，每支枪价格都在10万铢（约2.38万元人民币）以上，这对于月薪仅1.8万铢（约0.43万元人民币）的乍格潘来说，绝对是一笔不小的开销，可见他对枪械的喜爱。他在住所的院子里，专门堆放了不少沙包，用以训练射击。此外，他还热衷于暴力网络电子游戏。

第二，他非常关注媒体报道过的恶性杀人事件，同时也非常喜欢暴力复仇电影，这些都是具有强烈作案倾向的明显特征。在他的脸书记录里，可以看到他多次转发1月刚刚发生在泰国中部华富里府的"校长劫金杀人案"的相关报道,以及 2019 年上映的讲述社会边缘人复仇故事的好莱坞电影《小丑》(*The Joker*)的海报。行凶过程中,乍格潘持续不断地更新自己的脸书账号,不仅发一些诅咒性、挑衅性的文字,而且还上传自拍视频,神情淡然地表示"扣扳机扣到手抽筋"。直到泰国政府和脸书公司联系,关闭了他的账号。很明显他是在模仿 2019 年 3 月新西兰基督城清真寺惨案和 2019 年 10 月德国犹太教堂惨案,这两起案件的凶手在行凶过程中均在网上直播。

可以说,具有暴力倾向的乍格潘本身是一枚"定时炸弹",但引爆这枚炸弹的导火索又是什么呢?根据知情人的爆料和媒体的发掘,真相逐渐浮出水面。乍格潘之所以失去理智,最终做出报复社会的残忍举动,是因为他因购地建房一事与上司阿南达洛·加萨上校交恶,长期受到后者的讹诈与欺凌,心中愤恨不已,便一直谋划着复仇泄愤。

购地建房对于乍格潘来说,本是好事一桩,却为何与上司结仇?皆因泰国军队中普遍存在着的既不合法又不合理的购房潜规则,以及这种潜规则中隐藏着的巨大的经济利益链条。而这本身就是军队中的腐弊问题。

一般来说,泰国军营中均建有公寓房,提供给现役军官与军士免费居住。而营区公寓房毕竟不是自己的私产,按照规定,退役后必须搬离。所以,军官和军士们基本上都会在营区外再购置土地建房。军官因为收入较高,会选择在城区购买或自建私宅。但低阶军士收入不高,更倾向于在营区周围(大部分是郊区)购地建房。很多营区本身有大量军用闲置土地,私人承包商打通关节,以低廉价格大量购买这些土地,同时与部队长官达成默契,打着为士兵谋福利的幌子,吸引收入不高的士兵们购买属于军队的土地以修建住宅。因为私人承包商本身就是以极其低廉的价格购得土地,所以出售价格相对不高。因此,尽管知道自己并没有土地所有权,但不少士兵仍然乐意通过这个途径购地建房。私人承包商为了吸引顾客，还推出一项听上去极其诱人的服务，即帮助士兵向陆军福利厅申请高于实际建房支出的住房贷款，承诺一旦申请贷款成功，便立即将虚领套现的那部分贷款返还给贷款士兵。一些急于用钱周转或者无钱装修住宅的士兵，自付凭借自身力量无法顺利申请贷款，便趋之若鹜。而部队长官则"两家通吃"，坐等敛财。申请贷款的士兵需要"孝敬"部队长官，才可获得贷款资格。同时，私人承包商也会给部队长官数目可观的分成。也就是说，私人承包商、部队长官和贷款士兵之间，形成了"利益共同体"，共同侵吞军队利益。在这根利益链条之外，还有一个非常重要的环节，就是陆军福利厅负责房地产评估的军官和私人承包商之间，也存在"默契"。

阿南达洛上校系陆军第二军区第 23 步兵团军械营营长，乍格潘上士则是他麾下士兵。阿南达洛的岳母阿侬·米占凭借女婿的关系，承接为低阶军士们办理申请陆军福利厅住房贷款的业务。阿南达洛的妻子，也就是阿侬的女儿，则是建筑承建商。也就是说，阿南达洛上校一家完全垄断了军士们贷款建房的业务。

2019 年，乍格潘上士经过阿南达洛上校的批准，得以通过阿侬·米占向陆军福利厅提出住房贷款申请，并成功获批 112.5 万泰铢（约 26.78 万元人民币）贷款，在距离营区两公里的一块荒地上建造住宅。阿南达洛上校的妻子承建工程，购地款与房屋造价约定为 75 万泰铢（约 17.85 万元人民币）。按照陆军福利厅的规定，贷款发放至代理申请贷款公司，而非申请贷款者本人。于是，所有的贷款分三次进入了阿侬·米占的账户。超过实际购地与建房成本部分为 37.5 万泰铢（约 8.93 万元人民币），理应全额返还乍格潘。然而，阿侬·米占却一直以各种理由推脱，占为己有。另外，乍格潘介绍自己战友去购地建房，阿侬·米占承诺支付他 5 万泰铢（约 1.2 万元人民币）作为佣金，却也是口惠而实不至。阿侬·米占所欠的这两项款额合计 42.5 万泰铢，迟迟未能返还，令乍格潘十分焦急,毕竟其每月收入仅有1.8万铢左右,还需还贷,所剩无几。

乍格潘曾两次当面向阿南达洛上校索要欠款,均被拒绝。据乍格潘的战友爆料,第二次索款未成时,乍格潘当着阿南达洛上校的面问他:"如果死了你还能拿钱去花吗?"(而这句话在案发当日,乍格潘也发到了自己的脸书动态上。)作为一名低阶军士,竟敢以下犯上,他的态度立刻遭到了阿南达洛上校的报复性惩罚。乍格潘不仅被关禁闭,而且原本240铢每天的外出出勤补助,也被削减为100铢,令经济拮据的乍格潘更是怀恨在心。于是,2月8日当天,乍格潘携带枪支,在阿侬·米占家中再次索要欠款,估计是没有得到正面回应,"定时炸弹"爆炸,乍格潘拔枪射杀二人后,疯狂杀人,酿成悲剧。

这一事件被媒体报道后,陆军内部其他问题也都纷纷被曝光。据说,乍格潘上士的经历仅是数千名军士中的一例,仅呵叻府就有400名士兵有着同样的遭遇,这一事件所暴露的泰国陆军腐弊仅是"冰山一角"而已。一时间,泰国军队自身的经商问题、亲属利用裙带关系经商以攫取不当利益问题、泰国军队内部不健康的官兵关系问题、军队枪械武器管理松散问题、军队士兵的心理健康问题、军队长官克扣军饷以及吃空饷问题、退役军官长期占用军队公寓甚至出租牟利问题,以及其他种种沉疴旧弊,都引发泰国各界对军队的口诛笔伐,倒逼着军队以此为契机,迅速推动从严治军,进行刮骨疗毒。

动真格启动陆军大改革?

案件爆发后第二天,陆军司令阿披叻上将召开新闻发布会,就此案细节进行官宣,并回答记者提问。其间,他数度落泪,表示在自己于2020年9月30日退休之前,一定要让泰国陆军风清气正。他当场宣布,要开设陆军投诉中心,让受到不公正待遇的中下层士兵们有机会直接向他本人申诉。在2月份之内,所有退役军官必须搬出军队公寓,将公寓留给真正有需要的现役军人们。同时,保证在4月份将官人事调整以及随后的校官调整期间,会有一大批少校到中将级别的军官,因涉嫌违规经商攫取不当利益而被撤职查办。次日,他再度接受采访时表示,投诉中心将于2月17日正式运营,而清理退役军官占用公寓之事也正加紧推进。现任总理兼国防部部长巴育上将也支持他的做法,表示已经到了开启陆军真正改革的时机,他作为陆军司令首先要做好表率。

根据笔者的理解,阿披叻上将启动的这轮紧急改革核心要义便是"从严治军""依法治军",针对陆军长期存在的各种不良风气和违法乱纪现象,重拳出击,惩治腐弊,以保障中下层官兵利益,维护纯洁军营生态,"还士兵们以公正"。军队本身经商、军官亲属从事涉军生意、军官侵占士兵利益等问题将是重点整治领域。

客观地说,阿披叻上将担任陆军司令以来,高度重视中下层官兵利益保障。他本人经常亲自对基层部队进行巡视,检查士兵伙食标准落实与否,与士兵们进行面对面交流,倾听他们的呼声。所以,在接下来一段时间,这样的不良风气应该可以得到改善。此外,阿披叻本人对于陆军经商也极为不满。陆军是泰国军中老大,冷战时期得到美国大量军援,除用以发展军事装备以外,陆军还涉足各商业领域。经过数十年的经营,泰国军方拥有诸如银行、酒店、高尔夫球场等产业,此外还拥有报社、电台和电视台等大众传媒。管理这些产业耗费了陆军大量人力物力,同时也滋生了许多腐败领域。阿披叻表示要和财政部签订备忘录,将所有产业收入上缴国库,然后按照比例返还陆军,作为将士们的福利。如果真的可以做到,将会使军队职能分散,不聚焦使命任务的现状大为改善。

然而,阿披叻想凭借一己之力,撼动泰国军队中因循已久的等级文化和官僚主义,难度着实很大。等级观念经过数百年的传承,已经深入到泰国社会的方方面面。在这种观念的影响下,泰国社会对服从和恭敬这两项行为特别强调。"长幼有序、等级分明"的传统文化更是时时处处都在规范泰国人的言行举止。在泰国,人们的官职、年龄、出身、地位、财富、资格等都是享有尊严的依据。这在政治等级方面表现得尤为突出,任何一级官员要绝对尊敬、恭顺和服从他的上级。这种等级观念在1932年革命后遭到了来自西方的民主价值观念的冲击,但并没有从根本上动摇它在泰国民众观念中的地位。随着王权在泰国政治生活中的强化,等级观念自然也更加强化。所以,阿披叻希望在他仅剩的7个月任期内,完全做到军队生态风清气正,官兵平等,恐怕只是美好的愿望。

另外,规模庞大且盘根错节的陆军自营商业利益,牵一发而动全身,也是一块"难啃的骨头"。包括军队中已经见怪不怪的"官商利益共同体",即使在阿披叻任内会暂时收敛以避其锋芒,待阿披叻退休后,恐怕又会卷土重来。乍格潘上士一手制造的惨案,是他个人的问题,但畸形扭曲的军营生态也绝对难辞其咎。希望在这一事件中死去的30条生命(包括乍格潘本人在内),能够成为泰国军队从严治军的新契机。

3. 泰国枪击案背后的黑枪顽疾[①]

泰国,有着"黄袍佛国""微笑国度"之美誉。一直以来,泰国人给世界留下了与世无争、性情温和的好印象。然而,在充耳的梵音之中,一幅幅血腥的画面猛然闯入世人的视线……

凶杀案背后的枪支泛滥

进入2020年,泰国各地接连发生恶性枪击事件。先是华富里府一名小学校长在商场抢劫黄金,枪杀3人,其中包括1名两岁幼儿。举国上下还未从震惊之中缓过神来,另一起更可怕的案件又发生了。

呵叻府一名现役陆军上士因被上司欺凌、讹诈,在佛诞节当日(2月8日)枪杀上司及其岳母后,在市中心一座商场大开杀戒,造成30人死亡、58人受伤。这是泰国有史以来伤亡最为惨重的枪击案。紧接着,泰国又陆续爆发多起枪击事件。2月18日,曼谷市中心一座商场四楼的美容院内,一名男子堂而皇之地枪杀前妻。

这样一个温和的国家为何忽然画风一变?

我们先来看一组数据,根据小型武器调查机构(Small Arms Survey)研究数据显示,2017年,全球枪支超过10亿支,其中美国持有数量最多。出人意料的是,泰国排名高居全球第13位,在东盟国家中居于榜首。泰国共有1030万支枪支,其中仅有六成是合法注册枪支,另外四成则是非正规渠道流入泰国社会的"黑枪"。与之成正比的是,泰国每年死于枪击案的人数也是居高不下。2011年,

---

[①] 本文于2020年2月29日发表于"瞭望智库"公众号,题为"一名士兵在商场大开杀戒,造成30人死亡的背后,是有400万支黑枪的泰国!"。

泰国枪击案致死人数位居世界第11位,甚至超过战火连绵的阿富汗、伊拉克等国。2016年,泰国共有1729起涉枪案件,同一时期马来西亚仅有74起。如此大规模的枪械持有量和居高不下的枪击死亡率,既触目惊心,也引人深思。

1947年,泰国政府于出台《枪支、弹药、爆炸物、烟花以及仿造枪支法令》,允许公民在得到许可的情况下合法持有枪支。客观地说,这部法律多达88个条款,对于个人持有及佩戴枪支行为、商业机构枪支交易行为做出了详细规定,并制订了严厉的处罚措施。如果严格按照该法律执行管控,枪支矛盾不至于如此尖锐。然而,枪支问题已经成为泰国社会的顽疾之一。

混乱的枪支管理状况

之所以会出现枪支失控、枪案频发的境况,泰国政府相关部门有着不可推卸的责任,"失之于宽、失之于松、失之于软"。

其一,枪支主管部门在批准民众持有枪支申请时"睁一只眼闭一只眼",导致许多不符合条件的人也能合法持有枪支。

根据法律规定,年满20岁的泰国公民,无刑事犯罪史,精神正常,具有正当职业和收入,在某地区居住时间半年以上,便可向当地政府申请购买枪支。但是,申请能否得到批准,则需要经过注册官严格审查。

泰国枪支主管部门为内务部,除曼谷地区外,外府地区民众申请购买枪支需经过县长签字、府尹批准,方可购买。然而,在实际操作中,存在着不少漏洞。

一些不符合购买条件的人,通过熟人关系或者干脆向当权者行贿,也能轻而易举合法持有枪支。在某些地区,这甚至成了当权者敛财的重要手段。据说,某些府竟然明码标价,每支枪支购买名额的价格在1万至3万泰铢(折合人民币约2225元至6676元)不等。

其二,枪支主管部门对于民众携带枪支缺乏监管,导致违法携带枪支出入公共场所的情况屡见不鲜。

合法持有枪支并不意味着可以合法携带枪支。法律规定,如果需要在公共场合携带枪支,必须经过国家警察总监的批准。但是在日常生活中,非法携带枪支者比比皆是。在"校长劫金枪击案""呵叻上士虐杀案"中,两案凶手均持有合法注册枪支,但事实上他们并不具备枪支携带资格。

不仅普通民众如此,一些执法者也无视法纪,在非执行公务情况下,随意携带枪支进出公共场所。笔者曾亲眼见到一位警官携带枪支与朋友聚餐,醉酒后枪支遗失,所幸被饭店店员捡到送还,否则后果不堪设想。

光天化日下的黑枪交易

目前,保守估计,泰国社会黑枪总量在400万支以上,黑枪交易已经涵盖生产、销售、维修、二手转售等各个环节。据说,在泰缅、泰柬边境就有不少地下枪支交易市场,专门出售来自邻国的武器。

在社交媒体空前活跃的今天,黑枪买卖更为直接便捷。不少卖家明目张胆地在社交媒体上大打广告,而一旦被网友举报后,大多数情况下,所得惩罚无非就是网页被注销而已。

在脸书上有一个部落,名字就是"黑枪爱好者",部落成员经常上传非法枪支图片,并附有详细性能。每个帖子浏览量都上千,说明热衷黑枪的人不在少数。在泰国某知名论坛上,也有人发帖询问网络购枪的细节,多名网友分享了网络购枪的经验。

更令人担忧的是,有证据显示,泰国执法部门在打击地下枪支交易方面作为不够。在"校长劫金枪击案"中,凶手枪支上的消音器便购自黑市,而这也成为警方破案的重要线索之一。实际上,泰国警方非常清楚这种消音器的地下购买渠道,只要找到源头,便可追踪买家,然而,明知黑市存在,却不去打击。

2019年10月,就在"校长劫金枪击案"爆发的华富里府,还出现了"官枪变黑枪"的情况。某警察局负责保管枪支的警员将警用枪支以每支 5000 铢至 7000 铢（折合人民币约 1113 元至 1558 元）的价格进行抵押，结果这些枪大多流入黑市。

大量的黑枪交易以及申请程序中存在的腐弊等问题在泰国已经成为"公开的秘密"。在教训最为惨痛的"呵叻上士虐杀案"爆发后，泰国国会辩论的更多是如何进行军队改革，而非尽快出台措施，加强枪支管控。

然而，冰冻三尺非一日之寒。

枪支崇拜与安全困境

实际上，与同样枪支泛滥的美国迥异，枪支问题从来没有成为泰国政党竞选的议题。

泰国人普遍抱有"枪支崇拜"的心态。1947 年以前，泰国法律禁止平民持有枪支。那个时代的泰国人普遍认为，随身佩戴枪支，是社会地位的象征。首先，拥有此项"殊荣"的自然是泰国精英阶层、上流社会。

其后，枪支逐渐普及，不再是特权的标识，然而，泰国人对这种"特权"的痴迷却未减弱。枪支不菲的价格使大多数老百姓难以企及，为了追求一种满足感，很多普通人宁可倾其所有，也要在黑市上购买枪支，成为"拥枪贵族"。

枪支泛滥给社会带来的危害性不断显现，但很多泰国人依然坚持认为罪案的发生应归咎于"开枪的手"，不应怪罪枪支本身。不仅如此，在不少泰国人眼中，枪支还是安全的象征。

笔者有一位朋友就认为：那些呼吁禁枪的人"实在是过于天真，将这个世界看得太过美好"。一旦坏人用枪施暴，手无寸铁的人只能是坐以待毙。所以，他的妻子尽管很讨厌枪支，但是每次他出差前，她都会要求他留下枪支，以防万一。

在泰国南部地区，对于老百姓而言，枪支是生活的必需品。泰南三府领土分离主义和极端主义是困扰泰国国家安全的痼疾之一,极端分子配备杀伤性武器,如果普通民众没有武器,则无异于把自己置于"人为刀俎,我为鱼肉"的局面。

这种"安全困境"带来的后果便是,南部地区地下枪支交易极为活跃。据说,泰国军队曾经一度暗中为南部民众提供枪支,以供其自保,这也是泰国反恐策略之一。

难以掐断的利益链

在泰国,枪支是政府公务人员可以享受的重要福利。一般来说,公务人员只要有正当理由,都可以申请购枪。泰国内务部规定,公务人员均享受购枪价格折扣优惠。根据枪支型号和市场欢迎度,优惠幅度大致为半价至七折不等。不仅是军人、警察,教师、医生、国有企业员工,只要有单位领导签字批准,都可享受这一福利。

笔者一位在泰国某大学担任院长的朋友,曾经抱怨他属下的教师来找他签字请求购枪。他对枪支泛滥忧心忡忡,但出于人情世故,只好勉为其难地为他们签上自己的名字。他总是担心,将来这些枪要是出了问题,会不会把账算到他的头上。

他的顾虑并不是杞人忧天。泰国内务部规定,公务人员以优惠价格购枪后,5年之内不得转让。可不少公务人员依然冒险转卖,从中获得高额差价。很多人在购枪之前,就已经找好下家,以低于市场价格私下出售。

甚至,不少公务人员将购枪作为一种投资方式——他们会收购没有购枪需求的同事手中的名额,在折扣幅度较大时囤积一批枪支,待5年之后全部售出,获得巨额利润。

其实,合法枪支贸易背后也存在着利益链条。据统计,截至2009年,泰国内务部共发放枪支进口销售许可证485张,其中曼谷地区367张、外府118张。此后,政府收紧枪支进口销售权,导致水涨船高,枪支价格不断攀升。

2012年,笔者一位酷爱枪支的泰国朋友在曼谷以23万泰铢(按照当时汇率,折合人民币约4.6万元)高价入手一支百年纪念限量款柯尔特M1911手枪,同款枪支在美国的出售价格约为1000美元(按照当时汇率,折合人民币约0.63万元),价格相差高达8倍!

而其中的暴利不可能由枪支进口销售牌照拥有者独吞,立法机构议员、政府政策制定者、执法者、地方政府当权者,乃至于地方豪强,都将在这条利益链条上分一杯羹。

刻不容缓的问题能解决吗?

近来频发的枪击案引发了泰国的广泛讨论:政府究竟应该如何发力,才能控制住日益严峻的枪支问题?

泰国参众两院多位议员就此表达了担忧,提出了一些建设性的建议——建章立制,细化法律相关条款,使之更为周全。具体说来,比如:在批准携枪许可时,必须要检查申请者的心理状况;每年或者每三年强制对持枪者心理状况进行检查,包括军人、警察和其他政府部门工作人员;对执法者携枪时间也需进行限制,严禁执行公务以外时间段佩戴枪支;叫停政府内部"福利购枪"项目,堵住滋生腐败的漏洞;重拳出击,打击地下枪支交易,一旦发现,在法律范围内施以严惩;等等。

毋庸置疑,如果这些建议付诸实施,泰国当下混乱的枪支管理状况将会得到极大改善。但是,基于泰国社情和文化的特殊性,尤其是枪支背后存在的巨大利益链条,政府究竟在多大程度上会采纳这些合理性建议,仍然是一个未知数。

可以肯定的是,如果泰国政府依然漠视枪支问题,泰国社会安全状况将每况愈下,进而动摇投资者和游客的信心,致使目前已经步态蹒跚的泰国经济更加雪上加霜。

若真如此,在呵叻府响起的,将不会是最后一声枪响!

4. 佛国枪声谁之殇[①]

截至当地时间2020年4月16日上午,泰国累计确诊新冠肺炎病例2671例,其中死亡病例达46例。而1月份以来多次发生的枪击案无疑给泰国社会雪上加霜。

最早是1月9日,中部华富里府一名学校校长抢劫金店,枪杀3人,其中包括1名两岁孩子。2月8日佛诞日当天,东北部呵叻府一名陆军上士,因购地建房被营长一家欺诈,申诉无门之际,直接开枪击毙营长及其岳母,还在市中心一座商场内疯狂屠杀,共造成30人死亡、58人受伤。10天后,曼谷市中心一家商场四楼的美容院内,一名男子持枪当众杀害前妻,后扬长而去。

这几起恶性枪击案发生得如此频繁,其间还夹杂着其他多起小型枪击事件,导致一时间泰国上下人人自危,平时人头攒动的繁华商场成为"高危场所"代名词。一向以性情温和、民风朴实形象示人的黄袍佛国,为何变成了这般暴戾模样?

枪支泛滥难辞其咎

根据Gunpolicy.org网站的统计,泰国民众共持有超过1000万支各类枪械,数量在全球高居第11名。在这大量的枪支中,合法注册的枪支数量仅占六成,而黑枪数量竟高达四成。正是这些杀戮工具的泛滥,导致泰国社会出现"一言不合,拔枪相向"的暴力场景。

与美国不同,禁枪问题几乎没有成为过泰国政党竞选的议题,也没有成为政府力图解决的矛盾。从2019年泰国大选来看,几乎

---

① 本文于2020年4月16日发表于《看世界》。

所有参选党派,在宣传竞选纲领时,很少提及枪支管控问题。即使史上伤亡最惨重的"呵叻枪击案"发生后,国会辩论的更多是如何进行军队改革,而非控枪。不仅是本届政府,泰国历史上几乎没有哪一届政府认真考虑过枪支管控问题。

之所以会出现这种局面,一方面是因为许多泰国人的观念中,持有枪支是自保的良方,是安全的保证。笔者的好几位泰国朋友都是"合法持枪一族",有一位朋友表示,禁枪只会让世界变得更加混乱,因为坏人可以非常容易获得枪支,一旦用枪施暴,手无寸铁的好人只能是坐以待毙。

另一方面,泰国社会有一种由来已久的"枪支崇拜文化",枪支是社会地位与权势的象征。所以,许多人对拥有枪支趋之若鹜。不少人收入微薄,但依然不惜重金,购买枪支,收藏枪支,迷恋枪支。

即便如此,这也不是枪支泛滥的根本原因。归根结底,泰国政府在枪支问题上监管不力,管控不严,才是其根源所在。

"呵叻枪击案"的凶手是一名军人,尽管他有"枪杀战友、劫夺军用武器弹药"的情节,但据披露,他一人竟然持有 5 支枪,这远远超过了"自卫"的需求,可由于他是军队公务人员,申请购枪仅需校官一级的军官签字批准。

而一些申请持枪者明明资质不够,却只要支付 1 万—3 万铢(折合人民币约为 2200 元—6500 元)不等的好处费,负责审批的注册官便大笔一挥,大开方便之门。泰国购枪门槛之低,可见一斑!

尤为严重的是,泰国政府明知黑枪交易盛行,却从不花大力气去打击治理。不少黑枪制售商直接通过社交媒体打广告,有恃无恐地进行交易。更有甚者,华富里府某警署看管枪支的警员竟然监守自盗,将配发的 49 支手枪拿去典当,结果大多流入黑市。

正是长期以来形成的枪支文化,加上松散的管理体系,以及见怪不怪的地下枪支市场,导致购枪在泰国较为容易,从而为频发的枪击案提供了杀戮的工具。

媒体报道推波助澜

媒介伦理作为调节、规范新闻实践中道德标准的重要问题,近年来被广泛讨论。泰国媒体众多,十分活跃,且竞争激烈。尤其是进入网络时代以后,为了博人眼球,一些媒体放弃了本应坚守的新闻报道准则,过分追求暴力犯罪、桃色事件等猎奇新闻,无形中带偏了社会价值观。可以说,泰国频发枪击案,除枪支泛滥这一原因之外,与新闻媒体推波助澜不无关系。

最明显的例证,是制造"呵叻枪击案"的陆军上士。从他个人社交账号转载的内容不难看出,他非常关注媒体报道的重大恶性杀人事件。在他的脸书记录里,可以看到他多次转发1月发生在泰国中部华富里府的"校长劫金杀人案"的相关报道。

警方破案之后,媒体发现凶手竟然是一名校长,是"千载难逢"的"流量担当"。于是乎,他们没有去探讨案件本身的警示意义,而是一味专注于这名凶手的私生活,连篇累牍地报道一些本不应占版面的细节。那段时间,凶手的姓名反复被报道,一张张生活照出现在电视屏幕上,让人产生一种错觉:这不是对凶杀案的报道,而是对一位当红明星生活的报道!

犯罪心理学上有一个概念,叫作"模仿犯"(copy cat),是指当某个凶手犯下残暴罪行后,会有崇拜者效仿他的举动。而有些患有心理疾病的人处于社会边缘,平时默默无闻,无人关注,当看到有人因为犯罪而像明星那般成为大众关注对象后,便也会产生类似的犯罪冲动,以达到出名的目的。可以推断,这名上士正是在媒体的不当报道中,走上了一条畸形的"成名之路"。

他不仅模仿那名校长在商场杀人,而且模仿国外的枪击案罪犯。行凶过程中,他持续不断地更新自己的脸书账号,不仅发一些诅咒性、挑衅性的文字,而且上传自拍视频,神情淡然地表示"扣扳机扣到手抽筋",直到泰国政府联系脸书公司关闭了他的账号。很明显,他是在模仿2019年3月新西兰基督城清真寺惨案和2019年10月德国犹太教堂惨案,这两起案件的凶手在行凶过程中,均在网上直播。

上士视校长为偶像,不仅模仿校长在商场杀人,还"超越"偶像,成为散落在泰国社会各个阴暗角落的边缘群体的集体偶像。犯罪学家杰弗里·罗斯认为:"当下发生的事情具有暗示的力量。对于有某种挫折感或是想要算什么账的人来说,当他们听说别的地方发生了什么事,这会让他们变得大胆。"

"模仿犯"理论加上这一理论,恰好可以解释,为什么"呵叻枪击案"发生后几天之内,芭堤雅等地都有人在网上扬言,要学习"屠夫"上士,"干一票大的"。而且,在曼谷出现了多起枪击事件,美容院枪杀前妻案便是其中之一。

经济停滞激化矛盾

2月17日,泰国公布了2019年第四季度的经济发展数据。泰国第四季度GDP增长率仅为1.6%,而第三季度这一指标为2.6%,全年GDP增长率为2.4%。2019年第四季度的经济增长,在过去5年中处于谷底。

之所以会出现这个情况,主要有四大因素:全球经济放缓;泰铢持续升值;新财年预算迟迟未获批准;正在扩大的旱灾。泰国国家经济社会发展委员会办公室早前预测,2020年泰国经济增长率在1.5%—2%,泰国经济步履蹒跚。4月份以来,国际货币基金组织接连调低对泰国全年经济增长率预测,最低竟然低至-6.8%。

经济发展的停滞与退步,是社会动荡最为深刻的根源。2006年被泰国军方发动政变赶下台的前总理他信,前不久发文称泰国经济已经到了"令人绝望的境地"。

他说:"泰国经济,曾经为本地区其他国家所羡慕,然而,最近一段时间以来,原先强劲的经济发展正逐步减缓,以至于今天泰国经济已经被地区其他国家甩在身后。泰国经济发展原本是东盟十国经济发展的引擎,而今却成为十国中经济发展最差的国家之一,而且这种趋势将持续下去,短期内没有好转的迹象。"

他信所言,大体上反映了泰国的现状——泰铢走强,但经济下行,人民购买力持续减弱,各种影响社会安定的负面因素在上升。而这正是泰国枪击案频发的最关键原因。笔者不止一次听到泰国出租车司机、路边商贩抱怨收入低下、生意越来越不好做。旅游行业和出口贸易行业从业者,则更是难上加难。整个社会除了少部分人越来越富有之外,大多数人都处于"赚钱难"的焦虑状态。如果泰国经济持续停滞,可以想象,将会有越来越多的人从中产阶级跌落到贫苦阶级,贫富差距将进一步扩大。一些群体被边缘化,缺乏机会的人们生发出对未来的迷茫、对现状的不满乃至绝望,导致一些人心理失衡走向极端,进而令矛盾激化,引发社会动荡不安。枪支泛滥为罪犯们提供了杀戮工具,媒体报道在为他们提供模仿"样板"的同时,也激发他们"成为大明星"的"雄心壮志"。

但这些都只是外在因素,真正触发罪犯们"推倒心中的佛"、走上犯罪道路的是,经济形势每况愈下,他们本身所处的社会关系中那些无法解决的矛盾,导致他们紧张、委屈、郁闷、愤恨,乃至绝望,只能将无处排遣的情绪,付诸现实生活中的快意恩仇、痛快淋漓的射杀,甚至罔顾无辜民众的生命,但求快感与刺激。

享乐主义引发的债务问题、男女关系混乱引发的感情矛盾、军官霸凌下级引发的阶层对立,这些都还只是泰国诸多社会矛盾的冰山一角。如何在经济下行时期,尽可能将扭曲的社会价值观拨正,是泰国各阶层都需要考虑的命题。

第五部分
外交纵横

一、中泰关系

1. 疫情让中国-东盟命运共同体更加紧密[①]

东方文化特质在成功抗疫中发挥了重要作用

虞群：新冠肺炎疫情暴发以来，中泰两国均迅速出台了一系列严格防疫措施，投入巨大人力物力，取得显著成果。截止到今天（注：对话当日），泰国已经连续60天无新冠肺炎本土感染病例，而中国也有324个城市实现现有确诊"清零"。最新数据显示，全球累计确诊新冠肺炎病例已经超过2300万例，有75个国家确诊病例过万。中泰两国取得抗疫成果既是因为两国政府举措及时有力，也要感谢两国医务人员的无私奉献和民众的密切配合。尼提教授是泰国顶尖医学专家，前不久被巴育总理任命为总理抗击疫情特别顾问，您能否介绍一下泰国成功抗疫的经验？

尼提·玛哈暖：如果总结泰国成功抗疫的经验，我认为主要有

[①] 本文于2020年8月26日发表于《光明日报》第12版"光明国际论坛对话"，由笔者与泰国朱拉蓬公主医学院秘书长尼提·玛哈暖教授、泰国兰实大学外交与国际事务学院院长颂邦·沙宛邦、南京大学南海研究协同创新中心执行主任朱锋教授的对话整理而成。

以下几点。一是全国上下高度重视。此次疫情对于世界而言,是一次"突袭",大家毫无准备,只能仓促应战。早在二三月份,当时疫情主要集中在中国,西方国家大多没有给予足够重视,甚至有些轻视,认为随着气温升高病毒会自行消失。尽管泰国医学界知名专家大多毕业于西方,学习的是西方医学理论,但是这次我们没有墨守成规、盲从西方理论,而是审时度势,从3月份开始就采取多种措施开展防疫,包括启动"国家紧急状态"。而且,与西方国家不同的是,只要发现疑似病例,我们一定要求住院治疗。二是医务团队倾情付出。近年来,泰国医疗服务逐步获得全球认可,医疗水平居于世界前列。在抗击新冠肺炎疫情过程中,医疗团队通过不断摸索,总结出一套被证明行之有效的治疗方法,帮助多名病患转危为安。而且,我们还编撰了《新冠肺炎医疗手册》,发放给全国医护人员,尽可能做到治疗过程"标准化作业"。三是公共卫生志愿者体系完善。泰国拥有遍布城乡的公共卫生志愿者网络,他们深入乡村社区开展防疫宣传,协助政府部门对疑似病患进行排查和隔离,以至于有多位志愿者在抗疫过程中献出了宝贵生命。他们卓有成效的努力极大地促进了国家总体防控工作的落实。

除上述三点之外,我想着重强调的是,不仅中国和泰国,处于东亚和东南亚地区的其他国家,比如日本、韩国、越南、柬埔寨、老挝等国,在疫情防控中也取得了举世瞩目的成果。我们所共同拥有的东方文化特质在成功抗疫中发挥了重要作用。比如,我们推崇集体主义,而非利己主义,可以为了国家而牺牲自我,这从中泰两国民众在"封城"之后的表现便可看出,大家非常遵守纪律,不轻易出门,即便外出也一定会戴上口罩,保持社交距离。这与西方一些重灾区国家民众的做法形成了鲜明对比。

颂邦·沙宛邦: 我非常认同尼提教授的观点,尤其是最后一点。在过去很长一段时期内,西方价值观在全球盛行,他们强调个人主义,奉行自由至上。个人主义曾经在西方文明发展史上发挥过积极作用,但是当国家和民众面对危机之时,个人主义的弊端便显露无遗。他们崇尚绝对自由,明确反对政府干涉个人利益需要,即使这种干涉的目的是维护包括他们在内的全体国民的利益。相较之下,东亚诸国,无论是像泰国这样的佛教国家,还是以儒家思想为价值观基础的中国,其国民在危机下的表现更值得肯定。我在新闻报道中看到中国大批医护人员在疫情最为关键的时刻奔赴武汉,将个人安危置之度外,非常令人感动。泰国也是如此。疫情令很多民众失去经济来源,温饱都成问题。许多社会机构和爱心人士纷纷慷慨解囊,举行募捐,为穷苦民众提供膳食。当疫情暴发后,我所供职的兰实大学校方组织员工募捐,自发募捐者不可胜数,校方将善款用于开设"救济所",免费向民众分发盒饭,每天有数千人排队领取。还有很多此前沿街化缘接受民众布施的僧侣,这次却拿出饭食、细碎零钱分发给曾经施舍他们的民众。正是东亚诸国民众守望相助、休戚与共的情怀,以及舍我为人的集体主义精神,或者说东方文化特质,帮助大家坚定信心,共渡难关。

虞群:中国传统文化核心为儒家文化,具有"大道之行,天下为公"的家国情怀,提倡"仁民爱物""推己及人"。作为熔铸泰国人民风骨的佛教文化,提倡救人济世、慈悲为怀、众生平等。所以中泰两国政府视人民生命安全高于一切,与西方个别国家政府漠视人民生命、放任疫情肆虐的表现有着天壤之别。而儒家思想中的"克己复礼""舍生取义",佛教思想中的"慈航普度",超越了狭隘的私利。这次抗疫中,中泰两国人民接受并遵守了对隐私和自由的限制,医护人员置生死于度外,做疫情中的"逆行者",都体现了这些东方文化要义。

朱锋:从2020年3月初以来,新冠肺炎疫情在美国等地出现暴发高峰,一个重要原因就是,刚刚开始面临新冠肺炎疫情时,其对疫情的严峻态势缺乏清醒的认识,甚至认为新冠肺炎疫情就像2003年的非典一样,可能是亚洲人才会得的。例如,疫情在英国出现后,英国政府在前3周一直在犹豫究竟是实施放任自流的"群体免疫",还是实施严格的隔离甚至封城政策。美国政府更自以为是地认为新冠肺炎疫情就是"大号流感",美国人"抗一抗"就能抗过去了。美国和巴西的空中客流一直到5月末才受到限制,美国和墨西哥、美国和加拿大的边境到4月中旬才开始封闭。疫情暴发到现在,我们可以清楚地看到,这不仅是一场公共健康和人道主义危机,更是一场政治和科学、个人行为选择和科学之间的对决。

截至目前,全球新冠肺炎疫情死亡病例最多的是美国,一个重要原因就是美国政府基于政治和经济利益的考虑,缺乏像中国和泰国等亚洲国家那样的抗疫决心,对于科学家们的抗疫建议总是无法严格执行,甚至部分封城和隔离之后,为了政情又急于开放和松缓。而一些民众在个人行为上的顽固"个人主义"偏好,缺乏亚洲文化中强烈的集体主义和社会价值至上的个人内敛,也使得戴口罩、减少社会性聚集、自觉接受政府的抗疫指令等方面,常常大打折扣。这次抗疫,中国和泰国的政情和民情,清晰地向世界展示了抗疫斗争中"政治与科学之间"应该建立的合理关系。这也是中泰两国都能取得阶段性抗疫成果的重要原因。

构建中国-东盟卫生健康共同体

虞群:人类正在经历第二次世界大战结束以来最严重的全球公共卫生突发事件。新冠肺炎疫情在全球蔓延再次表明,人类是休戚与共的命运共同体。在病毒面前,没有任何一个国家可以独善其身,置身事外。各国必须团结合作、共同应对,才能最终战胜疫情。中国国家主席习近平在第73届世界卫生大会视频会议开幕式上提出关于共同构建人类卫生健康共同体的倡议,赢得国际社会的广泛赞誉。

颂邦·沙宛邦:病毒无国界,对人类实施的是无差别攻击。在全球性问题日益突出的当下,习近平主席提出的人类命运共同体理念反映了人类发展的切实需求,蕴含着深厚的智慧。新冠肺炎疫情暴发以来,中国与东盟国家守望相助,体现了邻里之间的深厚情谊。疫情暴发初期,大多数东盟国家都对中国给予了道义和物质上的支持。泰国拉玛十世国王亲自致函习近平主席,对疫情感染者表示慰问。巴育总理录制视频,为中国鼓劲加油。泰国旅游局、曼谷市政府等政府部门也录制视频,慰问中国民众。疫情蔓延至东南亚后,中国大使馆、军队、地方政府以及社会各界人士为东盟国家捐赠了大量医疗防护物资。中国与东盟还专门召开抗击疫情特别外长会,有力地促进了中国与东盟在共同抗疫方面的合作。最让我印象深刻的一点是,习近平主席在第73届世界卫生大会视频会议开幕式上明确表示:中国新冠疫苗研发完成并投入使用后,将作为全球公共产品,为实现疫苗在发展中国家的可及性和可担负性做出中国贡献。这种伟大的情怀和对世界人民的关爱,与美国政府一己利益至上,企图以独断专行来取代国际治理相比,高低立现。

尼提·玛哈暖: 泰中两国地缘相近,文化相通,血缘相亲,有众多相似之处。两国在使用传统医药方面都有悠久历史且成效显著。近年来,中医在泰国影响日盛,泰国卫生部已经正式批准中医在泰合法化。泰中两国可以在传统医药合作方面走得更深更远。我所在的朱拉蓬公主医学院正与中国相关部门开展深度合作,成立中泰天然药物研究院,覆盖养生保健、药物研发生产、专业人才培养等众多领域。两国可以从传统医药合作出发,继而扩展至卫生健康其他领域,取长补短,相互促进,将泰中卫生健康合作打造成为中国与东盟国家卫生健康合作的样板,为中国东盟卫生健康共同体构建发挥引领示范作用。

朱锋: 此次新冠肺炎疫情确实给中泰两国建设命运共同体带来了前所未有的巨大动力。2020年上半年,包括泰国在内的东盟成了中国最大的贸易伙伴。中泰合作与战略交往,对于地区的稳定与繁荣越来越具有重要的战略意义。中泰之间近20年来已经建立和形成了一系列双边和多边合作机制。两国政府大力推动"澜湄合作",涉及南海沿岸与周边国家合作的蓝色经济伙伴关系也在酝酿与讨论中。新冠肺炎疫情已经生动地告诉中泰两国人民,区域化合作不仅仅是经济、商业、旅游、文化以及道路和交通,更重要的是,我们需要在健康和卫生领域启动合作,建立起疫情和生物安全的双边和多边合作机制,以便能够及时、有效地对未来的生物病毒传播及时做出常态化的检测、预警、信息传送、联合应对以及医疗用品和医护力量的区域性调动和配置能力,全力打造中泰两国、中国和东盟双方的公共健康和卫生合作制度。这样,下一次疫情可能暴发之前,我们就能在信息和数据上互通有无,检测和预警协调及时到位。

新冠肺炎疫情的冲击,对中泰两国都是重大挑战,但加强两国合作的前景和路径却前所未有地清晰和明确。建立中泰、中国东盟卫生健康共同体,事实上展示了双方作为不可分离的命运共同体的内在召唤。

虞群:中国与东盟国家在公共卫生合作方面富有经验。2003年非典时期,中国与东盟领导人召开特别会议,开展务实合作。此后,中国与东盟国家又联手合作,共同应对禽流感等多次公共卫生安全挑战。从这个角度来说,中国与东盟国家事实上已经成了卫生健康共同体。新冠肺炎疫情暴发后不久,中国与东盟国家又及时召开抗击疫情特别外长会,体现了浓厚的共同体意识。在这次会议上,外长们手拉手、肩并肩,一起高呼"武汉加油!中国加油!东盟加油!"这一画面至今感动和鼓舞着中国与东盟国家的民众。中国与包括东盟国家在内的国际社会必须在防疫中反思,在抗疫中总结,加强协调合作,提升公共卫生安全问题在国际议程中的位置,健全完善全球公共卫生治理机制,共同构建人类卫生健康共同体。

后疫情时代推动亚洲国家共同进步

虞群:当前,百年之未有大变局的历史潮流不可阻挡,国际格局正发生着深刻复杂的演变。新冠肺炎疫情的持续蔓延加剧了国际战略格局的调整。

颂邦·沙宛邦：新冠肺炎疫情无疑正在重塑世界秩序,未来的国际政治图景已经越来越清晰地展现在我们面前。在过去 10 年间,国际社会的发展呈现出这样一种面貌:世界上唯一的超级大国美国所实行的外交政策具有利己主义和偏离现实的特征,导致美国每况愈下。与此同时,中国在各个方面都稳步发展,跃升成为世界第二大经济体。此外,以中国、印度、韩国和东盟国家为代表的亚洲国家群体性崛起,经济繁荣、科技发达、外交进取,推动亚洲国家共同进步,这一时代可以被称为"东方崛起时代"。世界各国均应做好准备,以适应正在发生的变化,即中美两个大国在贸易和战略方面存在矛盾与竞争,且未来有进一步激化的可能;全球化发展为一些国家带来利益的同时,也导致国际层面和国家层面的贫富差距增大;世界经济正在不可避免地走向衰退。

虞群：您将当前这个时代命名为"东方崛起时代"。2017 年东盟十国加中日韩经济总量占全球 27%,分别超过美国与欧盟。按购买力平价标准衡量,2019 年亚洲 GDP 全球占比为 34%,而美国与欧盟合计占比为 31%。

朱锋：后疫情时代的国际战略格局正面临很大的变数。美国片面地将疫情视为国家间权力竞争的重要时刻,担心抗疫和防疫的国家经济和政治成果会导致不利于美国的国家间权力再分配,尤其担心首先取得阶段性抗疫成果的中国将会更加强大。合作抗疫、团结抗疫本应该是世界各国共同追求的方案。但美国政府指责世界卫生组织"偏袒中国",竟然在全球抗疫的关键时期停止对世卫组织的资金捐助,甚至宣布退出世卫组织。美国部分政客还根据国内政治需要将国内疫情"甩锅"中国,为竞选制造机会。中国政府坚定地拒绝被美方一些人的疯狂所绑架,既不随其对抗节奏起舞,又对其胡作非为进行坚决的反击。我期待包括中国和东盟国家在内的地区新安全合作机制能够进一步增强。中泰关系完全可以成为后疫情时代中国东盟合作的助推器,中泰合作更可以成为后疫情时代国际战略格局稳定和建设性发展的牵引力。

颂邦·沙宛邦:美国的衰弱已经是不争的事实。新冠肺炎疫情暴发,使世界面临前所未有的危机,全球性挑战更为紧迫。但是,美国却打着所谓的"美国优先"旗号,推卸国际责任。美国的做法无疑恶化了地区环境,加剧了全球治理困境。对于美国的战略企图,东盟国家心知肚明。近年来,东盟国家和中国在"一带一路"共建中开展了密切合作,取得了一系列成果。疫情结束后,我们依然会继续推动。在智慧城市、人工智能、电子商务等新兴领域,"一带一路"共建倡议与东盟发展规划具有广阔的合作空间。泰国的"东部经济走廊"建设、泰国4.0建设都希望能够得到中国的大力支持与协助。我们衷心希望中国能够发挥自身优势,引领后疫情时代的国际合作。

朱锋:在当前形势下,中国将更顾及亚洲和全球的稳定与安宁,更关注中国的国际角色和大国责任,继续为世界的和平与发展履行中国担当和中国责任。泰国对中国立场的理解是对我们的重要支持。

后疫情时代,在稳定大国竞争、恢复全球产业链和价值链、振兴各国经济以及推进区域化进程和全球治理机制等各个领域,国际社会都将面临新的沉重任务。尤其是疫情带来的全球经济萧条、贫困化在世界范围内重新上升、相当一部分国家社会动荡以及全球气候和环境持续恶化,都将是国际社会面临的共同挑战。中国真诚希望我们的诚意与合作意愿能够最终让美方一些人悬崖勒马,更希望美国政界能够重新关注中美对抗给两国人民和世界带来的伤害与风险,中美关系能够重新回到正常的轨道。请泰国朋友对中方的决心保持信心。

中国珍惜相互尊重、平等互利、共同发展基础上赢得的发展机遇,坚信开放、合作、包容才能带来的地区与全球的长治久安。中泰全方位合作、中泰人民的相知相亲,是中国履行大国责任和大国担当的重要动力。后疫情时代,中泰关系将大有作为。

虞群:2020年对中国与东盟国家而言是一个特殊年份:中国与越南、缅甸、印尼建交70周年,与泰国、菲律宾建交45周年,与新加坡建交30周年。令人欣喜的是,中国与东盟国家不仅在抗疫中表现良好,而且2020年前5个月双边贸易总额逆势上扬,东盟超越欧盟,成为中国第一大贸易伙伴。通过共同抗疫,中国与东盟国家之间的兄弟情谊更加深厚,命运共同体意识前所未有地在东盟国家落地生根。2021年是中国与东盟建立对话关系30周年,是双方关系发展史上的又一重要里程碑。我们相信,进入而立之年的中国-东盟关系将更加成熟自信,双方建设更为紧密命运共同体的步伐将更加稳健有力。

2. 中泰携手,共建后疫情时代美好亚洲①

东方智慧文化可抵御新冠肺炎疫情

虞群：优沃迪院长,您好,非常高兴我们能在"光明国际论坛对话"上,对"后疫情时代如何建设更加美好的亚洲"这一话题进行探讨。

有人说,人类历史的发展是在战争和瘟疫这样的"大危机"的砧板上捶打出来的。当下我们所经历的新冠肺炎疫情无疑是人类历史上的又一次重大危机。迄今(注:对话时),全球感染新冠疫情的人数已经超过2000万,死亡人数超过70万,而且还在与日俱增。请问您如何看这次疫情对人类社会的冲击? 如何评价东南亚地区在抗击疫情中的表现?

优沃迪：非常感谢"光明国际论坛对话"的邀请,也非常感谢您与我对话研讨。正如您所说,本次新冠肺炎疫情并非人类历史上第一次大流行疫情。回顾人类历史,瘟疫是与饥荒、战争等相并列的重大灾难,黑死病、天花等瘟疫均造成数以亿计的人死亡,历史惨剧曾多次上演。近300年来,重大疫情仍时有发生。比如,1820年暴发的霍乱、1920年的西班牙流感、1965—1967年的亚洲流感、2003年的"非典"等。值得注意的是,在过去50年间,全球每年都有新增流行疾病,超过七成的病毒来源是动物,目前看来这种趋势仍将继续。而且,疫情不可避免地跨越国界,进而对人类社会产生

---

① 本文于2020年10月21日发表于《光明日报》第12版"光明国际论坛对话",由笔者与泰国家战略智库研究院执行院长优沃迪·卡甘盖的对话整理而成,题为"疫情后对西方的崇尚将降低"。

重大冲击。

此次全球抗疫有一个非常值得关注的现象,一些医学发达、卫生系统完善的国家并未很好地控制和预防新冠肺炎疫情传播,结果导致社会失序,经济和社会发展受到冲击。

与此同时,中国、韩国、东盟国家在疫情控制方面则成效显著。包括泰国在内的东盟国家总体上感染新冠肺炎人数较少,死亡病例也少。现在泰国偶尔出现新增病例,都是输入型病例,而且都处于强制隔离之中。尽管其他一些国家出现了疫情的反扑,比如越南,但是也都是以输入型为主。

东盟国家之所以能够有力防范,很重要的一个原因是学习了中国经验,及时果断地采取了应对措施,有效切断了病毒传播途径。比如,中国作为首先遭遇新冠肺炎疫情侵袭的国家,政府展示了强有力的担当,调集一切可资利用的资源,包括医疗人员和先进的医学技术,应对此次危机。泰国政府也向中国学习,除了宣布"封城",还动员了很多部门力量,准备了大量用于隔离的房间与床位;各村镇均有高度负责的志愿者,协助公共卫生部门对外来人员进行密切关注和筛查,发现感染者后迅速送医,以及敦促相关人员进行居家隔离;还有许多心地善良的人,捐钱捐物,帮助那些因"封城"或失业而缺衣少食的底层民众渡过难关,极大地减轻了政府的负担。泰国此次疫情防控受到世界卫生组织高度赞誉,展示了社会体系的坚强稳固。

这些都反映了东方智慧和文化可以抵御新冠肺炎疫情。而美国,就目前情况来看,尚不能很好地控制疫情。因此,展示在全球民众眼前越来越清晰的图景便是:后疫情时代正在迈入"后西方时代",人们对于西方的崇尚和信任将会降低。

虞群:中国发挥体制优势,打赢了疫情防控总体战、人民战、阻击战,向全世界人民展示了中国共产党"以民为本""以人为本"的执政理念和人文情怀。泰国等东南亚国家也取得了令人满意的成绩。相较之下，作为世界唯一超级大国的美国，在这次抗疫中的表现令世人大跌眼镜。如此强烈的治理能力反差使得世人越来越多地意识到：以意识形态划分制度、政府甚至整个国家的优劣已经多么不符合现实。

而从文化视角来看，无论是中华传统儒家文化，还是泰国人民信奉的佛教文化，其中所蕴含的丰富的东方智慧与文化熔铸了人民以集体主义为先的个性特征，强调"仁民爱物""舍己为人"，宁愿牺牲一些个人利益，也要顾全大局。而西方文化崇尚个人自由，对待疫情缺乏敬畏心理。疫情暴发后，个别西方国家不仅没有高度重视，反而还利用疫情在国内政治、国际政治大做文章。

优沃迪：是的，中泰两国政府在此次抗疫中的表现确实可圈可点，展示了强有力的国家治理能力和危机应对能力，深得民众信赖，也获得国际社会的普遍认可。我想补充一点，中泰两国传统文化中都提倡"尊重老者"，在疫情防控过程中对待老人一视同仁，这与西方一些国家提出"群体防疫、适者生存"的理念完全不同。另外，我个人认为，泰国抗疫成功还有一个重要原因，就是泰式传统合十礼，避免了肢体接触。而西式文化中的接吻礼、拥抱礼，乃至握手礼，都有可能会加剧疫情传播。

亚洲卫生健康共同体可从澜湄国家起步

虞群：新冠肺炎疫情使得人流、物流、生产流受到了重创。多年来，全球化发展与区域化发展一直都在齐头并进。您认为，在后疫情时代，区域化的前景如何？您对"建设后疫情时代的美好亚洲"有何见解？

优沃迪：在过去一段时间，全球化促使国际贸易市场快速成长，生产者获益于国际产业分工，将生产链条节点布局于多个地区。但是新冠肺炎疫情的暴发令各国都意识到，应该缩短生产链，减少远程依赖，转而更加重视在本地区的产业布局。地区主义在某种程度上更加受到认可。不少国家加强了对于本国工业的保护,提倡自给自足,自产自销,以满足国内市场需求为主要目标。

与此同时,现在似乎有一种趋势,不少政府出台政策限制商品的出口,尤其是卫生健康产品以及食品等事关人民基本需求的商品。

不过,亚洲地区资源丰富,经济发达,人文荟萃,民族众多。我们应该借此机会调整各国经济发展路径,在利用先进技术促进地区发展的同时,认真考虑环境、气候变化、多元文化等因素,以实现本地区经济持久发展,突出绿色经济,将此目标作为后疫情时代建设美好安全之亚洲的重要议题。

虞群:我注意到您提到了"美好安全之亚洲"这个目标。这次疫情的暴发凸显了人类面临共同的命运,国际社会应该同舟共济、守望相助。中国政府一直提倡国际社会同心同力,通过加强国际合作应对全球公共卫生安全威胁。中国国家主席习近平一直倡导构建人类命运共同体,最近又首次提出人类卫生健康共同体的新倡议。

优沃迪:泰国传统文化也崇尚同甘共苦,我们的理解是,朋友过得幸福,我们也幸福,但是当朋友遭遇困难之时,我们必须出手相助,而非袖手旁观甚至抛弃朋友。这一传统被中国国家主席习近平运用于国际关系之中,上升为人类命运共同体理念,受到世界各国的一致赞誉与积极响应,因为无论是哪个国家,都离不开国际社会的帮助与支持。

国际社会的卫生健康合作很有必要,全球各国之间联系已经非常紧密,因此一旦发生流行病,非常容易传播至其他国家。如果是传播性强的疾病,还有可能成为全球性疫情,对整个世界都造成重大损失,正如当下仍在肆虐的新冠肺炎疫情。因此,各国之间应该加强协作,制定严格的预防控制措施,并付诸实施,才会减少冲击,抑制病毒扩散。同时,开展国际卫生健康合作也是建立更为紧密的互助网络，不仅可以共同分享卫生健康知识，而且在医疗设备研发和医护人员培养等方面也可以深入合作。

新冠肺炎疫情的暴发让我们看到，身体健康问题并不仅仅对个人形成威胁，而是对人类总体安全形成威胁。因此，公共卫生安全也应该被视为人类安全的一个方面，习近平主席提出人类卫生健康共同体的倡议非常及时。亚洲各国在抗击疫情过程中对此都深有感触，相信现在正值推动构建亚洲卫生健康共同体的良机。期待中国在这一过程中发挥重要作用。

虞群：您对构建亚洲卫生健康共同体有何建议？

优沃迪：亚洲地区由多个次区域所构成，包括东南亚、东北亚、南亚、中亚、西亚等，在构建亚洲卫生健康共同体过程中，可以考虑先从条件较为成熟的次区域卫生健康共同体着手推动。

虞群：在亚洲各次区域合作中，"澜湄六国"合作具有较强的示范意义。在8月24日召开的澜沧江-湄公河合作第三次领导人会议上，中国国务院总理李克强在讲话中提道，2020年年初以来，面对突如其来的新冠肺炎疫情，我们同舟共济、守望相助，共同抗击疫情，努力恢复地区经济活力。李克强总理还代表中国政府提出多项建议，其中很重要的一条便是"提升公共卫生合作"。中方将在澜湄合作专项基金框架下设立公共卫生专项资金，向湄公河流域国家提供物资和技术支持。李克强总理表示，中方新冠疫苗研制完成并投入使用后，将优先向湄公河国家提供。

优沃迪：澜湄次区域合作的六个国家（中国、泰国、缅甸、老挝、柬埔寨、越南）本身城市人口密度较大。尤为重要的是，所有澜湄国家的边境都与边境贸易和跨境劳动力流动紧密相连，这使得澜湄地区成为世界人口流动率最高的地区。由此可见，澜湄国家在流行病预防措施方面的合作是十分必要的。因此，我们应该以新冠肺炎疫情为契机，打造澜湄卫生健康共同体。为推动澜湄次区域卫生安全合作，我们可以在不同层次、不同模式下开展以下合作。

首先,加强城市和地方治理合作。我们可以举办论坛,交流经验,总结教训,检视在疫情防控、灾民补偿等落实过程中,哪些做得好,哪些做得不好;然后我们可以互相学习,复制成功经验和技术,并且避免犯同样的错误。其次,加强学术合作。我们可以成立一个专门的工作小组,起草澜湄合作新冠肺炎疫情报告。它将是一份记录疫情暴发及扩散情况并说明各国如何采取有效措施应对危机的文件。因此,所有澜湄合作成员可以相互了解对方的模式,也可以了解非成员的模式,并根据自身情况寻找最有效的机制。同时也可以作为今后进一步开展合作研究的背景报告。

再次,加强医疗卫生专业合作。成员国间可以举行论坛和互访,增进知识和技能交流,进而建立起卫生健康合作的长效机制,以便能够及时有效地应对未来可能再度暴发的流行性疫情。此外,针对新冠肺炎卫生保健系统、疫情控制措施,特别是针对新发疾病的专门培训,也是应对这一非传统威胁的重要合作内容。最后,应该重视加强民间合作。支持各成员国青年、专业团体、游客等的交流活动,增进各国关系。这是促进人们在卫生安全方面的理解、确保澜湄次区域卫生安全的有效沟通渠道。

总之,新冠肺炎疫情在某种程度上是我们这个时代最宝贵的教训之一。它敦促每个国家认识到,这一新出现的疾病直接影响国家安全。随着疫情的暴发和迅速蔓延,各国执政者在应对、控制疫情方面面临多重困难。他们需要新的实用知识、技能和潜力,来有效抗击新冠病毒。此外,还需要民众对政府的信任和与政府的合作。同样,新冠肺炎也被认为是一种跨界威胁,需要及时妥善应对,因为一国的预防措施必然会影响到其他国家和国际社会。因此,建设、加强和支持澜湄卫生安全共同体是当前合作的优先领域。这将激励澜沧江-湄公河国家最大限度地提高应对这一艰巨而复杂的全球挑战的能力。

虞群:中泰两国作为"澜湄合作机制"重要成员国,理应率先在这个领域开展合作,形成示范效应。作为负责任的地区大国,面对全球性公共卫生危机,中国展现了国际责任意识。以疫苗研发为例,许多发展中国家不具备研发所需的强大人力、财力、物力支撑,中国提出把新冠疫苗作为全球公共产品,彰显了习近平主席提出的构建人类命运共同体理念。

顺应时代的大趋势,走可持续发展之路

虞群:尽管加强国际合作是有识之士的共识,但是我们也看到,疫情对国际关系产生了一定冲击。冷战结束后,和平与发展成为时代主题。无论是冷战,还是热战,都不符合世界各国的共同利益。国际社会应全力避免犯时代错误。您对后疫情时代的国际关系走向有何判断?

优沃迪:后疫情时代的国际关系发展将呈现出以下特点。第一,中美竞争日益加剧,且趋势很难改变。中国国力处于上升期,在世界舞台上越来越多地发挥领导作用,比如在此次疫情期间,中国政府向世界其他国家提供的人道主义援助受到广泛赞誉。而美国政府则着力封锁围堵中国。第二,新经济模式正在成型。新冠肺炎疫情对世界经济产生着深远影响,促使新经济模式具备了两大条件。一是世界各国将会寻求建立新的生产网络以降低风险。尽管其中有部分原因是贸易战所致,但至少投资商和生产者会因疫情更多地考虑降低商业风险。二是电子信息技术发展将会成为经济发展的重要推动力。5G网络的发展将会加速全球化的进程,届时在线通信将会在广度、速度以及精准度方面大幅提升。三是,国际新思潮正在涌现。后疫情时代世界将成为"后西方主义"世界,东方世界的思想和行为模式将会越来越受推崇。"后西方主义"并非"反西方主义",但是东西方文明在全球的影响力会出现此消彼长的变化。此外,中国式发展道路和泰国"适足经济"思想将会在全球各种思潮中格外引人关注。

因此,各国外交政策应该在维护和平、促进发展的时代主题之下积极调整,以适应时代的新发展,这样才不会逆势而动。

虞群:您刚才提到了泰国"适足经济"思想,据我了解,泰国已故普密蓬国王在1997年亚洲金融危机后针对泰国经济与社会状况提出并倡导这一经济理论。

优沃迪:"适足经济"理论既是处世哲学,也是治国理念,它与佛教"中道观"和儒家"中庸思想"有异曲同工之妙,是普密蓬国王对于泰国在1997年经济危机之前快速发展过程中存在弊端的一种理性反思。"适足经济"理论不是闭关锁国,自给自足,而是居安思危,注重均衡,勿做"杀鸡取卵"之事,最终在全球化时代实现更为均衡、更为公平的可持续发展。我认为这一理论在当前更具生命力。

虞群:您的认识非常深刻。《礼记·中庸》中说:"凡事预则立,不豫则废。"《孟子》中举例道:"不违农时,谷不可胜食也;数罟不入洿池,鱼鳖不可胜食也;斧斤以时入山林,木材不可胜用也。"一个国家的发展想要行稳致远,就要摒弃涸泽而渔式的短视与急功近利,用更长远的眼光来进行规划。中国政府一直秉持可持续发展理念。

优沃迪:我第一次到中国是1995年,此后我又多次前往中国参加学术研讨或者参观、旅行,至今可能有20余次。在这25年间,中国发生了翻天覆地的变化,无论是发展速度、发展规模,还是发展质量,都可以用日新月异来形容。发展不仅包括物质生活的丰富,在人力资源开发方面,中国也取得了令人瞩目的成就。中国持续地推进改革,令世人清晰地看到了成功的发展历程。

我有一个非常深刻的感受,就是中国投资兴建了许多博物馆,在中国各地都能看到人们前往博物馆参观学习,这充分说明中国社会已经真正成为学习型社会、知识型社会。我真心地为中国人民感到自豪。在改革开放40余年中,中国还积极开展科技创新,在5G以及其他很多领域都处于世界领先地位。让我最为感受深刻的是,中国政府成功地帮助千万百姓脱贫,这是中国特色发展的价值与伟力所在!

后疫情时代中泰合作会更紧密

虞群: 中泰两国友好关系源远流长,2020年是中泰正式建交45周年。作为亚洲地区两个重要国家,中泰两国应该携手合作,在澜湄合作、中国-东盟合作以及联合国框架下,加强协调沟通,寻求共识,共同为建设美好安全之亚洲和构建人类命运共同体贡献力量。

优沃迪: 中泰两国是友好近邻,两国人民交往源远流长,上可追溯千年。在漫长的交往过程中,两国政府与人民一直保持友好关系。1975年,两国正式建交,掀开了中泰关系史上新的一页,两国友好合作进入新的时期,有"中泰一家亲"之美誉。邓小平先生曾称赞中泰关系为"不同社会制度国家之间友好合作的典范"。中泰两国并肩携手,共克时艰,先后经历了冷战中后期共同反对地区霸权主义、1997年金融危机、2003年印度洋海啸、2008年汶川大地震以及正在进行中的抗击新冠肺炎疫情,结下了深厚友谊。

从战略上来看,习近平主席提出"一带一路"共建倡议后,中泰战略合作再度驶入快车道。泰国是东盟第二大经济体,地处东南亚中心,战略地位突出。中国是泰国最大贸易伙伴、最大进口来源地和最大出口市场,泰国是中国在东盟的第四大贸易伙伴。近年来,泰国政府制订了"二十年国家战略规划",并提出了泰国工业4.0战略,以及东部经济走廊规划,从而初步明确了未来5年至20年的国家战略布局与政策导向。泰国国家发展战略目标及重点领域在很大程度上与中国"一带一路"共建倡议高度契合。相信在电子商务、人工智能等新兴领域,中泰两国具有广阔的合作空间。同时,泰国也很希望向中国学习扶贫工作的成功经验。

虞群: 中泰两国关系基础深厚,潜力巨大。中国可从陆海两个方向与泰国进行战略对接,而泰国可以借助"一带一路"共建倡议提升自身作为东盟互联互通枢纽的地位。根据最新数据,在对中国与 60 多个"一带一路"共建国家国别合作度指数测评中,泰国排名前五,充分说明中泰战略合作取得的成就。"一带一路"共建倡议同"泰国 4.0""东部经济走廊"等发展战略对接,将推动中泰全面战略合作伙伴关系得到新发展。

3. 泰国申请"加盟"彰显金砖魅力[①]

据报道,泰国赛塔政府于5月28日批准申请加入金砖国家组织的意向书草案,并将于6月内正式提交。这是继2024年1月埃及等5国成为金砖正式成员后,又一个具有重要地区影响力的新兴市场国家的战略选择。一旦获批,泰国将成为金砖国家组织中首个东盟国家,既扩大了金砖国家组织的全球覆盖率,也为东盟其他国家做出示范,无疑将成为金砖发展史上具有里程碑意义的重大事件。

事实上,泰国早已萌生"加盟"之意。2017年9月,时任泰国总理巴育受邀参加金砖国家组织领导人厦门峰会,亲身感受了金砖组织的蓬勃生机与活力。2022年和2023年,泰国连续受邀参加金砖国家系列会议,加盟事宜也逐渐提上议事日程。尽管泰国学术界、舆论界对于是否应该正式加入金砖一直存在争议,部分专家鉴于担心开罪美西方而公开建议泰仅申请成为观察员国,但赛塔政府执政以来,审时度势,最终确定正式提交申请,展示了本届政府的远见卓识,更彰显了金砖组织的深远影响和非凡魅力。笔者认为,泰国之所以在东盟国家中率先申请加入金砖,主要有以下三个维度的考量。

一是国家发展层面,加入金砖组织可有力促进经济社会建设。金砖国家具有人口规模、经济体量和资源禀赋等方面的显著优势,扩员后的金砖国家经济总量接近世界总量三成,近年来经济增速提升,与西方发达国家的疲软形成鲜明对比。泰国开泰研究中心

[①] 本文于2024年6月4日发表于《环球时报》,题为"泰国申请加入,彰显金砖魅力"。

2023年研究表明,泰国与金砖国家贸易额占泰国贸易总额的22.8%,与七国集团(G7)贸易额占比为26.2%,可见金砖国家在泰国对外贸易体系中的重要地位。近年来,泰国经济发展不彰,2024年第一季度GDP增长率仅为1.5%,远低于越南、印尼等东盟邻国。加盟后,泰国可充分依托金砖国家广阔的市场和丰富的资源提振本国经济。5月21日,中泰签署了《关于促进双边本币交易合作框架的谅解备忘录》,未来泰国可以采用本币与金砖国家进行贸易结算,减少对美元的依赖。此外,金砖国家新开发银行(NDB)和应急储备安排(CRA)等务实合作机制可为泰国政府推动重大基建和民生项目提供强劲支持。

二是国际战略层面,加入金砖组织可深度参与构建国际新秩序。随着国际格局加速演进,国际力量对比深刻调整,面对日益错综复杂的全球性挑战,原先在国际体系中发挥主导作用的少数发达国家疲态尽显,广大新兴市场国家和发展中国家在世界格局中的分量越发重要。金砖国家组织作为新兴国家代表,着力打造在国际政治经济体系中具有重大影响力的多边机制,引领构建公正合理的国际新秩序。泰国曾于2000年"10+3"会议上主导签署了建立区域性货币互换网络的协议(即《清迈倡议》),2002年又倡议成立亚洲合作对话机制(ACD),在国际秩序变革方面做出了有益探索。此次申请加入金砖组织,泰国希冀依托更高端的国际平台,实现参与构建新秩序的政治理想。

三是地缘政治层面,加入金砖组织可有效避免被迫选边站队。当前大国博弈日益激烈,美国及其盟友体系为维护日渐衰微的全球霸权,大搞地区"阵营对垒",不择手段煽动"脱钩断链",构筑"小院高墙",意图打造"平行体系"。金砖国家集团尽管致力于国际体系变革,但不与西方集团搞阵营对抗,这样的包容性安排令广大发展中国家没有选边站队的压力。泰国自冷战初始便成为美国亚太地区条约盟友之一,至今仍与美机制化开展联合演习。但泰国并不愿意与美深度绑定,而是秉持"大国平衡"战略与各大国均保持良好关系。2019年,泰国担任东盟轮值主席国期间,推动出台"东盟印太展望",强调经济社会发展,淡化美国主导的"印太战略"的军事对抗色彩。值得关注的是,泰国在申请加入金砖组织的同时,也正加紧推进加入西方主导的经济合作与发展组织(OECD)。

从历史上看,泰国具有独特的国际态势感知力,在关键时刻总能做出有利的战略选择。一个明证便是,1917年泰国决定加入协约国,向同盟国宣战,并派兵前往欧洲参战,最终获得战胜国地位。此次泰国申请加入金砖组织,既是"全球南方"崛起的一个缩影,同时也精准反映了当前新旧秩序竞争的实际态势,彰显了金砖国家的独特魅力。

4. 从泰"最年轻总理"表态看中泰前景[①]

近日年仅 37 岁的佩通坦当选泰国第 31 任总理,成为第 4 位出任总理的钦那瓦家族成员。她在接受媒体采访时表示:泰中两国长期以来保持深厚友好关系,每当她有机会与中国领导人会晤时,总是能受到礼遇,她期待泰国能够与中国有更多的合作。她的表态反映了泰国对于加强与中国合作关系的积极期待和强烈愿望,是对 1975 年建交以来泰国历届政府对华友好政策的赓续。

中泰两国山水相连、血脉相通,素有"中泰一家亲"之美誉。2022 年 11 月,习近平主席出访泰国,与泰国领导人宣布构建更为稳定、更加繁荣、更可持续的中泰命运共同体,中泰关系被赋予了新的时代内涵。在两国领导人的战略引领和一代代深具远见卓识的政治家的推动下,无论国际风云如何变幻,中泰关系始终保持健康发展势头,成为国际社会不同制度国家双边关系的典范,甚至可以说是"现象级"的存在。

中国连续 11 年成为泰国第一大贸易伙伴,泰国是中国在东南亚地区第三大贸易伙伴,双边贸易额规模超千亿美元。在国际农产品贸易竞争日趋激烈的形势下,中国吸纳了泰国四成以上的出口农产品。2022 年起,中国再次成为泰国最大外资来源国。华为、比亚迪等一大批中国知名企业前往泰国投资兴厂,为促进泰国就业、税收与出口做出重要贡献。成立于 2006 年的泰中罗勇工业园作为两国产能合作的重要平台与载体,目前已有 250 家中企入驻,为泰国提供了 5 万多个就业岗位,是中企在东南亚最大的产业集群中心与

[①] 本文于 2024 年 8 月 30 日发表于《环球时报》。

制造出口基地。2024年年初,两国政府签署了互免签证协定,进入"免签时代",截至目前中国赴泰游客数量已接近400万人次,正逐步恢复至疫情前水平。

尤其值得一提的是,泰国是全球孔子学院最密集、中文教学发展最迅速的国家之一,也是全球首批将中文纳入国民教育体系的外国国家。泰国当前在校学习中文人数逾100万,占整个东南亚在校学习中文人数的60%,居全球首位。美国民调机构皮尤研究中心7月9日发布最新报告显示,八成以上受访泰国民众喜欢中国,在接受民调的35个国家中排名第一。与此同时,泰国连续多年成为最受中国游客欢迎目的地之一,泰国香米、榴梿、香水椰是中国市场的网红产品,深受民众喜爱。泰国优秀影视作品和充满奇思妙想的广告在中国也备受推崇。8月23日,泰国高口碑电影《姥姥的外孙》将正式登陆中国院线。

中泰两国长期以来保持健康稳定发展的双边关系,如今泰国执政接力棒交到了新生代政治家佩通坦手中,中泰关系站在新的起点上,将会展现全新的气象。笔者认为,两国可在以下方面加强合作。

一是加强高层政治对话和政策沟通。继续相互尊重彼此核心利益和重大关切,相互支持对方走符合自身国情的发展道路。

二是加强战略对接与产业合作。2024年年初,泰国政府出台"燃耀泰国八大愿景战略"(IGNITE THAILAND),计划将泰国建设成为地区医疗康养、电动汽车、数字经济、物流运输等"八大中心",这些设想与中国产业优势高度契合。两国应利用共建"一带一路"带来的重大机遇,加强粤港澳大湾区、长三角地区与泰国"东部经济走廊"高质量合作,把两国发展战略精准对接,开拓新的合作空间,发掘新的合作潜力,在新经济领域加快培育亮点。

三是完善加快互联互通建设。共同打通关键堵点,加快中泰高铁建设并同中老铁路连接,加速实现中老泰联通发展构想,形成纵贯中南半岛的交通大动脉,推动泛亚铁路建设取得新突破,为区域互联互通树立新标杆。

四是密切国际与地区事务协作配合。中泰同为亚洲重要国家，同为"全球南方"重要国家，在构建新型国际关系、维护地区和世界和平稳定方面具有广泛共同利益。中泰两国在联合国、东盟、澜湄合作等多边机制下保持着密切协作。中国正积极支持泰国加入金砖国家机制，未来两国将在新的平台上携手应对新的风险挑战，推动和平、安全、繁荣、可持续发展。

2025年将迎来中泰建交50周年重要契机。经历了半个世纪风雨的中泰关系，将会开启新的征程。我们期待着泰国历史上最年轻的总理佩通坦，展现年轻一代政治家的魅力，为中泰命运共同体建设绘就崭新篇章。期待中泰关系越走越宽。

二、美泰关系

1. 巴育访美与"美式民主"之虚伪[①]

要问最近国际媒体最关注泰国什么大事件？我想莫过于巴育总理访美。两国元首首次会晤，兹事体大，理所应当备受关注。然而，更为重要的一点是，巴育是近12年来首次应邀访美的泰国总理。而且，这位总理并非民选，而是"民主世界领袖"美国视之为仇雠的"政变总理"。

大家或许还记得，2006年9月，在前总理他信参加联合国大会之际，泰国军方发动政变，他信被迫流亡海外。一周后，美国国务院发言人便宣布中止对泰国的2400万美元的援助，并且敦促泰国军政府尽快恢复民主统治，举行大选。数年后，当军方于2014年再次发动政变，推翻他信之妹、时任总理的英拉时，美国又祭出民主大旗，冻结数百万美元军事援助的同时，降低亚太地区最大的军事演习"金色眼镜蛇"的规模，以示对泰国军方的"惩罚"。

单从美国对这两次政变的态度来看，我们不禁会感慨，美国果然是"民主之典范"，说一不二，矢志不渝。但是，如果我们放眼全

[①] 本文于2017年10月14日发表于"泰国头条新闻"。

球,就很容易看清楚美国"民主"的实质。就在英拉被推翻的前一年,2013年,埃及国防部长塞西煽动民众举行全国示威反对穆尔西及穆兄会,但美国拒绝将埃及的政变称为"政变",并且继续向埃及军方输送资金和武器。为何美国不高举"民主"大旗,对埃及军方制裁呢?原因很简单。因为埃及军方上台后,美国在埃及的利益可以得到最大保证。对比美国对泰国和埃及两国政变的态度,只能感慨,美国真是赤裸裸的"双重标准",无怪乎有学者评论,"(美国)在利益面前,民主一文不值"。

巴育访美再次证明了美国民主的虚伪。奥巴马政府对巴育军政府的指责言犹在耳,但特朗普上台后,画风忽然转变。三年前泰国军方的政变,在特朗普总统眼里,已然轻舟已遥,云淡风轻。年初,美国宣布,将2017年美泰"金色眼镜蛇"联合军演恢复到"制裁"前的水平,强化美泰军事关系。其后,4月30日,特朗普致电巴育,讨论地区安全形势,并邀请巴育访美。8月8日,美国国务卿蒂勒森在参加完东盟地区论坛后正式访问泰国,他是自2014年以来首访泰国的美国部长级官员。蒂勒森访泰期间,绝口不提要求军政府还政于民之事。恰恰相反,他还对军政府在促进泰国各阶层和谐方面做出的成绩给予肯定。就在蒂勒森访泰次日,美国便宣布同意向泰方出售价格约2490万美元的RGM-84L鱼叉反舰导弹,这个价格包括内部零件、维修养护、技术文件、人员培训、运输安装等相关费用。10月2—4日,巴育总理正式访美,特朗普总统给予巴育高规格接待。宾主双方在白宫椭圆形办公室内进行了友好热烈的会谈,显示了美国对于这位"政变总理"的高度认可。

这样的剧情反转,让人不禁怀疑,这还是自诩为"民主阵营领袖"的美国吗?没错,这就是真实的美国!事实上,美国政府和泰国军方在历史上本来就是铁杆盟友。冷战时期,泰国是美国在亚太地区最重要的盟友。在"多米诺骨牌"理论的指导下,美国将泰国视为在东南亚地区的桥头堡,从政治、军事、经济各方面对泰全方位控制,甚至连泰国第一份"社会经济发展规划"最初都是以英语起草的。当时,美国在泰国东部和东北部修建了十几个军事基地,作为越南战争的后勤基地。从曼谷至呵叻的"友谊大道",便是美国投资修建用以运输战略物资的交通要道。美国与泰国军方的密切关系一直维系了几十年,泰国军方之所以能长期执政干政,其中很重要的一个原因便是美国在背后的支持。那么,为什么军方推翻他信和英拉政府,美国就不爽了呢?无他,唯利益耳!在红衫军和黄衫军对阵最为激烈之时,美国驻泰大使亲访红衫军营地向他信阵营示好便是明证。

奥巴马下台后,特朗普入主白宫。特朗普这个精明的生意人,果断地否决了奥巴马政府的对泰打压性政策,转而施以"怀柔"。恰好,巴育军政府也需要美国的背书以坐实自己的"执政合法性",为下一步的大选做好准备。所以,尽管巴育上台之初在各种场合也对美国"出言不逊",但在当下,美泰两国领导人只谈"二百年友谊",绝对不会莫名其妙地谈什么"政变""人权"之类的扫兴话题。

那么,特朗普究竟是看中了泰国哪一点呢?或者说,特朗普在哪些方面有求于泰国呢?要知道,这个精明的生意人是绝对不会做赔本买卖的。首先,为美国实施对朝战略建立最为广泛的统一战线。很多人会有疑问,为何要拉拢泰国制裁朝鲜?事实上,泰国与朝鲜的关系远远超过大家的想象。自1975年泰朝建交以来,两国一直保持着较为密切的双边关系,从公开报道的新闻中可以看到,两国中高层代表团互访频繁。而且,泰国在朝鲜的贸易伙伴中曾长期排名前三。可以说,泰国对于朝鲜来说,意义不同寻常。所以,在特朗普转变对泰政策的考量中,笔者认为朝鲜因素可以排在最为重要的位置上,这也可以从特朗普与巴育4月份通电话以及蒂勒森8月份访泰时双方所谈及的话题得出此结论。

其次,对乌塔堡军事基地的渴求。冷战时期,美国在泰军事基地中,乌塔堡是最具战略地位的基地之一。自1975年撤走后,美军曾一度租用该基地以向中东地区开展军事行动。2012年,在美国"亚太再平衡"战略的背景下,美国国家航空航天局(NASA)提出租用泰国乌塔堡海军机场用于所谓的云层和气象研究,同时,美国国防部也积极寻求租用乌塔堡军事基地进行所谓的人道主义和灾害救援行动。甚至坊间传言,为了得到乌塔堡军事基地的使用权,美国给时任总理英拉之兄他信颁发了可自由出入美国的签证。此后,美国一直没有放弃在乌塔堡军事基地使用权上的努力,但由于美泰关系降温而不了了之。如今,朝鲜半岛危机凸显,特朗普政府希望借机实现美国此一战略目标,以加大在亚太战略中的砝码。

再次,平衡中国对泰国之影响。2014年泰国军方发动政变后,美国以所谓的"民主"之由,放弃泰国。但没想到,巴育政府并不在乎美国的"惩罚","走自己的路,让美国去说"。而且,中国老大哥一直坚持"不干涉内政"原则,依然与泰国保持着"中泰一家亲"的传统友谊。可以看到,在近年的各大重大国际场合,中国都非常重视泰国这个兄弟。无论是在杭州召开的G20会议,还是在厦门召开的"金砖峰会",泰国总理巴育都被作为贵宾邀请,显示了中泰两国亲密的友谊。不仅如此,中泰两国在安全领域的合作也蓬勃发展,双边互访、军贸往来、联合演训,这一切都让美国感到不安。毕竟,美国才是泰国法理上的盟友啊!美国不理解,这正应了中国的那句老话,远亲不如近邻。所以,此次巴育访美,笔者认为平衡中国影响也是美国的重要战略考量之一。

当然,媒体上谈得比较多的贸易问题自然也是重要因素之一。根据美国官方出具的报告,去年美国对泰国的贸易逆差为189亿美元,在美国对外贸易逆差排行榜上名列第11位。所以,商人总统特朗普一见到巴育,便要求"泰国多买美国货,以减少美国对泰贸易逆差"。泰方心领神会,同行的某老总愿意不远万里之遥,向美国购买5万吨至6万吨煤炭。而之前泰国煤炭主要进口国为印尼、新西兰、澳大利亚以及中国等近邻,从美国买煤,运费上肯定不划算,我想他们可能是做了一笔赔本买卖。这也可以理解,特朗普开口了,总得做出点姿态以示响应嘛!

　　至于要求泰改善人权状况之类的原因,我认为,应该不是特朗普考虑的重点问题。美国向来在人权问题上"翻手为云,覆手为雨"。说到底,特朗普和奥巴马虽然名字不同,但事实上,并无二致,他们所代表的都是美国大财团的根本利益。特朗普对泰政策之转变,并不意味着美泰传统友谊从此地久天长。时势逼人,恰逢君耳!

2. 美国的制裁和怠慢会促使泰国外交战略转向吗?[①]

2019年10月25日,美国总统特朗普签署声明,宣布对部分泰国商品暂停普惠制关税待遇(GSP),他所给出的理由是泰国政府劳工部门在劳工政策方面尚未达到国际标准。此次受到暂停普惠政策的泰国商品主要以海鲜类产品为主,总价值约为400亿泰铢。这项措施将于6个月后正式生效。

熟悉特朗普风格的读者都知道,外国政府的劳工权益是否符合国际标准,对于美国外交政策而言,只是一种工具,或者说一种幌子。泰国之所以被取消普惠关税待遇,又真的是因为劳工权益水平不达标吗?答案显然是No。

猪肉和农药

那么,泰国又是为何会被暂停权利呢?根据媒体披露的相关情况来看,极有可能出自以下两大原因:一是泰国一直抵制美国要求其进口美国猪肉的压力;二是泰国禁止美国生产的三种农药进口泰国。基于此,美国对泰实施报复措施。

先谈美国猪肉的问题。自2014年以来,泰国一直拒绝进口美国生产的猪肉(包括内脏)。美国人较少食用猪内脏,所以美国试图将其在泰国销售。但是由于美国饲养猪肉时允许使用瘦肉精,不符合泰国严格的食品安全规定,最终美国未能如愿。2015年,美国总统奥巴马曾以泰国加入TPP(跨太平洋伙伴关系协定)为条件,再

[①] 本文于2019年11月1日发表于澎湃新闻·外交学人。

度对泰施压,但泰国没有屈服。

至特朗普入主白宫后,提出"美国优先"政策。奥巴马政府时期,因泰国军方发动政变推翻英拉政府,而对泰国军政府采取制裁措施。特朗普作为精明商人,不以政治论亲疏,把巴育请到白宫。特朗普借机提出,泰国长期保持对美贸易顺差,应该多购买一些美国商品,缩小贸易顺差。其中,特朗普专门就美国猪肉出口至泰国的问题对巴育施压。不过,巴育没有接招,只是象征性地买了一些煤炭,也算有个交代。

2018年7月,美国贸易代表办公室官员曾经专程飞往泰国,要求泰方向美开放猪肉市场。美方表示,美国养猪者协会向美政府多次投诉泰国,认为泰国政府在进口美国猪肉方面设置诸多限制,极少向美国猪肉发放进口许可,要求美国政府采取相关措施。

美国贸易代表办公室表示,特朗普对于对泰国等发展中国家进口商品给予普惠关税待遇一事持有不同意见,要求以此为条件与泰国政府开展谈判。但泰国政府在进口美国猪肉方面,始终没有松口。一方面,"瘦肉精"猪肉不符合泰国食品标准。当然,美国瘦肉精的主要成分是莱克多巴胺,理论上说,只要严格遵循用药规定及停药期,猪肉中不会残留相应成分。这也正是美国政府允许使用的原因。但泰国政府为了保证进口食品的绝对安全,始终不予通融。

而更重要的一个原因则是泰国担心向美开放市场将会导致国内猪肉市场遭受大规模冲击,毕竟美国农业基本是机械化高、规模大、成本相对较低的现代化农业。这样的生产优势在价格上能让美国的猪肉在国际市场上更具竞争力。如果美国的猪肉大量进入泰国市场,泰国的猪农是几乎没有还手之力的。有鉴于此,泰国在猪肉问题上的坚定立场,极有可能是导致此次泰国商品被暂停普惠关税待遇的最大原因。

而坊间热议的泰国政府停止进口美国三种农药一事引发美方报复,在笔者看来,其重要性则不如猪肉进口问题,甚至可以说关联不大。因为,普惠关税待遇可能被暂停一事,早在八九月份,美国商业部长来泰开会时便已向泰方提出。而且,泰国驻美商务参赞也就此事向泰国政府进行了预警。从时间上来看,可能不是直接原因。

当然,泰国政府决定禁用百草枯、草甘膦和毒死蜱三种美国农药一事,对泰美关系也造成了较大影响。在泰国政府做出上述决定后,10月23日,美国驻泰大使馆致函泰国总理巴育,就泰国政府决定提出意见。信函附件包括美国农业部对此事的相关评估意见:

首先,泰国农民们将会面临因购买泰国本国生产的替代农药成本增加的现实,据称泰国农民将会为此多支付750亿—1250亿泰铢的差额。其次,将有可能影响泰国每年从美国进口的大豆、小麦、咖啡、苹果及其他农产品。

但泰国政府表示,从保护国民健康角度出发,将坚持这一点决定。随后不久,美国便宣布暂停泰方的普惠待遇。可以说,农药一事加速了美方做出制裁泰国的相关决定。

影响不足为惧

美方的制裁决定,会对泰方造成多大影响呢?笔者看到有一些文章中,以"巨额损失"这样的字眼来描述此一事件的影响。不少不明真相的泰国民众,误以为这些泰国商品遭到美国抵制,无法出口。但其实,泰国出口美国商品依然畅通无阻,仅需增加平均5%的关税即可。

根据泰国商会副主席兼泰国冷冻食品协会主席朴·阿兰瓦塔纳暖的观点,制裁对泰产生的影响并不足为惧。泰国共有3500种商品享受美国普惠关税,此次美方所暂停的商品不到总数的两成。泰国商务部外贸司预计,这批商品需支付13亿—18亿泰铢的关税,这个数字对于整个泰国对美出口而言,并无大碍。而且,泰国每年真正使用该项出口优惠政策的商品总额不过数十亿美元,所以总体来说此次制裁不会对泰国对美出口产生太大影响,更多的只是泰国民众心理上的影响。

退一万步说,普惠关税待遇本身就是冷战时期发达国家对发展中国家出口货物普遍给予的一种关税优惠制度。不少国家比如韩国,随着经济发展,从发展中国家跃升为发达国家后,便主动放弃该项优惠制度。泰国政府如果对自身发展水平有足够自信,将来也完全可以不占这个便宜。事实上,目前影响泰国出口最大的因素是泰铢汇率的持续坚挺,致使出口商品毫无价格优势和竞争力。尤其是农产品,受伤最为严重。而且,短期之内,泰铢依然会保持坚挺的态势。这才是泰国政府和泰国各行业经营者需凝神应对的。

不过,美国这次取消泰国商品普惠待遇,为泰国各行业生产商也敲响了警钟。泰国生产部门,必须努力提升产品质量,使之更具竞争力,同时应该努力开辟新的出口市场,而非一味地等待泰铢贬值,或者寄希望于与美国进行谈判,恢复普惠关税待遇。

目前,泰国的外贸伙伴国过于单一,在新市场的开拓方面缺乏实际措施。比如,泰国对东盟国家的出口额仅占其出口总额的四分之一,这个数字显然还有很大的提升空间。北美自贸区内部贸易量占大多数成员国出口量的四分之三左右,欧盟也大致是这个水平。

东盟于2012年发起《区域全面经济伙伴关系协定》(RCEP)谈判,邀请中国、日本、韩国、澳大利亚、新西兰、印度共同参加,旨在通过削减关税及非关税壁垒,建立统一市场的自由贸易协定。协定涵盖约全球人口的一半,32.2%的全球GDP,29.1%的全球贸易以及32.5%的全球投资,达成后将成为全球涵盖人口最多、最具潜力的区域自贸协定。按照此前国际社会预计,RCEP将会在2019年年内完成谈判。倘若实现这一目标,那泰国在东亚地区出口额则必定会增长,对于美国的依赖度便可大幅降低。此外,泰国也可积极推进澜湄机制下的双多边贸易。这些都是泰国未来的发展方向。

美泰关系路在何方？

无论如何，这次美国暂停泰国部分商品的普惠关税待遇的举动为 2018 年刚刚庆祝建交 200 周年的美泰关系蒙上了一层阴影。可以称得上是雪上加霜的另一事件是：白宫 10 月 29 日发表声明表示，美国总统国家安全事务助理奥布莱恩将作为总统特使参加 11 月 3 日至 4 日在泰国举行的东亚系列峰会。法新社 30 日称，这是自华盛顿参加该系列峰会以来派出的"级别最低"的代表团。美联社称，此举将被视为一种"怠慢"。

2018 年，美国副总统出席新加坡峰会，而之前特朗普则亲自出席了菲律宾峰会。再往前追溯，奥巴马则几乎出席了 2011 年以来的所有东亚峰会。所以，泰国应该仔细考虑一下，自己作为东盟轮值主席国，但是反而受到美国这一传统盟友的制裁、怠慢和轻蔑，美泰关系究竟应该走向何方？而且，泰国国内舆论对美国大使馆直接写信给泰国内阁指手画脚的无礼举动也甚为不满。不少泰国战略界人士正在认真考虑，泰国是否应当放弃一以贯之的"大国平衡"外交。

3. 美国对泰网络政治战升级[①]

2020年10月8日,美国社交媒体巨头推特(Twitter)宣布关闭近1600个账号,涉及国家包括古巴、伊朗、沙特、俄罗斯和泰国。其中,泰国以926个账号高居榜首。推特这一举动令泰国政府和军方被推上了舆论的风口浪尖,泰国国内各界针对此事批评政府和军方之声不绝于耳。10月14日,泰国反政府组织将再度举行声势浩大的集会活动。在这敏感关键的时刻,推特的做法无疑是推波助澜,火上浇油,摆明了态度是要帮助反政府群体推翻巴育政府。推特尽管只是一家私人企业,但是它已经越来越明显地显露出其服务于美国国家利益的真实嘴脸。这无疑可以被视为美国全球网络政治战的又一次行动。

根据推特公司发布的声明,这些账号都为泰国军方所有,主要用于在推特上宣传亲政府和亲军方的立场,并攻击政治反对派,主要是原新未来党(已于2020年2月被解散)和远进党(新未来党的替身)。这些账号大多注册于2020年1月,在2020年2月活动最为频繁,出现了显著的峰值。而3月以后,除了有两个账号仍然在运营之外,其余账号都停止了运营。

声明指出,之所以在2月活跃,是因为那个月份有两起重大事件。一是"呵叻士兵杀人案"。一名士兵从军营里抢夺大量枪支弹药前往呵叻府市中心的Terminal 21商场,大开杀戒,造成30人左右丧生。这些被删除的账户试图转移民众的注意力,使其勿将杀人士兵与军队混为一谈,并突出强调军队对危机的迅速反应。二是新未

[①] 本文于2020年10月12日发表于澎湃新闻·外交学人,题为"泰国近千个亲政府推特账号被封,又是美国捣鬼?"。

来党被解散。在法院宣判之前,这些账号将焦点置于新未来党违规放贷案。

推特声明公布后,引起泰国朝野和社会各界强烈反响。为泰党、远进党等在野党立刻向政府发起强烈批评。

为泰党发言人阿鲁妮批评政府利用互联网发布虚假消息,误导民众,制造政治分裂。她说:"巴育领导的政府一直以来将军队作为工具,歪曲事实,分裂社会,在民众和年轻人群体中制造误解,煽动对某些个人和组织的憎恨。事实表明,巴育政府一直在思想和行动上威胁人民,这是隐形的独裁!政府和军队这么做有何用意?人民没有从中获得任何好处。"

远进党议员郎希曼在个人推特发文抨击政府,他将数字经济与社会部部长普提蓬称作"泰国军方信息行动账户背后的支持者、虚假新闻和矛盾仇恨制造的参与者",他表示,普提蓬曾多次公开表态将对虚假新闻严格执法,而这次他要等着瞧,看"普提蓬是否又是说一套、做一套"。朗希曼就军队针对"呵叻军士杀人案件"开展的网络信息战批评军队"撒谎成性,毫无尊严可言","明明是军队下属制造惨案,令无辜百姓丧生殒命,却将自己责任撇得一干二净,简直是冷血动物!"他信阵营的元老级人物乍都隆在脸书上发帖:陆军虚假账户被关闭,把脸丢到全世界去了。比这更丢脸的是,陆军还恬不知耻地为自己开脱,简直就是堂而皇之地撒谎。让海军来帮忙解释还好一点,毕竟潜水更加专业一些。泰国陆军副参谋长兼发言人善迪蓬中将第一时间进行了否认,并表示,陆军设有公共关系中心,各师、各营均设有相应机构,专门负责陆军网络宣传工作,但是陆军并没有所谓的 IO(Information Operation,即信息行动)。陆军的网络宣传工作一向透明公开,主要目的是服务人民群众。当前泰国危机频发,比如台风导致的自然灾害等,有必要通过社交媒体报道和跟进形势,以安排军队以最快速度参与减灾救灾。泰国陆军已经与推特方面进行沟通,将严格审查所有被禁账户。

陆军副发言人西丽占女上校则表示，推特公司的声明和所谓的分析报告仅仅依据发帖的频率、数量和话题，却无法证实其背后究竟是谁，就将责任归咎于泰国军方，明显对泰国军队不公。尽管陆军开足马力进行"灭火"，但依然挡不住反政府者如潮水一般的抨击谩骂，尤其是在社交网络上，泰国推特用户几乎清一色地将矛头指向军方，以及立场倾向于军方的其他人。著名军事新闻记者瓦萨娜在推特上转发了陆军发言人关于澄清事实真相的报道，便有许多人留言批评瓦萨娜是"军方的走狗和帮凶"。毫无疑问，在推特的这份声明下，本就成为泰国反政府力量攻击目标的泰国陆军形象更是一落千丈。

事实上，最近几个月来，泰国政府与推特、脸书等世界社交媒体巨鳄之间一直龃龉不断。众所周知，近期泰国国内政治斗争急剧升温，反政府群体利用网络社交媒体为大本营，不断向政府发难，甚至将矛头指向泰国王室。7月开始的街头示威活动，之所以短时间之内能够聚集大量人气，很大程度上要归功于网络社交媒体的推波助澜。强大传播力令网络直播的学生集会事实上有更为庞大的在线参与者。8月10日、16日两次集会，在线参与者均接近1000万人次。某日，示威骨干之一的阿侬律师临时决定在国家体育馆人行天桥上举行集会，下午1点通过网络发布消息，仅3—4个小时候便有千余民众到场参加活动，其行动之迅速可见一斑。

但是，在学生正常政治诉求之外，也有一部分打着"民主自由"旗号的"反王派"通过社交媒体大肆攻击泰国王室和政府、军队，其中，一个名为"保王党市场（Royalist Marketplace）"的脸书群组最为活跃和激进。该群是由流亡日本的泰国反政府人士巴温于2020年4月创建的一个超过100万成员的讨论和批评泰国国王的社交群组，成为"反王"运动的策源地和大本营。泰国法院裁决，包括"保王党市场"在内的数百个账号涉嫌违反泰国法律，应被立即关闭。8月中旬，泰国数字经济与社会部根据裁决结果要求脸书和推特在

15 天之内分别关闭 661 个账户和 69 个账户。但是,脸书和推特对此反应消极,关闭速度可以说是"龟速"。直至 9 月 24 日,脸书才关闭了 225 个账户,而推特仅关闭了 5 个账户,连十分之一都不到。而同比之下,YouTube 则给予了较好的配合,在规定时间内关闭了泰国法院裁决的所有违法账号。

9 月 24 日,在发函催促两次未果后,数字经济与社会部部长普提蓬被迫诉诸法律,以脸书、推特等网络社交媒体平台未按规定时间执行泰国法院有关关闭涉嫌冒犯泰国君主的账户,涉嫌违反泰国《电脑法》第 27 条为由,亲自向泰国打击网络犯罪事务局提请诉讼。但是,脸书和推特依然我行我素,丝毫没有重视泰国政府的合理诉求。非但如此,推特还倒打一耙,关闭 926 个泰国亲政府账号,并且在其分析报告中批评泰国军方利用社交网络美化政府和军方行为,打击"政治异见者"。这种赤裸裸的"双标"行为,很明显是针对泰国官方的一种报复性行为,同时也从深层次反映出推特已经偏离了成立之初所谓的"透明性和开放性"的价值标准。在推特管理者眼中,只有与美国价值观一致的声音,才是政治正确,而不符合华府偏好的账号,便成为需要屏蔽的"噪声"。

10 月 9 日,泰国数字经济与社会部部长普提蓬通过个人脸书账号发文表达了自己对推特此举的愤慨。他说:"我对推特的行为感到非常奇怪,尤其是在这个时候,他们非但没有执行泰国法院裁决结果,关闭违反泰国法律的那些账户,反而来找我们的茬。"泰国保守阵营的领袖人物瓦隆医生极为愤慨地在个人脸书上发出质疑:"推特究竟是什么颜色? 在'停止威胁人民'这条热搜下,有 792 万多个外国账户参与讨论,推特毫不在意这个事实,却揪住 926 个账户不放!"

推特尽管是一家私营企业,但是作为全球最大的社交媒体平台,它已经背离了建立者的初衷。从最近这些年的种种迹象不难判明,推特公司已经越来越多地被纳入美国全球网络政治战的体系,服务美国国家利益,充当政府的看门狗。政府则"投桃报李",作为它的后盾,为其全球经营扩张提供政策支持。尤其是美官方认定俄罗斯水军通过推特等社交媒体试图影响美国大选以来,推特等公司急于向美国政府证明自己的政治立场,于是在全球网络舆论场上,党同伐异,对任何涉及美核心利益、有悖于美西方价值观的声音都进行无差别打压。所以,我们可以看到,在一小撮"港独"暴徒们在街头打砸抢烧时,推特坚定地和他们站在一起,捍卫他们所谓"反政府的正当权益"。但是,对待那些如实反映情况、揭露暴徒行径的账号,推特却罔顾正义,随意删除。这一幕是不是和当前在泰国发生的情形极为相似,如出一辙?其实,泰国当前的乱局与港版国安法出台前中国香港的乱局有着某种内在的联系。2019年出任美国驻泰大使的 Michael George DeSombre 曾经在港活动多年。最近,一个名叫布莱恩·帕特里克·科恩的美国人从中国香港进入了泰国。在香港地区暴乱活动中此人影响恶劣,号称"暴徒军师",他的真实身份无人知晓,有人推测他是中情局的一名特工。他在泰国即将爆发大规模示威活动前到临,究竟是带着何种目的?可想而知。

笔者认为,在泰国反政府活动背后潜藏着美国等西方国家的黑手。本轮泰国示威游行活动的领袖人物和美国有着千丝万缕的联系。"人权律师"阿侬·纳帕从2014年就接受美国资助,平时穿着邋遢、满脸横肉的法政大学"反王派"领袖帕里(即"企鹅")2018年曾西装革履受到美国驻泰大使亲切接见,事后表示倍感自豪,"三日不愿洗手"。而新未来党的创始人塔纳通屡次去警局接受调查时,美国驻泰大使馆的官员们都不会缺席陪伴。而且,他曾经去香港参加一个论坛,与"乱港分子"有过密切接触。

所以,推特作为美国精英阶层扶持的代表美国利益的一条"看门狗",自然要全力以赴地为美国政府力挺的泰国"民主运动者"们保驾护航,而对泰国现行制度的捍卫者——泰国政府与军队,进行坚决的斗争。一句话,泰国政治局势混乱至斯,推特等社交媒体是真正的"罪魁祸首"。

　　面对如此强大的敌人,泰国政府的确没有什么很好的对策。毕竟,泰国人是世界上最为依赖社交媒体的人群,泰国政府如果和推特、脸书等社交媒体巨鳄斗争到底,不仅会开罪反政府势力,还会开罪习惯了社交媒体生活的"中间派"们,极有可能得不偿失。最终,或许政府别无他法,只能选择与推特、脸书妥协,不断向反政府势力让步,任由西方价值观侵蚀泰式传统价值观。而这,也正是美国政府所需要达到的最终目标。

三、东盟问题

1. 东盟曼谷峰会：内外兼修，化"不确定"为"确定"①

6月22—23日，第三十四届东盟峰会在泰国曼谷举行。本届峰会主题为"推进伙伴关系，实现可持续发展"，在"合作、同心协力、进步、可持续发展"理念之下，峰会围绕政治经济与安定、社会和文化三大要点展开讨论，取得了一系列建设性成果，发表了《东盟领导人关于"为可持续发展推动伙伴关系"的愿景》等多份重要宣言，为东盟国家进一步推动"以人为本、以人为导向、向前看的东盟共同体"的建设指明了方向。

从会议议题设置及公布的相关文件可以看出，面对危机四伏、"不确定性"凸显的国际与地区环境，东盟国家具有非常清晰的发展思路，即对内提升各成员国自身实力，不断加强东盟共同体凝聚力，对外强化与对话伙伴国之间的协调互动，巩固"东盟中心地位"，双管齐下，尽最大可能变"不确定"为"确定"。

---

① 本文英文版于2019年7月3日发表于 Global Times，题为"ASEAN summit seeks certainty amid change"。

就东盟共同体建设而言,东盟希望从三个方面强化内部合作,促进共同体发展。一是强调通过加强文化交流,强化东盟国家民众的"东盟意识"。朱拉隆功大学政治学院的一位助理教授在接受泰国媒体采访时表示,此次峰会为东盟民众带来的"最大惊喜"便是东盟国家领导人一致同意东盟将联合申办2034年世界杯足球赛,这既是东盟共同体建设的特殊路径,也是共同体建设的重大成果。

二是针对海洋环境恶化困境,突出地区国家救灾能力建设。根据国际海洋保护组织(Ocean Conservancy)2015年公布数据,越南、菲律宾和泰国三个东盟成员国海洋垃圾污染国际排名靠前,东盟整体形势不容乐观。会议通过了《关于应对东盟地区海洋垃圾的曼谷宣言》,东盟轮值主席泰国总理巴育认为,"(这一宣言)展示了东盟致力于解决海洋垃圾问题的真诚态度"。巴育强调,东盟将携手共进,"不会把任何人抛在后面"。东盟灾害应急物流系统(DELSA)东盟卫星仓库的启动,以及东盟军事医疗中心的升级都是这一精神的具体体现。

三是积极介入缅甸罗兴亚人问题,力促该问题妥善解决。2017年爆发的"罗兴亚人危机"困扰着马来西亚、泰国等多个东盟成员国,并迅速成为国际热点。马来西亚曾不止一次在公开场合批评缅甸政府在该问题上的立场。罗兴亚人问题正在成为阻滞东盟共同体建设的重要障碍之一。东盟各国领导人在本次峰会上对该问题提出关切,并呼吁将罗兴亚难民安全遣返缅甸。这一积极介入的立场也令东盟峰会"NATO"(No Action Talk Only)的形象大为改观。

在对外合作方面,此次东盟峰会取得三大成果,展现了东盟日益独立的外交立场。一是旗帜鲜明地捍卫全球自由多边贸易体系,抵制愈演愈烈的单边贸易保护主义。东盟决心在今年完成《区域全面经济伙伴关系协定》(RCEP)的谈判。特朗普上台以来,一意孤行,不断掀起单边主义狂潮,拒绝全球主义。尤其是针对中国发动史上规模最大的贸易战,对华实施极限压制。全球最大的两个经济体中美之间激烈的贸易战令中小国家集团东盟深受影响。在此背景下,东盟积极推进 RCEP 的谈判,可以缓解贸易冲突对其带来的影响。不仅如此,RCEP 达成后将成为世界上最大的自由贸易区,必将为地区经济社会发展注入全新动力。

二是积极推进《南海行为准则》磋商工作。峰会声明指出,东盟热烈欢迎中国同东盟在南海继续加强合作,并对双方按照既定时间表积极推进"南海行为准则"磋商谈判感到"备受鼓舞",东盟将努力在 2019 年内完成对"南海行为准则"单一磋商文本草案的第一轮审读。而在此之前,美国国防部负责印太事务的助理部长薛瑞福在华盛顿举行的美国-东盟商会 35 周年晚宴上发表演讲,呼吁东盟国家"做出正确选择"。然而,东盟并未按照美国意愿"选边站",反而加速推进与中国在南海问题上的合作步伐,令美国大为失望。美国对东盟的施压,就如同它对中国的施压一般,最终造成的结果,就是东盟内部对团结的需求感增强。美国的矛盾就在于,它明明知道以力服人只会增加对方的抗拒与抗压性,却也只有这招可用。

三是出台"东盟版印太展望",强调"东盟中心",淡化军事对抗色彩。美国主导的"印太战略"意在通过美日印澳四国军事合作,拉拢东盟国家,构筑对华包围圈。而东盟并未接招,反而是以"其人之道还施彼身",提出具有"东盟特色"的"印太展望"。东盟的"印太"战略,迥异于美日等国以冷战思维为指导的排他性、对抗性的"印太战略",而是具有鲜明的持续性、包容性、建设性与合作性等特征,强调经济社会发展,而非政治安全合作。

可以看出,面对"不确定性"日渐凸显的国际地区环境,东盟着眼社会民生,提升内力修为,坚定独立外交立场,加强对外协作,旨在将"不确定性"变为"确定性",确保东盟这艘航船在国际风云惊涛骇浪中"闲庭信步"。

2. 美国政府的轻视只会令东亚更加团结[①]

一年一度的东盟国家领导人会议暨东亚合作领导人会议正在泰国首都曼谷举行,东盟十国与对话伙伴国包括多个重要国际组织领导人齐聚一堂,共商东亚地区经济安全等领域重大议题。中国国家总理李克强、日本首相安倍晋三、印度总理莫迪、俄罗斯总理梅德韦杰夫等国家领导人均已抵达曼谷。然而,一直宣称自己高度重视亚洲地区的美国总统特朗普却第三次缺席东亚峰会。

2017年菲律宾峰会,特朗普虽然参加了美国-东盟双边峰会,并未出席东亚领导人全体会议。2016年,他派副总统彭斯出席新加坡峰会。相较前两次,这次美方代表层级则明显降级。商务部长威尔伯·罗斯作为美国政府最高级别官员出席会议,但他所参加的活动仅是印度-太平洋商业论坛(Indo-Pacific Business Forum),该论坛由政府官员和企业高管参加。而代表特朗普出席峰会的则是今年9月18日刚刚履职的总统国家安全事务助理罗伯特·奥布莱恩。

特朗普的做法,引起国际舆论一片喧哗,更是令东道主感到前所未有的"被轻视"。曾在奥巴马政府担任国防部高官的美国战略与国际问题研究中心高级顾问埃米·西莱特说:"缺席领导人会议,令人怀疑美国政府对于印太战略的认真程度到底有多高。"而东盟轮值主席国泰国则倍感委屈。去年美泰两国刚刚庆祝建交200周年,而且泰国是美国在亚太地区的五大盟国之一。一个星期前,美国政府以泰国劳工权益保护措施不力为由,宣布取消泰国部分商品

[①] 本文英文版于2019年11月5日发表于 *Global Times*,题为"US apathy for EAS will unite Asian countries"。

的普惠特殊关税待遇(GSP)。这一事件本身已经为双边关系蒙上了一层阴影,此次美国政府对东亚曼谷峰会的轻视,更是致使美泰关系雪上加霜,裂痕加剧。泰国著名时事评论员素提猜·云认为:"特朗普的这一举动反映了美国对整个东盟的轻视。"

其实特朗普的反常行为完全符合他的一贯行事风格与思维逻辑。众所周知,特朗普政府奉行单边主义和贸易保护主义,抵制多边主义和全球自由贸易,希望通过双边机制对别国施压,以实现美国单方面利益。特朗普上台后不久,便退出奥巴马政府苦心经营的跨太平洋伙伴关系协定(TPP)。但已经启动谈判的其他国家并未因美国退出后停止多边主义与自由贸易的步伐,而是重新启动谈判,并更名为全面与进步跨太平洋伙伴关系协定(CPTPP)。

而此次东亚峰会的最为重要的议题恰恰是特朗普政府最为抵制的《区域全面经济伙伴关系协定》(RCEP)。这项始于2012年,由东盟国家发起的多边自由贸易协定,涵盖了中国、日本、印度、韩国、澳大利亚、新西兰以及东盟各国。经过长达7年的共同努力,各国已经基本达成共识。尽管印度在开放本国农业市场方面仍然存在一定顾虑,但不出意外的话,此次峰会主席声明将会宣布RCEP的主体谈判结束,即将进入实施阶段。此协定旨在通过削减关税及非关税壁垒,建立统一市场。它涵盖约全球人口的一半,32.2%的全球GDP,29.1%的全球贸易以及32.5%的全球投资,建成后将成为全球涵盖人口最多、最具潜力的区域自贸协定。

这是亚洲的大事件,也是人类史上的大事件。但是作为世界第一大经济体的美国,却不在其中。一旦RCEP真正形成,必将极大促进东亚地区自由贸易,对美利益形成巨大挑战。有鉴于此,特朗普政府自然不会乐见其成,遑论亲自到场见证致贺。

与抵制自由贸易与多边主义的贸易政策不同的是,特朗普在安全领域大力推进"印太战略"的实施。他不仅将美军太平洋司令部更名为印太司令部,而且加大对日本、印度、澳大利亚以及东盟国家的拉拢,以联手遏制中国。所以,他此次派出国家安全事务助理罗伯特·奥布莱恩作为总统特使出席东亚峰会。罗伯特·奥布莱恩是《美国沉睡时:在危机中恢复美国领导地位》一书作者,他曾批评奥巴马政府过于"软弱"的外交与安全政策,主张"通过实力实现和平",并毫不掩饰自己对于遏制中国的想法。这种安排反映了特朗普以东亚峰会为平台,继续挑唆亚洲国家联合遏制中国,以抵消中国在团结东亚国家共同推进RCEP统一市场形成中展现的巨大影响力的深层次企图。

一个鲜明的例证便是:美国另外一位出席东亚峰会的代表,美国国务院负责东亚和太平洋事务的助理国务卿大卫·史迪威接受《曼谷邮报》采访时,则赤裸裸地鼓动东盟国家在"南海行为准则"(COC)磋商中不应过于相信中国,应该在南海问题上联手抵制中国的"扩张"。这无疑反映了美国特朗普政府仍然在以固有的冷战思维处理国际事务。

与特朗普做法形成鲜明对比,中国总理李克强在启程前往泰国之前,在泰国多家主流媒体发表署名文章,将此次访泰比作"到亲戚和邻居家串门",并且表达了对维护东亚和平稳定、继续推动开放合作、不断加强人文交流、坚持对话协商原则等领域合作的殷切期望。中美两国对于东亚峰会态度的迥异,体现了两国在境界格局方面的差距。李克强总理的莅临及热情洋溢的话语,彰显了中国政府对东盟地区的高度重视,以及与东盟国家及其他东亚国家携手合作共建繁荣亚洲的坚定信心。而特朗普继续奉行单边主义、冷战思维的做法,则必将遭到东亚国家的集体唾弃,进而促使本地区的团结。正如泰国王家研究院院士阿奈·劳塔玛塔教授所言:"美国对于东亚峰会的轻视,将会促使亚洲国家更加团结,进而为了和平稳定繁荣的未来而共同努力。"

3. 缅甸政局突变原因及其前景分析[①]

2021年2月1日凌晨,缅甸军方在内比都、仰光等地采取突然行动,扣押了缅甸国务资政昂山素季、总统吴温敏等民盟政府领导人,以及仰光省、掸邦行政长官和克耶邦民盟主席等民盟地方领导人。当日上午,缅军宣布根据宪法第418条,国家实施为期一年的紧急状态,由军队接管政权。

一夜之间,缅甸政坛天翻地覆。这是自2010年缅甸启动民主化进程十年以来的骤然停摆,引发了国际社会的密切关注和强烈反应。缅甸军方和昂山素季领导的民盟之间究竟存在怎样的恩怨?为何缅甸军方会选择以这种强硬方式来解决内部矛盾?缅甸政治僵局又会走向何方?

性格刚烈,不善交流妥协的昂山素季

众所周知,军方在缅甸政治生活中发挥着极为特殊的作用,自1962年以来,前前后后统治缅甸长达半个多世纪。但是在国内外的压力之下,缅甸军方最终选择在2010年"退居二线",由巩发党作为代表军方利益的政党参政,并在不久之后允许昂山素季带领民盟参加2012年补选及2015年大选。

当然,缅甸军方在退居幕后之前已经做了充分的准备。比如,有泰国学者认为,缅甸军政府2005年决定迁都内比都,除了坊间所传的诸如当时的缅军最高领导人丹瑞大将笃信风水,或者避免美国军事打击等原因,还有一个很重要的因素,便是为军方控制国家政

[①] 本文于2021年2月4日发表于澎湃新闻·外交学人,题为"刚烈的昂山素季和不愿退休的敏昂莱:军方与民盟还能妥协吗?"。

治中心提供便利。内比都军事机构处于山区,易守难攻,一旦发生紧急情况,军方的坦克和装甲车可以通过宽广的二十车道马路迅速驶往政务区,控制重要场所。而民众则聚居于彬马那老城区,如果政局动荡,民众们也难以组织大规模示威游行活动。

此外,缅甸军方所制定并颁布的2008版宪法为他们提供了最优惠的"后门"待遇。宪法规定,议会有25%的席位无须民选而由国防军总司令直接指定军人议员;修改宪法所有的重要条款均需经75%的议员同意;国家最高决策机构国防与安全委员会由11名委员组成,其中6名为军方派系;总统与该委员会商议后可以宣布国家进入紧急状态;总司令有权在国家进入紧急状态时接管国家政权等。不仅如此,宪法还明确规定,凡是配偶或子女为外国国籍者,禁止担任国家总统或副总统,这就将民盟领导人昂山素季排除在总统人选之外。作为游戏规则的制定者,军方既可一直与文官分享国家权力,而且某种程度上仍然牢牢操控着局势发展的主导权。

然而,即便军方认为这套方案已经天衣无缝,在2015年之后他们却越来越感到来自民盟的威胁。2015年大选,昂山素季领导的民盟大获成功。在昂山素季无法越过宪法担任总统的情况下,占据了议会多数议席的民盟很快便通过合法方式为昂山素季量身定做了"国务资政兼外交部部长"这一职位,以变通的方式使她成为国家最高领导者,兼任外交部部长是为了满足国防安全委员会成员资格。自此,昂山素季与国防军总司令敏昂莱形成"双头政治"的权力格局。

据观察,昂山素季在执政过程中希望与军方和谐共处,各得其所。最为明显的例证便是在罗兴亚人问题的处理上,昂山素季与军方保持步调一致。即便被西方国家口诛笔伐乃至褫夺各种头衔,昂山素季依然坚持对罗兴亚人的强硬态度。2019年12月,昂山素季亲赴位于荷兰海牙的国际法院就冈比亚诉缅甸政府针对罗兴亚人种族灭绝案进行抗辩,坚定地表示军方所做一切是维护缅甸国家利益。也有人认为,昂山素季在罗兴亚人问题上与军方立场一致并不代表她故意向军方示好,而是因为她需要寻求缅甸主流民意支持。

但是,2017年受昂山素季邀请出任缅甸政府罗兴亚人问题国际顾问委员会主席、泰国前副总理兼外交部部长素拉杰近日披露,昂山素季亲口说过,自己需要与军方进行密切合作。而且,她还经常向军人议员们谈及同样是军人的父亲——缅甸国父昂山将军,称军队在缅甸独立进程中起到不可替代的作用,应受到尊敬,试图拉近与军人的关系。当然,也有专家认为,她此举意在拉拢部分军人议员,分化军方。

然而,民盟和军方毕竟是政治理念截然不同的两个阵营,即便在罗兴亚人问题上暂时寻求一致,但绝大多数时候双方都在明争暗斗。其中,最牵动军方神经的一件事情是,民盟一直试图推动2008版宪法修订,降低军人议员比例,以限制军队在政治中的影响。

毫无疑问,这种想法自然会遭到军方的强力反击。2020年大选前,民盟再度启动修宪,在军方的努力下未能修改大的条款,但民盟的政治主张为其争得了更多的选民支持。而在与少数民族武装力量的关系处理上,民盟与军方也很难达成一致意见。民盟一直倡导召开"21世纪彬龙会议",希望在2019或者2020年实现全国和平。但是军方在这个问题上态度暧昧,表面上并不反对,但行动上却仗着手中的枪杆子我行我素,甚至出现会议召开后立即与少数民族武装交火的情况。与此同时,民盟执政5年来,军方一直要求召开其在宪法中设计的、己方占优势的国家最高决策机构国防安全委员会,但均遭拒绝,该机构实质上已被民盟架空。

据很多接触过昂山素季本人的人透露,她是一位斗士,性格刚烈,不善妥协,重视对权力的掌控。罗兴亚人问题国际顾问委员会主席素拉杰就自嘲,"作为昂山素季的顾问真的很累",每次向昂山素季汇报顾问委员会建议时,总是会被她从头至尾反驳。素拉杰表示,"她很少有赞同的时候"。可以推想,昂山素季这样的性格与军方交流时,极有可能是"针尖对麦芒",自然很难关系融洽。

"飘飘然"的民盟与火上浇油的西方

积蓄已久的矛盾,加上缺乏良好沟通,令民盟与军方渐行渐远。2020年11月8日,缅甸举行政治转型之后的第三次大选。11月15日,缅联邦选举委员会宣布本次大选最终结果,民盟获得联邦议会476个选举议席中的396席;省/邦议会641个选举议席中,民盟获得524席。而巩发党只获得33个联邦议会议席,38个省/邦议会议席。民盟82%的高得票率在议会各党派中一骑绝尘,一旦成功组阁,几乎可以在议会中为所欲为。如此悬殊的大选结果让巩发党背后的军方大惊失色,如果承认这一结果,便等于将军方在政坛的影响力拱手相让,而且还会让缅军总司令敏昂莱政治前途提前终结。

浸淫政坛数十年的敏昂莱早在5年前便年届退休,他想方设法为自己延长了5年的服役期,将于2021年年中期满。但是,敏昂莱还没做好离开政坛的准备,希望继续延期,昂山素季对此却未予支持。有传言说,敏昂莱的计划是,如果无法延期退休,便争取登上总统宝座。所以,若要确保敏昂莱的政治前途仍然光明璀璨,巩发党在大选中必须要获得26%的席位,加上军方已有的25%席位,才能获得当选总统的过半席位。然而,巩发党的战绩一败涂地,让敏昂莱大失所望。

巩发党从始至终就不接受选举结果,认为存在舞弊违规行为。2020年11月11日,巩发党主席吴丹泰对大选的合法性提出质疑,呼吁民众向巩发党办公室和议员候选人发送证明选举不合法的证据;11月12日,巩发党公开要求重新选举,但遭到选举委员会拒绝。12月10日,军方要求联邦选举委员会提供大选资料以核查是否有舞弊行为,又遭拒绝。两天后,敏昂莱与昂山素季在内比都会晤,尽管会谈内容未予透露,但外界猜测会谈涉及敏昂莱本人和军方在新一届政府内的职位分配。这次会晤应该没有成功,因为军方开始陆续发布其单独进行的选民名单核查结果,声称共发现八百多万个错误或虚假的选民名单,质疑大选结果的有效性和公正性,但这些指控也被联邦选举委员会拒绝和驳斥。

笔者认为,也正是在这一时期,敏昂莱和其他军队领导开始酝酿"走一着险棋",并且着手制订相关方案。军方之所以会产生这样的念头,应该也是基于对民盟政府内政外交形势的客观分析。尽管民盟在大选中获得高支持率,但是民盟政府执政以来政绩不彰,经济发展乏善可陈,新冠肺炎疫情的暴发加剧了缅甸经济的滑坡。政府防控疫情不力,导致确诊人数和死亡人数在2020年8月激增,医疗物资挤兑现象严重。而且其所重点推进的全国民族和解也是收效不显,导致民众对于政府产生了一定的不满情绪,各少数民族武装割据势力亦对与政府谈判逐渐失去兴趣。而由于罗兴亚人问题,民盟政府与西方国家的关系也大打折扣。基于上述判断,军方认为当下是发动"保卫宪法"军事夺权行动的合适时机。而2021年1月份形势的发展演变,令军方逐步将计划提上议事日程。

从1月21日起,军方和巩发党就一直要求议会、政府和联邦选举委员会寻求解决政治危机的方法、回应大选舞弊的相关指控,但均未获积极回应。1月26日,军方发言人在回答记者有关政变的提问时称不排除任何可能性。28日,敏昂莱在军校视频演讲时表示,宪法是一切法律的母法,如果宪法不被遵守就不如废除。随后,大量军车出现在仰光、曼德勒、克钦等城市的街头。之后联合国秘书长、美国国务院及西方17国驻缅甸使团等各方先后发声,反对推翻去年11月缅甸大选的结果。30日,缅国防军总司令部发表声明,对敏昂莱28日演讲中的表态进行辩解,强调"军队尊重并守护现行宪法"。31日晚,缅军发表书面声明,反对国外势力干预缅甸内政。

事实上,1月28—29日,军方也没有放弃与昂山素季团队的沟通磋商,但民盟或许是因为大选中过于靓丽的成绩而有些飘飘然,丝毫没有对军方的诉求有任何正面回应，执意按期于2月1日举行新议会首次会议，并选举总统、副总统，试图尽快通过合法程序组建新政府。一旦新议会召开，意味着大选结果合法，那军方对于大选舞弊核查的诉求也就伸张无门。而此时西方国家的密集发声很明显是在火上浇油，对军方的决策发挥了助推的作用。泰国著名媒体人素提猜·云认为，或许正是西方国家的干涉言辞激怒了缅甸军方，最终导致他们敢冒天下之大不韪，将此前的军事行动方案付诸实践。

缅甸军方的上策、中策、下策和下下策

根据最新消息，军方表示将重新组建选举委员会，于一年之内举行大选，并在2月2日释放了部分被扣押的缅甸各省邦行政长官和议员，但昂山素季和吴温敏总统尚未获释。目前，国际社会正密切关注其下一步动向。联合国安理会2月2日就缅甸局势举行了2个多小时的紧急"闭门磋商"，但未能就缅甸军方接管国家权力一事达成一致意见，磋商谈判还将继续。

笔者认为，军方提出一年之内重新举行大选，是为了证明他们的夺权行动师出有名，并非贪恋权势。但是，军方也应该清醒地认识到，即便再过一年举行大选，民盟大概率依然会高票当选，军方的此番努力便会付诸东流。所以，在军方重新执政的这个时间窗口内，军方必须要完成对巩发党的改造，以在下一次大选中与民盟对决。而且，虽说承诺暂时执政一年时间，但依据2008版宪法，军方有权继续延期两次，每次半年。法国国际关系研究院的一位学者表示，她不相信一年后缅甸的选举会如期举行。也就是说，军方可能会给自己两年的时间来完成政党的准备，除了做强巩发党，军方也许也会寻求重新组建覆盖面更广的新政党。

当然，他们更有可能的是向泰国同行们学习，在选举规则修改上下功夫。泰国自2001年起，一直都是他信派系政党"凡选必赢"。

2014年巴育政府上台后,认真研究选举制度,引入德国的"政党名单制",加以改革,形成泰国特色的选举制度,并完成军方势力与地方豪强政客的融合式政党组建,最终在2019年大选中成功遏制他信派系的为泰党一党独大,并实现军方政党主导政府的目的。有了泰国军方成功范例指引,缅甸军方或许也会从中汲取养分,实行政党和选举制改革。

还有一种更加极端的可能性,便是借鉴泰国宪法法院裁决解散反对党新未来党,并禁止其骨干成员十年内从政。既然缅甸军方一口咬定民盟在大选中存在大量舞弊行为,待查明真相后,依靠司法途径判定民盟违宪,禁止其核心成员从政,可谓釜底抽薪,一劳永逸。昂山素季已经75岁,如果被判禁止从政,那基本上宣布了她政治生命的终结,再也无法对缅军方形成实质上的威胁。

但是,对于以上各种可能性,笔者认为都是中策、下策,甚至下下策,真正的上策当然还是抓紧时间和民盟展开谈判,寻求共识,达成妥协,尽快让缅甸政治恢复正轨。毕竟,缅甸军方如果真的决定与民盟决裂,以一己之力治理缅甸,那他们将面对极为严峻的挑战。来自国内的挑战自不待言,新冠疫情导致的经济衰退,民众苦不堪言,如何解决?一旦民怨沸腾,举行大规模反军方集会,如何应对?其他政党虽然敢怒不敢言,但是也需要安抚笼络。还有"民地武"问题,如何继续有效推进全国和平进程?

而缅甸军方面对的最大外部挑战是来自美西方的压力。2月1日缅甸军方采取突然行动,不过两三个小时,美国新任总统拜登便做出强烈回应,美国国务卿布林肯、英国首相约翰逊等也在推特上批评缅甸军方。美国民主党向来重视在亚洲地区推行所谓的"民主""人权",奥巴马政府的强力施压是缅甸2010年启动民主化改革的重要外因。而之后希拉里、奥巴马先后访缅,昂山素季、吴登盛访美也成为美缅关系的高光时刻。时任助理国务卿坎贝尔不久前刚被拜登任命为"印太协调员",他深谙缅甸事务,在美对缅政策制订中发挥着不可替代的作用。作为印太地区的重要国家,缅甸战略地位不言而喻,拜登政府必然会针对缅甸事态采取强有力的措施,轻则经济制裁,重则直接武力恐吓,同时煽动"颜色革命",鼓励缅甸民众反抗军方统治。无论采取何种形势,必将导致缅形势复杂化。这恐怕是令缅甸军方最为头疼的事情。

4. 东盟三国外长密会："罗生门"事件 与巴育政府的两难困境[①]

2月24日，缅甸军方新任命的外交部部长温纳貌伦（Wunna Maung Lwin）访问泰国，在廊曼机场与泰国总理兼国防部部长巴育、泰国副总理兼外交部部长敦·帕玛威耐进行了会谈，并与正在泰国访问的印尼外长蕾特诺进行了交流。这是自今年2月1日缅甸军方发动突然行动接管国家权力以来，缅甸外长首次出访，引起了国际社会的普遍关注。非常耐人寻味的是，印尼、泰国和缅甸对于这次三边外交行动的解释和定位各不相同，说法不一，甚至自相矛盾，简直可以用"罗生门"来形容。而泰国巴育总理与缅甸军方任命的外交部部长的会晤，在国内引起批评浪潮。

外交"罗生门"事件

印尼外长蕾特诺表示，她此前计划前往缅甸首都内比都，但综合评估局势后，认为时机不太成熟因此取消，但她并不知道缅甸军政府的代表将会来曼谷。在泰国副总理兼外长敦告知她缅甸军方任命的外交部部长将会访问泰国之后，她才决定在曼谷与他会面。

缅甸军方新闻社MNA对于这一外交行动则以"政府外交部部长应泰国总理邀请访泰"为题，进行了浓墨重彩的公开报道。在报道中，缅方强调了双方交流的重点是：未来如何更好地维系泰缅两国长久以来的友谊和良好的双边关系，维护两国边境安全稳定以及

[①] 本文于2021年3月2日发表于澎湃新闻·外交学人，题为"三国外长会成'罗生门'，泰国政府的这把'缅甸牌'不好打"。

在泰缅甸劳工的法律地位与权益等。泰缅两国还探讨了未来两国在东盟框架下如何更好地开展合作等问题。此外,缅方还向巴育总理、敦副总理兼外长通报了当前缅甸国内的政治经济动向。

最后,报道简短地提及了与印尼外长蕾特诺之间的会晤。除了文字报道,报纸还刊登了与巴育、敦会晤时的现场图片。现场泰缅两国国旗分列两侧,巴育和敦正在关切地倾听温纳貌伦。显而易见,缅甸军方试图向世人表明,军政府已经获得泰国等东盟邻国的正式认可。

而泰国总理兼国防部部长巴育则极为被动,因为他并未向外界公布将与缅甸军方代表会晤。当天上午他参加完中国科兴疫苗交付仪式后,中午秘密前往廊曼机场接见缅方代表,尔后又赶往警察总署参加国家警察委员会会议。整个外交活动都进行得极为私密,泰国官方媒体未做任何公开报道。然而,印尼和缅甸外长回国后,这一事件变得举世皆知,泰国媒体立刻开始炒作。巴育在接受记者采访时解释,温纳貌伦突然访泰并非他邀请,而是温纳貌伦请求拜会,自己出于外交礼节,因此给予接见。

一时之间,究竟是巴育主动邀请温纳貌伦访泰,还是缅方主动要求来访并拜会总理,变得暧昧不清,无从定论。泰缅印尼三国各说各话,成为一场外交"罗生门"事件。

巴育总理被批"缺乏外交智慧"

对于自己接见缅甸军政府外交部部长一事,巴育在接受记者采访时解释:"我之所以去和他交流,纯粹是想了解他们政治局势的最新发展,同时作为拥有共同边界、人民交往频繁的邻国,表达对其局势的担忧。政治的事情是他们国内事务,我也是鼓励他们尽快推动民主化进程。"巴育强调,他的外交行为并非意味着承认缅甸军政府,仅是倾听他们的局势发展情况。

尽管巴育对此做出解释,但在国内引起了较大的批评浪潮。泰国前驻莫桑比克、哈萨克斯坦等国大使拉·查里詹在个人脸书上发文,指出巴育此举有三大错误。一是违反外交礼节,致使泰国国家尊严受损。缅甸来访的是军政府任命的外交部部长而已,泰国派出副总理兼外交部部长前去接待,已经算是礼遇,为何总理要亲自前往机场会晤？二是国际社会都在谴责缅甸军政府,但是泰国政府如此积极地去接待军政府代表,会被外界解读为泰国政府已经承认了缅甸军政府。三是违反了自己所确定的防疫法律规定,外国人在入境之后没有任何隔离措施,而且在交谈时也仅是戴了口罩而已。拉大使还义愤填膺地在文中质问巴育："说什么对缅甸局势发展担心,所以才亲自去,纯属借口！难道不能听自己的部下以及各个机构的报告吗？自己职位比对方高那么多,还躬身迎接,只能说太缺乏智慧了。"

曾经在他信执政时期担任过政府部长的瓦塔纳·孟素则在推特发文,批评巴育此举令泰国在国际法层面上成为世界上首个承认缅甸军政府的国家。他表示,如果巴育希望给缅甸军方以鼓励,应该悄悄地致电缅军,而非堂而皇之邀请来泰。现场图片清晰无误地展示了泰国总理、副总理兼外交部部长是以正式外交礼仪在接待缅甸军政府代表,这就是正式承认。瓦塔纳还批评巴育自降身价,对地位低于自己者屈身恭迎,致使泰国无颜于国际政治舞台。他认为,东盟的不干涉别国内政原则是不去干涉邻国的家务事,但并非意味着要打开国门,去承认一个国际社会尤其是对于泰国经济极为重要的美国所抵制的政府。

巴育政府的政治考量与其困境

笔者推测,之所以缅甸军政府任命的外长会突访泰国,其前后逻辑大致如下。

2月5日,马来西亚总理穆希丁访问印尼,与印尼总统佐科会谈,两国就针对目前缅甸形势举行东盟外长特别会议达成了一致。

就在印尼和马来西亚两国领导人会晤之后,印尼外长蕾特诺开启"穿梭外交",与东盟多国外长开展双边会晤,试图在缅甸问题上协调立场,为召开缅甸问题东盟外长特别会议做准备。根据路透社报道,印尼希望缅甸军政府能够释放昂山素季等人,并且承诺在一年之内举行大选。这一说法立刻招致支持民盟的缅甸民众的强烈抗议。他们认为,蕾特诺的做法很有可能会有助于缅甸军政府实现合法性,导致 2020 年 11 月 8 日大选结果作废。于是,不少缅甸民众前往印尼驻缅甸使馆前举行抗议活动,蕾特诺被迫否认澄清。

原本蕾特诺准备在曼谷与泰国副总理兼外长敦会晤后,2 月 25 日飞赴内比都与缅甸军方开展面对面交流,以寻求危机解决途径。但是,她担心此行会被外界解读为对缅甸军政府的外交承认,最终取消了这一行程,改为仅访问泰国。

由于泰国政府与缅甸军方关系密切,在泰国外交部的斡旋之下,缅甸军政府任命的新外长温纳貌伦紧急飞赴曼谷,与印尼和泰国外长一起,召开了一次非正式三边外长会议。而温纳貌伦借此机会,请求拜会巴育总理。出于与缅甸军方的特殊友谊,同时也希望亲自了解缅甸形势,巴育同意接见。但由于疫情防控,凡是从国外进入泰国国境者,均需隔离 14 天。因此,泰国外交部决定在廊曼机场内举行会晤,巴育只能屈尊前往。

众所周知,泰缅两国军方关系非常密切。缅甸国防军司令敏昂莱大将是已故泰国前枢密院主席、总理炳·廷素拉暖上将的螟蛉之子,而敏昂莱本人日常休假的目的地主要也是泰国。他会带着家人在芭堤雅海滩上晒太阳,也会在曼谷暹罗百丽宫商场购物休闲,当然,他更享受的是和泰国的将军们一起在高尔夫球场上决一高低。2018 年,敏昂莱大将还被泰国王室授予一级白象勋章,显示了这位军事强人和泰国王室、政府和军界非同寻常的关系。

因此,此次事件爆发后,缅甸军方对于同样是通过武力夺权的泰国巴育政府显然寄予厚望。据巴育透露,敏昂莱大将 2 月 8 日专门致信他本人,希望泰国支持缅甸的军政府。尽管巴育没有回信敏昂莱,但在实际行动中,确实一直坚守"不干涉别国内政"原则,对缅甸政局发展三缄其口。而且,巴育明确表示,"我们支持缅甸的民主化进程,但是当下最为紧要的事情是,必须要最大限度地维持两国的友好关系"。言下之意,不言而喻。

令泰国媒体没有想到的另外一件事情是,2月22日,泰国副总理兼外交部部长敦与缅甸军方任命的外交部部长温纳貌伦其实已经进行过一次双边视频会议。根据缅方的报道,双方就今后两国关系的发展进行了展望。然而,在泰国的官方媒体上,没有任何相关报道。这些情况都反复表明,巴育政府事实上已经从形式上承认了缅甸军政府,两国特殊友谊在危机关头得到了加强巩固。

不仅如此,担任过罗兴亚人问题国际顾问委员会主席的泰国前副总理兼外交部部长素拉杰·沙田助泰向泰政府建议,应该充分利用泰缅两军高级将领之间特殊关系的优势,建立泰缅政府热线,加强私下交流沟通,在关键时刻发挥重要作用,以凸显泰国在缅甸问题解决中的独特作用,提升在国际事务中的影响力。

但是,如今的巴育已非2014年政变时的他。当年便已退出现役的巴育,花了五年时间,实现了从军事强人向政客的转变。在当前局势下,巴育要考虑的更为重要的问题是,如何赢得下一次大选,继续担任总理。因此,对于老朋友敏昂莱的请求,他只能暗暗地做,绝对不会公开表态支持。否则,不仅泰国国内反对派会借题发挥,继续驱赶他下台,而且以美国为首的西方国家也不会给他好脸色。

至于如何打好"缅甸牌",提升泰国在国际政治舞台上的地位,对于巴育政府而言,则依然十分困难。至少这次三方外长在廊曼机场非正式会晤,很多评论人士认为,印尼的表现明显得分优于泰国。比如,蕾特诺回国之后,立即公布了曼谷三方会晤的情况,在她的发言中,非常谨慎地选择对温纳貌伦直呼其名,以避免被外界解读为印尼已经承认缅甸军政府。

总之,巴育政府面对的其实是两难境地。出于与敏昂莱的密切关系以及某种程度上共同的立场,巴育政府发自内心地对缅甸军政府理解与支持。但是,从国际事务角度而言,巴育政府对缅甸军政府的承认又让它不可避免地招致国内国际的双重压力。

泰国历来被认为是"外交智者",在国际舞台上长袖善舞,左右逢源。如何在当前微妙的国际局势下,继续发挥传统外交优势,确实是摆在巴育政府面前的一道难题。

5. 美国拒认越南"市场经济地位"的深层逻辑①

8月2日,美国商务部正式宣布,继续维持越南的"非市场经济地位"。2023年9月美越确立全面战略伙伴关系后,越南国内对美承认其"市场经济地位"较为乐观。然而,美国政府的最终决定无疑打了越南"一记闷棍",令越南深感失望,也为美越关系蒙上一层阴影。

作为东南亚地区的新兴经济体,越南近年来在全球经济舞台上扮演着日益重要的角色。凭借其显著的地理位置优势、庞大的人口基数以及持续的经济增长,越南吸引了大量外国投资,成为众多跨国企业青睐的制造业和服务业中心。越南的经济增长率在过去几十年间一直保持在较高水平,特别是在实施了一系列市场经济改革和开放政策后,其经济体系逐渐从以农业为主向多元化工业化转型。这一转型不仅提升了越南在全球供应链中的地位,也增强了其争取美国承认的信心。

越南之所以对"市场经济地位"孜孜以求,主要有三重考量。一是大幅提升企业国际竞争力。市场经济地位的认定直接关系到反倾销调查和反补贴调查中所采用的对比价和成本计算方法,非市场经济国家在这些调查中往往面临更高的关税壁垒和更严苛的计算方式。由于美国不承认越南的市场经济地位,越南产品在美国市场历来遭受居高不下的反倾销和反补贴税率,这不仅增加了越南企业的应诉成本,还削弱了越南商品在美国市场的竞争力。例如,2024年美国国际贸易委员会对来自越南的冷冻养殖虾重新征收

---

① 本文于2024年8月8日发表于《环球时报》,题为"美把承认越南市场经济地位当筹码"。

25.76% 的反倾销税,但对来自市场经济国家泰国的虾征收的关税仅为 5.34%。二是进一步增强外资吸引力。越南近年来努力实施经济结构调整和深化改革,希望通过获得市场经济地位的认定来加强国际社会对其经济改革成果的认可,吸引更多外国直接投资,推动经济持续健康发展。美国对其市场经济地位的认可与否在很大程度上影响着其他国家特别是美盟体系跨国企业对越南的认知和评价。三是进一步提升越南国际地位与影响力。作为一个正在崛起的经济体,越南希望通过这一标志性的认定,彰显其经济管理和运作机制的现代化、市场化程度得到国际社会的认可。

事实上,近十年美越关系持续升温,越南在美全球战略中的战略价值急剧凸显。美国不断加强对越南拉拢,试图利用其与中国在南海的权益争端,将其纳入美"印太战略"以遏制中国地区影响力拓展。近期美国还将越南作为对华经贸"脱钩"在东南亚首选的制造业"友岸外包"基地之一,以减少美国对华供应链依赖。按照上述政经逻辑,美国理应给予越南市场经济地位认可,与越南深度绑定,进而联手遏制中国,实现美"竞胜"中国战略目标。然而此次美国政府最终决定"拒绝承认",深刻反映着美国决策者与精英阶层在对待"异质"新兴经济体时的矛盾心态。

表面上看,美国政府此前释放出拟承认越南"市场经济地位"的信号,招致有"战场州"之称的钢铁产业中心宾夕法尼亚州选民的强烈抗议,加之部分国会议员以"此举有助于中国产品借助越南渠道进入美国"为由公开反对,促使美国政府最终做出"拒认"的决定。但从深层次分析,美国的态度则反映了其在全球经济治理中的霸权思维和对新兴经济体的防范心理,以及对政治制度、意识形态与美存在巨大分歧的越南的极度不信任。越南作为东南亚地区的新兴经济体,其经济的快速发展和市场潜力的释放,对美国在全球经济中的地位构成了潜在威胁。而且,越南近年来坚定奉行"竹式外交"政策与"四不"国防政策,与各大国均保持良好关系,拒绝在大国竞争中"选边站队"。越南高层公开表态,视发展对华关系为头等优先战略选择,"永远不会跟着其他国家反对中国"。所以,美国此番拒认越南"市场经济地位"极有可能是为进一步施压越南向美靠拢、联合遏华的博弈筹码。

当前,越南正处于新旧领导层更迭之际,美国也即将迎来总统选战,奉行"美国优先"的特朗普很有可能再度执政。倘若如此,越南获美承认"市场经济地位"的难度将成倍增加。当然,作为东南亚战略要地,越南战略价值及其市场潜力、劳动力成本优势将继续吸引着美国加强对越关系。但是,美国新一届政府也必然会利用越南渴求获得承认的心理,使用"胡萝卜加大棒"的策略,诱逼越南在战略上配合美国,实现其战略利益最大化。越南将如何应对,考验着新一届领导人的政治智慧。